안양대HK+
동서교류문헌연구총서
01

문명의 발자국
타프로바네・세렌디브・사자국(獅子國)・실론

안양대HK+
동서교류문헌연구총서
01

문명의 발자국

타프로바네·세렌디브·사자국(獅子國)·실론

Maurizio Riotto
곽문석 · 김석주 · 신원철 · 이화진 · 장시은 · 최정섭 · 최정연 · 최형근

발간에 즈음하여

　안양대학교 신학대학 부설 신학연구소 소속의 인문한국플러스(HK+) 사업단은 소외·보호 분야의 동서교류문헌 연구를 2019년 5월 1일부터 수행하고 있다. 다시 말하여 그동안 소외되었던 연구 분야인 동서교류문헌을 집중적으로 연구하면서, 동시에 연구자들의 개별 전공 영역을 뛰어넘어 문학·역사·철학·종교를 아우르는 공동연구를 진행하고 있다. 서양 고대의 그리스어, 라틴어 문헌이 중세 시대에 시리아어, 중세 페르시아어, 아랍어로 어떻게 번역되었고, 이 번역이 한자문화권으로 어떻게 수용되었는지를 추적 조사하고 있다. 또한 체계적으로 연구하기 위해서 동서교류문헌을 고대의 실크로드 시대(Sino Helenica), 중세의 몽골제국 시대(Pax Mogolica), 근대의 동아시아와 유럽(Sina Corea Europa)에서 활동한 예수회 전교 시대(Sinacopa Jesuitica)로 나누어서, 각각의 원천문헌으로 실크로드 여행기, 몽골제국 역사서, 명청시대 예수회 신부들의 저작과 번역들을 연구하고 있다. 이제 고전문헌학의 엄밀한 방법론에 기초하여 비판 정본을 확립하고 이를 바탕으로 번역·주해하는 등등의 연구 성과물을 순차적으로 그리고 지속적으로 총서로 출간하고자 한다.

　본 사업단의 연구 성과물인 총서는 크게 세 가지 범위로 나누어 출간될 것이다. 첫째는 "동서교류문헌총서"이다. 동서교류문헌총서는 동서교류에 관련된 원전을 선정한 후 연구자들의 공동강독회와 콜로키움 등의 발표를 거친 다음 번역하고 주해한다. 그 과정에서 선정된 원전 및 사본들의 차이점을 비교 혹은 교감하고 지금까지의 연구에 있어서 잘못 이해된 것을 바로잡으면서 번역작업을 진행하여 비판 정본과 번역본을 확립한다. 그런 다음 최종적으로 그 연구 성과물을 원문 대역 역주본으로 출간하는 것이다. 둘째는 "동서교류문헌언어총서"이다. 안양대 인문한국플러스 사업단은 1년에 두 차례 여름과 겨울 동안 소수언어학당을 집중적으로 운영하고 있다. 이 소수언어학당에서는 고대 서양 언어로 헬라어와 라틴어, 중동아시아 언어로 시리아어와 페르시아어, 중앙아시아 및 동아시아 언어로 차가타이어와 만주어와 몽골어를 강의하고 있는데, 이러한 소수언어 가운데 우리나라에 문법이나 강독본이 제대로 소개되어 있지 않은 언어들의 경우에는 강의하고 강독한 내용을 중점 정리하여 동서교류문헌언어총서로 출간할 것이다. 셋째는 "동서교류문헌연구총서"이다. 동서교류문헌연구총서는 동서교류문헌을 번역 및 주해하여 원문 역주본으로 출간하고, 우리나라에 잘 소개되지 않는 소수언어의 문법 체계나 배경 문화를 소개하는 과정에서 깊이 연구된 개별 저술들이나 논문들을 엮어 출간하려는 것이다. 이 본연의 연구 성과물을 통해서 동서교류의 과거·현재·미래를 가늠해 볼 수 있고 궁극적으로 '그들'과 '우리'를 상호 교차적으로 비교해 볼 수 있을 것이다.

안양대학교 신학연구소 인문한국플러스 사업단장

이은선

책머리에

고대로부터 해상 실크로드의 중간 지점에 위치하고 있던 실론(현 스리랑카)은 동서를 이어주는 중요한 역할을 수행하였다. 실론은 2000여년 전부터 그리스어로 타프로바네(Ταπροβάνη), 아랍어와 페르시아어로 세렌디브(سرنديب), 라틴어로 세일란(Seylan), 한문으로 사자국(獅子國), 승가라국(僧伽羅國), 람무리국(藍無里國), 칙의란(則意蘭), 석란(錫蘭) 등 각기 다른 이름으로 불렸다.

실론에 대한 언급이 각기 다른 종교와 사상을 배경으로 하면서도 여행 또는 무역 등의 다양한 목적으로 기록되었고, 이 기록들이 여러 곳에 남겨져 지금까지 전해 내려온다는 사실은 실론 연구가 동서교류문헌 연구에 있어서 그만큼 중요한 위치를 차지한다는 것을 말해 준다. 이에 안양대학교 신학연구소 인문한국플러스(HK+) 연구자들은 고대로부터 근대까지 동서양의 문헌에 나타난 실론에 대한 동서교류 문명의 발자국을 집중적으로 공동 연구하여 "동서교류문헌연구총서" 제1권 『문명의 발자국 - 타브로바네·세렌디브·사자국(獅子國)·실론』으로 간행하게 되었다.

먼저 장시은은 "고대 그리스 로마 문헌 속의 타프로바네"를 통해 실론에 대한 기술이 타프로바네란 명칭으로 처음 등장한 것은 알렉산드로스의 동방 원정 직후 헬레니즘 시대의 문헌임을 밝혀준다. 곽문석은 "세렌디브에 관한 중세 아랍어 기록: 축적, 비교, 연결"을 통해 중세 아랍 문명에서 집대성된 세계 지리지에 대한 기록들에 세렌디브란 명칭으로 실론을 중요하게 다루는 것이 이 섬이 유럽 지중해에서 아라비아해를 거쳐 동아시아에 이르는 해상 실크로드의 중간 기착지였기 때문임을 보여준다. 최형근은 "13-14세기 라틴 여행기와 세일란: 마르코 폴로의『동방견문록』을 중심으로"을 통해 중세 여행기들에 나타난 세일란을 라틴어 원문을 바탕으로 당시의 세일란의 지리, 거주민과 풍광, 그리고 원나라와 쿠빌라이에 관해 소개하고 그 속에 나타난 특징들을 고찰한다.

중국에서도 일찍부터 여러 문헌에 실론을 다루고 있다. 이에 대해서는 신원철의 "송대 이전 사자국(獅子國) 혹은 스리랑카에 대한 기록 고찰", 김석주의 "남송 및 원대 문헌 속의 세란국(細蘭國) 혹은 승가라(僧加剌)", 이화진의 "명청대 지리지 및 여행기 속 석란(錫蘭)"을 통해 잘 알 수 있다. 송대까지의 기록이 직접적인 답사보다는 구전으로 전해들었던 정보를 정리하는 수준이었다면, 원대에 들어서면서 아랍 문명권의 지도 및 지리학을 통해 실론의 실제적 위치와 지리적 특성이 구체적으로 묘사되고, 명대에 이르러 특히 정화(鄭和)와 그의 수행원 등 직접적인 방문자들을 통해 실론에 대한 다채로운 모습이 나타나게 된다고 연구자들은 밝히고 있다.

그런데 이런 실론에 대한 관심은 중국에 극한되는 것이 아니라 일본과 한국에까지 뻗어나가고 있다. 최정섭은 "일본 기록에 나타난 실론"을 통해서 스리랑카 곧 실론에 관한 일본의 인식은 일본이 네덜란드와의 접촉을 통해 얻은 세계인식과 연결됨을 밝힌 후 주로 17세기 이후 소위 난학(蘭學)의 수용과정에서 알게 된 실론 관련 일본 기록들을 점검한다. 최정연은 "조선 기록에 나타난 실론"을 통해서 스리랑카 곧 실론에 대한 조선 측 기록은 고려 말부터 조선 말까지 간헐적으로 등장하는데, 실론을 여행하거나 그 지역의 인물과 교류하여 견문을 남긴 기록이 아니라 중국 측 기록을 통해 간접적으로 수용하였음을 밝히고, 이것은 고려 불교의 쇠퇴와 관련되었을 것으로 추론한다.

마지막 보론에는 Maurizio Riotto가 "From Persia to Italy and the World: The 'Long March' of Serendipity"를 통해 실론의 여러 국명에 깊게 함축되어 있는 "Serendipity"의 의미에 대해 잘 소개하고 있다.

실론에 대한 지식에서 가장 중요한 것은 이른바 아담스베르크에 관한 것이다. 실론에 있는 산들 중 하나인 스리파다(Sri Pada)는 부처의 발자국이라는 의미를 가지는데, 이 산은 동서라는 문명권을 따라 석가가 『열반경(涅槃經)』을 설한 영취산(靈鷲山)으로 인식되기도 하고, 성경 속 인류의 시조인 아담의 흔적을 담은 아담스 피크(Adam's Peak) 혹은 아담스베르크(Adams Berg)로 인식되기도 한다.

이 연구는 동서문명교류의 문헌들이 어떻게 기록으로 축적되었는지를 살핀 후 그것을 서로 비교하고 어떻게 시공간적으로 연결되는지 그 과정을 탐구함으로써 문헌간의 교류와 전승 과정을 일목요연하게 탐구할 수 있는 연구방법론의 한 틀을 구성하였다는 데에 학문적 의의와 기여가 있을 것이다.

차 례

발간에 즈음하여   4

책머리에   6

장시은 1. 고대 그리스 로마 문헌 속의 타프로바네   11

곽문석 2. 세렌디브에 관한 중세 아랍어 기록: 축적, 비교, 연결   41

최형근 3. 13-14세기 라틴 여행기와 세일란:
           마르코 폴로의 『동방견문론』을 중심으로   69

신원철 4. 송대 이전 사자국(獅子國) 혹은 스리랑카에 대한 기록 고찰   91

김석주 5. 남송 및 원대 문헌 속의 세란국(細蘭國)
           혹은 승가라(僧加剌)   127

이화진 6. 명청대 지리지 및 여행기 속 석란(錫蘭)   149

최정섭 7. 일본 기록에 나타난 실론   183

최정연 8. 조선 기록에 나타난 실론   209

Maurizio Riotto 보론 From Persia to Italy and the World:
           The "Long March" of Serendipity   233

제1장
고대 그리스 로마 문헌 속의 타프로바네[1]

장시은

(안양대학교)

1. 들어가며

서양 고대인들의 세계의 동쪽 끝에 대한 관심과 생각은 그들의 과학적, 지리적 지식 및 경험을 통해 확장된다. 기원전 4세기 마케도니아의 알렉산드로스의 동방원정을 통해 고대 세계에 인도 및 인도 남방에 위치한 거대한 섬, 타프로바네가 처음 알려지게 되었다. 그리고 이후 이 섬은 끊임없이 서구인들에게 관심의 대상, 상상력의 대상이 되어 왔다. 이 섬이 과연 어디인지에 대한 논란이 있어 왔지만 타프로바네가 현재의 스리랑카라는 견해가 대부분의 학자들에 의해 받아들여지고 있다.[2] 이 이름에 대해서는 이후 논의하겠지만, 스리랑카의 첫 싱할라(**Shinhala**) 왕국이었던 탐바판니(**Tambapanni**)에서 유래했으며, 팔리어인 이 탐바판니는 '구리 빛깔'을 의미하

---

[1] 이 글은 필자의 "타프로바네를 찾아서: 고대 그리스 문헌에 나타난 타프로바네(Taprobane)" 『문화역사지리』 제33권 제1호 (2021)로 출판된 내용을 요약 및 재구성하여 작성되었다.

[2] 타프로바네는 15세기 이래 한동안 수마트라(Sumatra)로 여겨지기도 했고, 칸트는 타프로바네를 마다가스카르(Madagascar)라는 입장을 내기도 했다. Abeydeera (1998a), pp. 216-230; 장시은(2021), p. 65, n. 1.

는 산스크리트어 탐라파르니(Tamraparni)에서 파생된 것으로 보인다.[3] 알렉산드로스의 원정 이후 기록된 그리스 로마 지리 문헌에서 타프로바네는 지속적으로 등장한다. 이는 고대 서양인들이 가졌던 타프로바네에 대한, 그리고 동방에 대한 관심을 보여준다고 할 수 있다. 타프로바네는 서양 고대인들에게는 그들이 전해들은, 그리고 실제 경험한 가장 먼 아시아였고, 이후 해양실크로드의 중요 거점이 되었기 때문에 대단히 중요한 곳이라 할 수 있다. 그리고 이 중요성은 여러 문헌들을 통해 확인할 수 있다.

이 글은 기원전 1세기부터 기원후 2세기 사이에 저술된 그리스 라틴 문헌들 중 이후 다른 시대, 다른 지역의 지리 문헌에 영향을 준 중요 문헌들에 나타난 타프로바네에 대한 기술들을 축적(collectio)하고 비교(collatio)하는 것을 목적으로 한다. 타프로바네에 대한 기술이 처음 등장한 것은 알렉산드로스의 동방 원정 직후, 즉 헬레니즘 시대의 문헌들이지만 이 시기의 문헌들은 온전한 형태로 전승되지 않고, 인용과 요약을 통해 단편적으로만 전해진다. 본격적으로 지리문헌들이 저술되고, '세상의 동쪽 끝과 그 너머'에 대한 관심이 더욱 높아져가던 시기는 로마시대에 이르러서부터이다. 특히 로마가 공화정에서 제정으로 넘어가고 로마 세계가 점차 확장되어가면서 서양인들의 지리적 관심도 함께 커져가기 시작했고, 다수의 지리지 및 여행기들이 저술되었다. 그리고 그 안에 타프로바네에 대한 기술은 빠지지 않고 등장했다. 이 글의 연구 대상으로 삼은 네 개의 문헌, 즉 고대 그리스어 문헌인 기원전 1세기 무명의 『에뤼트라해 주항기』, 기원후 1세기 스트라본의 『지리학』, 기원후 2세기 프톨레마이오스의 『지리학』과 기원후 1세기 라틴 문헌인 플리니우스의 『자연사』는 고대 세계의 지리적 관심과 천문학, 지리

---
3 Weerakkody (1997), p. 19.

학적 관심이 어떻게 발전되어 오는지를 보여주는 중요한 정보를 제공해줄 뿐 아니라, 지금은 유실된 기원전 4-3세기 헬레니즘기 문헌들의 단편들을 소개해주고 있다는 점에서도 의미가 있다. 또한 이 문헌들은 로마 제정기라는 시기에 저술되었으나, 로마와 소아시아, 아프리카 등 서로 다른 지역 출신으로 활동 지역과 사용한 언어, 저술목적, 성격 모두 차이가 있다. 타프로바네에 대한 기술 및 이들이 이전의 자료 및 동시대의 자료를 참고하거나 수정하는 과정도 당연히 차이를 보일 수밖에 없다.

이 글은 우선 이들의 문헌에서 헬레니즘기 문헌 단편들을 뽑아서 가장 이른 시기 타프로바네에 대한 기술들을 소개한 후, 각 문헌의 타프로바네와 관련한 중요 기록들을 번역하고 해설한 후, 각 항목에 따라 다시 각 문헌에 기록된 정보들을 비교하고 연결해보고자 한다. 이 작업은 이후 중세 라틴 문헌 및 아랍 문헌들과의 상호 비교 연구를 통해 그 관련성을 규명하는데 기초가 될 것이다.

2. 고대 그리스 로마 문헌의 기록들 (번역 및 해설)

1) 헬레니즘기 문헌들

앞서 밝힌 바와 같이 헬레니즘기 문헌들은 스트라본과 플리니우스의 작품 속에 인용되어 전해진다. 스트라본과 플리니우스는 이들의 기술을 특히 이 섬의 위치, 크기, 거리, 그리고 산물과 관련하여 인용하고 있으며, 때로는 이들의 정보를 수정하고 있다.

(1) 오네시크리토스

타프로바네라는 이름을 처음으로 언급한 인물은 오네시크리토스(기원전 360-290)인 것으로 알려져있다. 그는 소아시아에 가까운 에게해 남동쪽의 아스튀팔라이아(Astypalaia) 출신으로, 알렉산드로스 원정에 합류했으며 이후 알렉산드로스에 대한 작품을 남겼으나[4], 이 작품은 현재는 유실되었고, 몇몇 구절들만이 스트라본과 플리니우스의 작품에 인용되어 있다.

[타프로바네의 위치와 크기]

스트라본『지리학』15, 1.15. 에 인용	플리니우스『자연사』VI, 24. 에 인용
περὶ τῆς Ταπροβάνης Ὀνησίκριτός φησι μέγεθος μὲν εἶναι πεντακισχιλίων σταδίων, οὐ διορίσας μῆκος οὐδὲ πλάτος, διέχειν δὲ τῆς ἠπείρου πλοῦν ἡμερῶν εἴκοσιν· ἀλλὰ κακοπλοεῖν τὰς ναῦς, φαύλως μὲν ἱστιοπεποιημένας κατεσκευασμένας δὲ ἀμφοτέρωθεν [πρώραις] ἐγκοιλίων μητρῶν χωρίς. εἶναι δὲ καὶ ἄλλας νήσους αὐτῆς μεταξὺ καὶ τῆς Ἰνδικῆς, νοτιωτάτην δ' ἐκείνην.	Taprobanen alterum orbem terrarium esse diu existimatum est Antichthonum appellation. Ut insulam esse liqueret Alexandri Magni aetas resque praestitere. Onesicritus classis eius praefectus elephantos ibi maiores bellicosioresque quam in India gigni scripsit

---

[4] 오네시크리토스에 관한 정보는 아리아노스『알렉산드로스 대왕 원정기』66.4., 루푸스『알렉산드로스 대왕 전기』9.10.

| 타프로바네와 관련하여 오네시크리토스는 다음과 같이 말하고 있다. 그 섬의 크기는 (그는 그 길이나 너비를 구분하고 있지 않다) 5000스타디아이며 뭍으로부터 20일 항해거리만큼 떨어져 있다. 돛이 제대로 갖춰지지 않고, 양면의 나사 없는 용골로 건조된 배로 항해하는 것이 어려웠기 때문이다. 그리고 인디케와 타프로바네 사이에는 여러 섬들이 있는데, 타프로바네가 가장 남쪽에 있다. | 타프로바네는 오랫동안 대척지(Antichthonum)[5]이라고 불리는 다른 대륙 땅이라 여겨져 왔다. 알렉산드로스 대왕의 시대와 업적이 그곳을 섬으로 확신하게 해주었다. |

[타프로바네의 생산물 및 동물상]

스트라본 『지리학』 15, 1. 15. 에 인용	플리니우스 『자연사』 VI, 24. 에 인용
κήτη δ' ἀμφίβια περὶ αὐτὴν γίνεσθαι, τὰ μὲν βουσὶ τὰ δ' ἵπποις τὰ δ' ἄλλοις χερσαίοις ἐοικότα.	Onesicritus classis eius praefectus elephantos ibi maiores bellicosioresque quam in India gigni scripsit.
그(타프로바네) 주위에는 수륙양생인 케토스들이 서식하는데, 그것들은 소나 말, 그리고 육지에 거주하는 동물들과 유사하다.	그의 함대 지휘관인 오네시크리토스는 그곳에 인디아산보다 더 크고 전쟁에 적합한 코끼리들이 많이 서식한다고 기록했다.

스트라본과 플리니우스가 언급하고 있는 오네시크리토스의 기록은 다소 차이를 보인다. 스트라본은 타프로바네의 크기를 논의하는 대목에서 오네

---
5 남반구를 가리킨다.

시크리토스의 말을 인용하며, 그가 타프로바네의 크기를 5000 스타디아로 보았다고 전한다.[6] 이 수치는 다소 모호한데, 그것이 길이인지 너비인지가 분명하게 밝히고 있지 않기 때문이다. 그가 제시하고 있는 5000 스타디아를 환산하면 약 925km가 되는데, 이는 실제 스리랑카의 가장 긴 거리인 최북단과 최남단 사이의 직선거리인 432km의 두배, 동서의 길이인 224km의 네 배가 길이이다. 그는 타프로바네가 뭍으로부터 20일 거리라고 말하고 있는데, 그렇다면 출발지는 인도의 남단이 아닌, 알렉산드로스 원정대가 도달했던 인더스강 하류일 것으로 보인다.[7] 반면 플리니우스는 타프로바네의 위치와 크기에 대한 오네시크리토스의 기술은 언급하지 않고, 이곳이 이전에는 단지 남반구의 땅으로 여겨졌으나, 헬레니즘 시기에 이르러서 섬이라는 것을 확인했다고만 밝힌다.

두 작가의 문헌의 인용에 따르면 오네시크리토스는 생산물에 대한 언급은 없이, 동물상에 대해서만 기록하고 있는데, 스트라본은 '케토스', 플리니우스는 '코끼리'를 들고 있다. 스트라본이 사용하고 있는 '케토스' 혹은 '케테'라는 단어는 신화적인 맥락에서는 '바닷괴물', 일반적으로는 거대한 물고기나 고래를 가리킨다.[8] 그러나 그 앞에 '수륙양형'이라는 형용사가 붙어있으며, 뭍에 사는 소와 말과 유사하다고 설명하고 있어 정확히 무엇을 가리키는지에 대해서는 논란이 있다. 현대 번역자들은 이 단어를 대개 고래 혹은

---

[6] 헤로도토스에 따르면 1 스타디온은 600피트의 길이와 같다. (『역사』 2. 149) 하지만 이때 기준인 1피트의 길이가 정확히 얼마인지가 불분명하기 때문에 스타디온의 길이에 관해서는 157미터에서 209미터 사이의 다양한 추정이 제시되어 왔다. 여기에서는 1스타디온을 아티카 스타디온 혹은 프톨레마이오스 스타디온으로 불리는 185m로 산정하도록 하겠다.

[7] Roller (2018), p. 852.

[8] Szabo (2008), p. 34; Kitchell(2014), p. 197; Roller(2018), p. 852

거북이로 번역하고 있다.

(2) 메가스테네스

또 한 명의 헬레니즘기 타프로바네에 대한 기술을 남긴 것으로 알려진 인물은 메가스테네스(기원전 350-290)로, 그는 기원전 302년에서 291년까지 알렉산드로스의 후계자 중 하나였던 셀레우코스 니카토르(Seleucos Nikatōr)에 의해 여러 차례 인도에 사절로 파견된 인물로 『인디카(Indika)』를 남겼다. 이 책 역시 유실되었으나, 기원전 1세기 역사가인 디오도로스 및 기원후 2세기 역사가인 아리아누스 및 플리니우스등에 의해 단편으로 남아 있다. 플리니우스에서는 다음과 같은 기록을 찾을 수 있다.

> 플리니우스『자연사』VI, 24.81 에 인용
>
> Megasthenes flumine dividi, incolasque Palaeogonos appellari, auri margaritarumque grandium fertiliores quam Indos.
>
> 메가스테네스는 (그곳이) 강으로 나뉘어 있으며, 그곳의 거주자들은 팔라이고노이로 불리고, 인디카보다 금과 큰 진주가 더 많이 나는 곳이라고 한다.

플리니우스는 메가스테네스의 문헌에 언급된 이 섬의 거주민과 지리적 특성, 그리고 생산물만을 소개하고 있다. 이에 따르면 메가스테네스는 타프로바네의 거주자들이 '팔라이고노이(Palaigonoi)'라고 말하는데, 이 말이 의미하는 바가 무엇인지에 대해서는 두 해석이 존재한다. 하나는 타밀어인 'Palaiyakanam/Palayakanam' 혹은 'Pali-putra'의 그리스어 음차로 해석하는 것이고, 다른 하나는 그리스어 의미인 '오래전부터(palaios) 그곳에 살았던

원주민(gonoi)'으로 이해하는 것이다.[9] 그는 특히 타프로바네의 산물로, 금과 진주를 언급하고 있다. 플리니우스가 이때 진주를 의미하는 말로 사용하고 있는 단어는 'margarita'이다. 이 단어는 메가스테네스의 활동시기인 4세기에 처음 그리스 문헌에 등장한 단어로, 아마도 알렉산드로스 원정을 통해 인도로 간 서양인들이 이 시기에 진주를 처음 접했기 때문인 것으로 추정된다.[10]

(3) 에라토스테네스

타프로바네와 관련하여 가장 중요한 저자는 에라토스테네스(기원전 276-195)이다. 그는 북아프리카 퀴레네 출신의 수학자이자 천문학자로, 알렉산드리아의 학문적 성과를 잘 보여주는 서양 최초의 본격적인 지리서인 『지리학(Geōgraphika)』저술하였다. 그의 저술들 역시 유실되었으나 스트라본과 플리니우스를 통해 몇몇 구절들이 인용되어 단편적으로 전해진다. 타프로바네와 관련해서 에라토스테네스가 기술한 것으로 전해지는 구절들은 다음과 같다.

---

[9] Weerakkoddy(1997), p. 42.
[10] 그리스 문헌에서 가장 처음 margaritēs가 쓰인 곳은 기원전 4세기 테오프라스토스의 『돌들에 관하여(De lapidibus)』이다. 이 단어는 marvērēd에서 파생된 것으로 추정된다. 산스크리트어로 된 고대 인도의 서사시인 『마하바라타(Mahēbhērata)』에도 신할라의 왕들이 인도의 왕들에게 보낸 선물들로 진주가 언급된다. (II. 49, XI. 16)

스트라본 15.1.14	
Τὴν δὲ Ταπροβάνην πελαγίαν εἶναί φασι νῆσον ἀπέχουσαν τῶν νοτιωτάτων τῆς Ἰνδικῆς τῶν κατὰ τοὺς Κωνιακοὺς πρὸς μεσημβρίαν ἡμερῶν ἑπτὰ πλοῦν, μῆκος μὲν ὡς πεντακισχιλίων σταδίων ἐπὶ τὴν Αἰθιοπίαν· ἔχειν δὲ καὶ ἐλέφαντας. Τοιαῦται μὲν αἱ τοῦ Ἐρατοσθένους ἀποφάσεις.	사람들은 타프로바네가 대양에 있는 섬으로 코니아코이 인들의 땅인 인디카의 가장 남쪽으로부터 남쪽 방향으로 7일을 항해해 가야하는 바다에 위치하고 있다고 말한다. 그리고 그 길이가 아이티오피아 방향으로 약 8000스타디아이며, 그곳에 코끼리들이 서식하고 있다고도 한다. 이러한 것들이 에라토스테네스가 기술한 것들이다
Pliny N.H. VI, 14.81	
Eratosthenes et ensuram prodidit, longitudinis VII stadium, latittudinis V, nec urbes esse sed vicos DCC.	에라토스테네스는 그곳의 크기를 너비를 7000스타디아, 길이를 5000스타디아로 제시했고, 도시들이 없이 마을만 700라고 했다.

    스트라본과 플리니우스가 전하는 에라토스테네스에 대한 기록도 앞선 경우와 마찬가지로 차이를 보인다. 에라토스테네스가 기술한 것이라고 하면서도, 스트라본은 그 '길이가 아이티오피아 방향으로 8000 스타디아', 플리니우스는 '너비가 7000스타디아, 길이가 5000 스타디아'라고 말한다. 에라토스가 단순한 수치만을 인용했다면, 스트라본은 이를 좀 더 자세하게 설명하고 있다. 그에 따르면 에라토스테네스는 오네시크리토스보다 더 구체적으로 타프로바네의 위치를 규정하고 있는 것으로 보인다. 즉, 오네시크리토스는 단순히 뭍에서부터 20일 거리라고만 설명하고 있지만, 에라토스테네

스는 거리 측정 기준을 좀 더 명확하게 '인디카 남쪽 끝에서부터 남쪽'이라고 제시하고 있다. 스트라본이 인용하고 있는 오네시크리토스와 에라토스테네스의 거리에 대한 수치의 차이, 즉 20일 거리와 7일 거리의 차이는 어떻게 나온 것인가도 이 기준점을 생각하면 분명해진다. 20일 거리는, 아마도 알렉산드로스 원정대가 직접 도달했던 인더스 강 하류로부터의 거리였을 것이다. 헬레니즘기 작가들이 제시하고 있는 타프로바네의 위치와 크기에 대한 정보는 실제 스리랑카의 크기 및 위치와는 상당한 차이를 보이고 있다. 그것은 이들이 연안항해를 했으며, 타프로바네가지 직접 항해하기 보다는, 인도에서 얻은 정보만을 가지고 기술했기 때문이었을 것이다.

스트라본이 전하는 에라토스테네스의 기록에서는 타프로바네에 코끼리 서식처가 있었다고 언급되며, 플리니우스에서는 생산물이나 동물상에 대한 언급은 없이, 이 곳이 작은 마을들로만 되어 있으며 큰 도시가 없다는 것을 언급하고 있다. 이렇게 두 작가가 에라토스테네스로부터 서로 다른 정보를 취한 것은 그들 각각의 관심과 저술 목적의 차이 때문인 것으로 보인다.

2) 기원후 1-2세기 문헌에 나타난 타프로바네

(1) 『에뤼트라해 주항기』

이 문헌은 1세기경 로마령 이집트와 동아프리카, 남아라비아 반도, 인도 사이의 무역로를 오가던 선원 및 상인들을 위해 기록한 책자로 항해를 위해 필요한 실제적인 정보들이 기술되어 있다. 이 문헌은 타프로바네와, 타프로바네 너머에 있는 황금 반도, 중국까지의 항로까지 제시되어 있는, 해양 실 크로드에 관한 가장 이른 시기 서양의 기록이다. 이 문헌에서 가장 관심을 가지고 지역은 인도로, 작품의 절반에 가까운 분량을 차지하고 있다. 타프로바네는 인도에 관한 기록의 연장선에서 등장한다.

『에뤼트라해 주항기』61	
Περὶ δὲ τὴν μετ' αὐτὴν χώραν, ἤδη πρὸς ἀνατολὴν τοῦ πλοὸς ἀπονεύοντος, εἰς πέλαγος ἔκκειται πρὸς αὐτὴν τὴν δύσιν νῆσος λεγομένη Παλαισιμούνδου, παρὰ δὲ τοῖς ἀρχαίοις αὐτῶν Ταπροβάνη. Ταύτης τὰ μὲν πρὸς βορέαν ἐστὶν ἥμερα καὶ διαπλεῖται τοῖς εἰς τὸν πλιονακιστινει καὶ σχεδὸν εἰς τὸ κατ' αὐτῆς ἀντιπαρακείμενον Ἀζανίας παρήκει. Γίνεται δὲ ἐν αὐτῇ πινικὸν καὶ λιθία διαφανὴς καὶ σινδόνες καὶ χελῶναι. (Periplous, 61)	이제 이곳 너머의 장소들에 관해 말하자면, 항로는 동쪽으로 향하게 되는데, 바다에서 서쪽으로 뻗어있는 섬이 있고, 그 섬은 팔라이시문두라고 불리며, 예전에 그곳에 살던 이들은 그것을 타프로바네라고 불렀다. 이 섬의 북쪽 지역은 문명화되어 있고, 이 섬은 거의 맞은편의 아자니아 지역에 닿는다. 이 섬에서는 진주가 많이 생산되고, 투명한 보석들과 모슬린, 그리고 별갑(鼈甲)도 매우 흔하다.

이 기록에서 먼저 눈에 띄는 점은 그가 이 섬의 이름을 '팔라이시문두'라고 부르고 있다는 것이다. 고대 그리스 로마 세계에 알려져 있었던 타프로바네를 그는 '예전의 이름'이라고 말하고 있다. 이 두 이름의 연관관계에 대해서는, 이후 플리니우스를 다루면서 좀 더 자세히 살펴보도록 하겠다. 이 기록은 이후 살펴볼 다른 문헌들과는 여러 점에서 차이를 보여준다. 먼저, 이 문헌의 저자는 타프로바네가 인디아 남쪽 끝 너머에 '동서로 길게 뻗어 있는 섬'이고 그 너비는 아프리카의 북동부 해안인 '아자니아(Azania) 해안

에 거의 닿을 정도'라고 말하고 있다. 이는 앞서 살펴보았던 에라토스테네스의 설명과 매우 유사하며, 그와 마찬가지로 타프로바네의 너비를 상당히 과장하고 있다. 인도의 무역항들에 대해서는 상당히 정확한 정보들을 기술하고 있는 것과 비교해보면, 그가 인도 너머, 타프로바네까지 직접 항해한 것이 아님을 짐작할 수 있다. 또한 눈여겨 볼 점은 그가 '타프로바네'가 현재가 아닌 '과거'의 이름이라고 말하고 있는 대목이다. 섬의 명칭과 관련한 논의는 플리니우스 항목에서 자세히 논의하도록 하겠다. 『에뤼트라해 주항기』의 저자는 타프로바네의 산물들로 '진주[11], 투명 보석, 모슬린, 별갑' 등을 다루고 있고, 다른 문헌들에 나오는 코끼리와 거북이에 대한 언급은 나오지 않는다. 그것은 저자가 당시 상인들이 실제 시장에서 거래했던 품목들에 관심을 가졌기 때문이었기 때문인 것으로 보인다. 모슬린에 대한 언급은 다른 문헌들에서 언급되지 않는데, 저자가 실제 타프로바네를 방문하지 않았고, 인도의 시장에서 거래되는 타프로바네의 물품들을 접했다면, 인도산 물품들과 혼동했을 가능성도 있을 것이다.

(2) 스트라본의 『지리학』

스트라본(기원전 64/63- 기원후 24)은 흑해 연안 아마시아 출신으로, 기원전 1세기에서 기원후 1세기 로마와 알렉산드리아에서 활동한 학자이다. 그가 남긴 『지리학』은 현존하는 서양 최초의 본격적 지리서이자, 스트라본

---

[11] 여기에서는 그리스어에서 일반적으로 진주를 가리키는 margarita/margaritē가 아닌 pinakes가 사용되고 있다. 이 단어는 이 문헌에만 나오고 있으나, 기원전 2세기의 파피루스 등에 inē혹은 pinn-이 진주의 의미로 사용되고 있고, 이것들은 같은 어근에서 파생된 것으로 보인다.

의 시대에 이르기까지 고대 그리스 학자들이 이루어낸 지리적 지식을 집성하여 로마 제국의 실용적 관심과 결합해 낸 작품이다. 타프로바네에 대한 기술은 인간이 거주하는 지역을 규정하고 논의하는 1-2권과, 인도가 다뤄지는 15편 일부에서 찾아볼 수 있다.

[타프로바네의 위치와 크기]

스트라본 『지리학』 2.1.14	
Φέρε δὴ ἐπὶ τὴν ἀνταίρουσαν τῇ Κινναμωμοφόρῳ καὶ ἐπὶ τοῦ αὐτοῦ παραλλήλου πρὸς ἕω κειμένην ὑποβῶμεν. αὕτη δ' ἐστὶν ἡ περὶ τὴν Ταπροβάνην· ἡ δὲ Ταπροβάνη πεπίστευται σφόδρα ὅτι τῆς Ἰνδικῆς πρόκειται πελαγία μεγάλη νῆσος πρὸς νότον ...τῆς τε γὰρ Ἰνδικῆς νοτιωτέραν πολὺ τὴν Ταπροβάνην καλουμένην νῆσον ἀποφαίνουσιν, οἰκουμένην ἔτι καὶ ἀνταίρουσαν τῇ τῶν Αἰγυπτίων νήσῳ καὶ τῇ τὸ κιννάμωμον φερούσῃ γῇ· τὴν γὰρ κρᾶσιν τῶν ἀέρων παραπλησίαν εἶναι	이제 시나몬이 나는 땅 맞은편에 있는 동쪽 같은 위도에 있는 곳으로 내려가도록 하자. 이곳은 타프로바네 인근 지역이다. 타프로바네는 인디케의 앞 남쪽을 향해 놓인 대양의 거대한 섬으로 굳게 믿어졌다 … 타프로바네라 불리는 섬이 인디케 보다 남쪽에 놓여 있는데, 그곳은 남쪽에 있음에도 불구하고 사람이 거주하며, 아이귑토스인들의 섬과 시나몬이 나는 땅과 같은 위도에 놓여 있고, 비슷한 기후대에 속한다

스트라본『지리학』2.5.14	
...τῆς τε γὰρ Ἰνδικῆς νοτιωτέραν πολὺ τὴν Ταπροβάνην καλουμένην νῆσον ἀποφαίνουσιν, οἰκουμένην ἔτι καὶ ἀνταίρουσαν τῇ τῶν Αἰγυπτίων νήσῳ καὶ τῇ τὸ κιννάμωμον φερούσῃ γῇ· τὴν γὰρ κρᾶσιν τῶν ἀέρων παραπλησίαν εἶναι	타프로바네라 불리는 섬이 인디케보다 남쪽에 놓여 있는데, 그곳은 남쪽에 있음에도 불구하고 사람이 거주하며, 아이퀍토스인들의 섬과 시나몬이 나는 땅과 같은 위도에 놓여 있고, 비슷한 기후대에 속한다

스트라본『지리학』2.5.32	
... ἐν δὲ τῇ νοτίᾳ ταύτῃ θαλάττῃ πρόκειται τῆς Ἰνδικῆς νῆσος οὐκ ἐλάττων τῆς Βρεττανικῆς ἡ Ταπροβάνη·	인디케 맞은 편 남쪽 바다에는 브레타니케보다 작지 않은 섬인 타프로바네가 있다.

스트라본『지리학』2.5.35	
τῷ δὲ λεχθέντι μεσημβρινῷ παράλληλός πως παράκειται ἕωθεν ὁ Ἀράβιος κόλπος· τούτου δ' ἔκβασις εἰς τὸ ἔξω πέλαγος ἡ Κινναμωμοφόρος ἐστίν, ... ἐκπίπτει δ' ὁ παράλληλος οὗτος τῇ μὲν ἐπὶ τοὺς νοτιωτέρους μικρὸν τῆς Ταπροβάνης ἢ ἐπὶ τοὺς ἐσχάτους οἰκοῦντας...	논의된 자오선과 평행한 곳 동쪽에 아라비아 만이 위치한다. 이 만이 바깥쪽 대양으로 향하는 곳에 시나몬 나는 땅이 있고… 이 평행선은 한쪽이 타프로바네의 약간 남쪽, 혹은 가장 남쪽을 향하는 곳에 지나고 있으며…

스트라본은 당대 로마인들의 지리적 보고들 보다는, 오랫동안 신뢰할 수

있는 정보로 인정되어 온 그리스 기록들에 의존하고 있다.[12] 이들의 설명에 근거하여 스트라본은 타프로바네의 위치를 인디케 남쪽, 시나몬 나는 땅[13]과 같은 위도에 위치하고 있다는 점을 강조한다. 그것은 당시 로마 세계에 타프로바네가 인간의 거주 지역 바깥에 위치한다고 믿었던 사람들이 있었기 때문이다. 스트라본은 이 구절들을 통해 타프로바네가 그 땅과 비슷한 기후를 가지고 있으며, 따라서 인간이 거주할 수 있는 지역임을 뒷받침하고 있다.

[타프로바네의 산물 및 동물상]

스트라본 『지리학』 2.1.14	
ὥς φασιν, ἐξ ἧς καὶ ἐλέφαντα κομίζεσθαι πολὺν εἰς τὰ τῶν Ἰνδῶν ἐμπόρια καὶ χελώνεια καὶ ἄλλον φόρτον.	사람들의 말에 따르면 그곳에서 난 <u>상아</u>와 <u>별갑</u>, 그리고 그 밖의 여러 물건들이 인도의 시장에 풍부하게 공급됐다.

스트라본은 헬레니즘기 작가들이 언급한 고래(혹은 거북이), 코끼리를 언급하지는 않지만, 그 동물들로부터 얻어지는 생산품인 상아와 별갑을 언급하며, 이것이 타프로바네의 주요 교역품이었음을 밝힌다. 이 구절은 당시 그리스인들이 타프로바네로 직접 와서 현지인들과 교역하지 않고, 인도의 시장에서 중계상들을 통해 교역을 행했음을 알려준다.[14]

---

12 Dihle(1964), p. 17; Molina(2007), pp. 294-305.
13 시나몬이 나는 땅은 소말리아(아프리카의 뿔)를 가리킨다. 현재 스리랑카는 대표적인 시나몬 생산국으로 알려져 있으나, 이 글에서 다루고 있는 2세기 이전 그리스 로마 문헌들에서 타프로바네가 시나몬을 생산한다는 기록은 찾아볼 수 없다.
14 Warmington(1928), p. 10.

(3) 플리니우스의 『자연사 Historia Naturalis』

플리니우스(Gaius Plinius Secundus, 기원후 23-79)는 1세기 로마의 정치가이가 군인이면서 학자이기도 한 인물로 총 37권으로 이루어진 『자연사』를 저술했다. 이 책은 당시의 자연학, 지리학, 예술과 인류학 전반에 대한 정보들을 총망라하여 집대성한 대백과전서이다. 그는 앞서 다룬 스트라본과 동시대 인물이지만 그리스의 변방에서 태어나 그리스어권에서 활동했던 스트라본과는 달리 로마 제국에서 태어나 활동했던 인물이었다. 플리니우스는 아시아 지리를 다루고 있는 6권에서 타프로바네에 대해 기술하면서, 헬레니즘기 지리 문헌들의 정보를 인용하고 잘못된 정보들, 혹은 세월이 지나면서 바뀐 것들을 언급한 후, 자신의 시대에는 더 구체적인 정보들을 사절들을 통해 직접 얻을 수 있었다고 전한다. 플리니우스의 타프로바네에 대한 서술은 다른 문헌들과는 달리 매우 자세하다.

[타프로바네와 관련한 정보의 출처]

플리니우스 『자연사』 6.23	
Hactenus a priscis memorata. nobis diligentior notitia Claudi principatu contigit legatis etiam ex ea insula advectis. id accidit hoc modo… hoc maxime sollicitatus ad amicitiam legatos quattuor misit principe eorum Rachi	여기까지는, 옛사람들에 전해준 내용이다. 우리는 클라우디우스 재위 시에 바로 그 섬으로부터 온 사절들로부터 직접 더 정확한 정보를 얻었다…. 그(왕)는 특히나 이것에 친밀함을 느껴 라키아[15]를 대표로 해서 네 명의 사절을 보냈다.

---

15   Skr. *raja*

당시 로마에서 타프로바네로 사절을 보냈는지의 여부는 확인되지 않지만, 플리니우스는 타프로바네에 왕이 있으며, 그가 로마로 사절들을 보냈다고 밝히고 있다. 타프로바네에 대한 플리니우스의 서술에서 주목할만한 점은 그가 다른 문헌들과는 달리 타프로바네의 위치나 크기, 항해와 관련한 정보보다는 타프로바네의 생활상, 도덕관 등에 관심을 기울이고 있다는 점이다. 이것은 플리니우스가 로마인이며, 이 문헌이 단순한 지리문헌이 아닌 것과 관련이 있을 것이다.

[타프로바네의 지리적, 인류학적 정보]

플리니우스『자연사』6.23	
ex iis cognitum, D esse oppida, portum contra meridiem adpositum oppido Palaesimundo, omnium ibi clarissimo ac regio, CC plebis. stagnum intus Megisba CCCLXXV p. ambitu, insulas pabuli tantum fertiles conplexum; ex eo duos amnes erumpere, Palaesimundum iuxta oppidum eiusdem nominis influentem in portum tribus alveis, quinque stadiorum artissimo, XV amplissimo, alterum ad septentriones Indiamque versum, Cydara nomine. proximum esse Indiae promunturium quod vocetur Coliacum, quadridui navigatione, medio in cursu Solis insula occurrente.	그들을 통해, 그곳의 소도시가 500개이고, 왕궁이 있는 지역인 팔라이시문둠 마을에 접해 있으며, 〈인디카의〉 남쪽을 향하고 있는 항구가 모든 마을들 중에서 가장 유명한 곳이며, 거주민이 200000명이라는 정보를 얻게 되었다. 섬 내륙에는 메기스바 라고 하는 늪지가 있는데, 둘레가 357,000 파수스이며, 곡식이 풍부한 섬들을 포함하고 있고. 그곳으로부터 두 강들이 흘러나오는데, 그 중 팔라이시문두스(강)는 같은 이름을 한 마을 가까이에 있고, 세개의 지류로부터 항구로 흘러들어가며, 가장 좁은 곳은 5 스타디아이고, 가장 넓은 곳은 15 스타디아라 한다. 반면, 다른 강인 퀴다라 강은 인디아 방향인 북쪽으로 흘러간다. 인디아와 가장 가까운 곳은 콜리아쿰이라고 불리는 곳인데, 나흘간의 항해 거리이고, 태양의 섬의 항로를 따라가다 보면 중간에서 만난다고 한다.

플리니우스에 따르면, 왕궁이 있는 팔라이시문둠은 타프로바네의 북쪽에 위치한 곳으로 이 섬에서 가장 유명한 곳이며, 동일한 이름을 한 강의 인근에 위치하고 있다. 이 지명은 이 작품보다 약 한 세기 가량 먼저 기록된 『에뤼트라해 주항기』에서도 발견된다. 그곳에서는 팔라이시문둠 대신 팔라이시문두라는 형태가 사용되는데, 주항기의 저자는 그 이름이 타프로바네의 '현재' 이름이라고 밝힌 바 있다. 반면, 플리니우스에서는 이 이름이 섬 전체를 가리키는 것으로 읽히지 않는다. 팔라이시문둠과 타프로바네 간의 관계를 어떻게 설명해야 할지에 대해서 학자들간의 견해는 나뉜다. 일군의 학자들은 스리랑카를 지배했던 두 왕가의 주도시가 각기 타프로바네와 팔라이시문두였고, 그 중 더 우세했던 왕가의 이름을 따라 달리 불렸다고 주장하는가 하면[16], 다른 이들은 팔라이시문두가 원래 다른 이들은, 팔라이시문두는 원래 왕의 거주지를 가리키는 말이었다가 섬 전체를 포함하는 용어로 확장되었다고 주장하기도 한다.[17] 팔라이시문둠, 혹은 팔라이시문두라는 이름 자체는 아마도 산스크리트어 'Páli Símanta'(거룩한 법의 머리)에서 부터 유래한 것이라는 추정이 유력한 것으로 보인다.[18] 플리니우스는 이곳의 소도시(oppidum)가 500개이며 거주민이 약 20만명이라고 말하는데, 이는 앞서 자신이 인용한 에라토스테네스의 '도시(urbes)가 없이 마을(vicos)만 700'라는 기술과 비교해보았을 때, 이 기간 동안 여러 경제적, 종교적, 정치적 이유로, 좀 더 모여살게 되면서 보다 큰 소도시들이 생겨난 것으로 이해할 수 있다.

플리니우스는 타프로바네 섬 내의 강과 그 흐름에 대해 서술하고 있는데,

---

16 Herman(1932), col. 2260-2272.
17 Casson(1989), pp. 230-231; Weerakkody(1997), p. 21.
18 Lassen(1852), p. 14.

앞선 문헌들 중 강에 대해 언급한 것은 메가스테네스였다. 그는 '강이 섬을 둘로 가르고 있다'고 하였는데, 플리니우스는 더 구체적으로 메기스바 늪지로부터 강이 두 줄기로 나누면서 여러 지류로 나뉜다고 설명한다. 흥미로운 점은, 중세 이후 문헌들에서의 관심이 이 곳의 '큰 산'인 것과는 달리 아직은 산에 대한 언급이 나오지 않고, 강들에 대해서만 언급하고 있다는 점이다.

[타프로바네의 크기 및 위치]

플리니우스『자연사』6.23	
proximum esse Indiae promunturium quod vocetur Coliacum, quadridui navigatione, medio in cursu Solis insula occurrente.	가장 가까운 인디아의 곳은 콜리아쿰이라고 불리는 곳인데, 나흘간의 항해 거리이고, 태양의 섬의 항로를 따라가다 보면 중간에서 만난다고 한다.

플리니우스는 강들에 대한 설명에 이어 간략하게 타프로바네와 인도와의 거리를 제시한다. 플리니우스가 말하는 콜리아쿰(**Coliacum**)은 아마도, 에라토스테네스가 말하는 코니아코이인들의 지역, 혹은 프톨레마이오스에 언급되는 인도 최남단인 '코뤼 곶'인 것으로 보인다.[19] 태양의 섬이 어디인지는 확실하지 않다.[20]

---

19 코뤼는 현재의 팜반(Pamban) 해협 인근을 가리킨다. 스트라보『지리학』15. 1. 11, 14와 프톨레마이오스『지리학』7. 1 에도 이 지역에 관해 언급된다.
20 Weerakkody는 이 곳이 Ramesvaram으로 여겨지지만, 이 곳은 상상의 섬일 가능성에 대해서도 언급한다. (68)

[타프로바네의 생활상 및 관습]

플리니우스 『자연사』 6.23	
servum nemini, non in diem aut interdiu somnium, aedificia modice ab humo exstantia, annonam numquam augeri, non fora litesve esse, coli Herculem, eligi regem a populo senecta clementiaque, liberos non habentem, et, si postea gignat, abdicari, ne fiat hereditarium regnum. rectores ei a populo XXX dari, nec nisi plurium sententia quemquam capitis damnari; sic quoque appellationem esse ad populum et LXX iudices dari: si liberent ii reum, amplius XXX iis nullam esse dignationem, gravissimo probro.	누구에게도 노예가 없고, 낮에 혹은 깨어 있는 동안 자지 않는다. 건물들은 지면에서부터 적절한 높이를 하고 있다. 매년 생산물의 가격은 오르는 법이 없으며, 법정이나 소송도 없다고 한다. 헤라클레스가 숭배되었고, 왕은 연배와 성품을 고려하여, 그리고 자녀를 가지지 않는 자를 인민이 선출했는데, 추후에 아이를 낳으면, 그는 왕에서 해임되었는데, 왕국을 상속하지 않도록 하기 위해서였다. 인민에 의해서 30명이 지배자들로 승인되었고, 다수의 판결이 아니라면 어떤 누구도 사형에 처하지 않았다고 한다….

[타프로바네의 산물]

플리니우스『자연사』6.23	
aurum argentumque et ibi in pretio; marmor testudini simile, margaritae gemmaeque in honore…	황금과 은을 그곳에서도 값지게 여기고, 별갑 무늬의 대리석, 진주와 보석들이 귀하게 여겨진다…
festa venatione absumi; gratissimam eam tigribus elephantisque constare. agros diligenter coli, vitis usum non esse, pomis abundare. esse et in piscatu voluptatem, testudinum maxime, quarum superficie familias habitantium contegi	축제에서는 사냥으로 시간을 보냈고, 호랑이와 코끼리에 대한 사냥이 가장 인기가 좋았다(고 한다). 밭은 꾸준히 경작되었다. 포도는 재배되지 않았지만, 과실수는 풍부하다. 그들은 또한 낚시를 좋아하며, 특히나 거북이 낚는 것을 좋아했는데, 거북이의 등딱지로 가족들의 거주하는 곳을 덮기도 했다. 그만큼 큰 것들이 발견되었다.

플리니우스는 타프로바네의 산물과 관련해서 황금과 은, 별갑 무늬의 대리석, 진주와 보석들, 과실수와 거북이, 별갑, 호랑이와 코끼리 등이 언급하고 있다. 플리니우스가 제시하고 있는 산물들 중에서 '대리석'과 '호랑이'는 다른 문헌들에서는 찾아지지 않는다.

(4) 프톨레마이오스의『지리학』

프톨레마이오스(Claudios Ptolemaios, 기원후 100-170)는 알렉산드리아 출신의 천문학자이자 수학자로 에라토스테네스로부터 이어지는 그리스 수리지리학을 집대성한『지리학』을 저술했다. 타프로바네에 대한 기술은 인간의 거주 지역의 크기와 범위를 정하고 지도투영법과 작도법 논의하는 1권과 아시아의 가장 동쪽 지역을 논의하는 7권에서 다뤄진다.

[타프로바네의 크기 및 위치]

프톨레마이오스『지리학』1.14.7

ὁ μὲν διὰ τῆς ἀρχῆς τοῦ Ἰνδοῦ ποταμοῦ μεσημβρινὸς ὀλίγῳ δυτικώτερός ἐστι τοῦ βορείου τῆς Ταπροβάνης ἀκρωτηρίου κατὰ τὸν Μαρῖνον…

마리누스(Marinus)에 따르면, 인두스강 상류를 지나는 자오선은 코뤼(Kory)를 마주하는 타프로바네 최북단에서 약간 서쪽에 있다…

프톨레마이오스『지리학』7.4

Τῷ δὲ Κώρυ ἀκρωτηρίῳ, τῷ τῆς Ἰνδικῆς, ἀντίκειται τὸ τῆς Ταπροβάνης νήσου ἄκρον… Τὸ μὲν οὖν εἰρημένον αὐτῆς ἀκρωτήριον, καὶ ἀντικείμενον τῷ Κώρυ ἐπέχει μοίρας ρκϛ ιβ ϛ' καὶ καλεῖται Βόρειον ἄκρον.

코뤼 곶, 즉 인디카의 최남단은 타프로바네 섬의 끝과 마주하고 있고… 위에서 언급된 코뤼 맞은편에 있는 곶은 125°12′30″ 위에 놓여 있고, 북쪽 곶으로 불린다

프톨레마이오스는 동시대의 지리학자인 마리누스의 문헌을 원천으로 삼아,[21] 다른 문헌들과는 다른 정보들을 제공한다. 다른 문헌들은 타프로바네와의 거리의 기준을 인더스강 하구, 혹은 인도 최남단으로 설정하고 있는 반면, 그는 인도 남동쪽 해안의 코뤼로 설정하고 있다. 이 지역은 타프로바네의 최북단의 곶과의 최단 거리에 위치하는 곳으로, 두 지역 사이는 항해

---

21 튀로스 출신의 마리누스는 2세기의 지리학자이자 수학자로, 그의 유실된 작품은 프톨레마이우스『지리학』의 가장 중요한 문헌 원천이다.

가 불가능한 수심이 매우 얕은 사주로 되어 있다. 프톨레마이오스의 이 기술에 따르면, 그는 고대 그리스인들이 가지고 있던 생각, 즉 인도의 데칸 반도가 동서를 축으로 하는 긴 사각형에 가까운 형태라는 생각을 그대로 받아들이고 있는 것이다.

[타프로바네의 명칭]

프톨레마이오스『지리학』7.4	
… ἥτις ἐκαλεῖτο πάλαι Σιμούνδου, νῦν δὲ Σαλίκη· καὶ οἱ κατέχοντες αὐτήν κοινῶς Σάλαι, μαλλοῖς γυναικείοις εἰς ἅπαν ἀναδεδεμένοι …	그곳(타프로바네)은 오래 전에 시문두라고 불렸으나, 지금은 살리케라 불린다. 이곳의 거주자들은 일반적으로 살라이라고 불리며 …

타프로바네의 명칭에 있어서도 프톨레마이오스는 이전 그리스 저자들과는 차이를 보인다. 그는 타프로바네의 옛 이름을『주항기』에 나오는 '팔라이 시문두'가 아닌 '시문두'로 보고, '팔라이'를 그리스어 부사 '오래 전에'로 보고 있다. 이것은 그의 잘못된 추정에 근거한 것으로 보인다.[22] 프톨레마이오스는 다른 문헌에서는 사용되지 않은 새로운 지명인 '살리케'를 제시하고 있다. 새로이 등장한 이 지명의 어원을 추정하려는 여러 시도들이 있어왔다. 19세기의 한 학자는 이 용어가 이집트어인 **Siele-keh**, 즉, '시할라(**Sihala**)의 섬'에서 유래한 것으로 추정했고, 살리케와 살라이를 모두 타프로바네와 마주하고 있는 인도 해안의 도시인 '살리우르 (**Saliur**)'와의 연관성으로 이해해보려는 시도도 있다. **Weerakkody**는 지명인 '살리케'가 그곳 거주민들

---

22 이와 관련한 자세한 논의는 Weerakkody(1997), p. 21; 장시은(2021), p. 61.

을 가리키는 '살라이'에서부터 유래되었으며, 이는 '시할라/심할라(Sihala/Simhala)'에서 본 것으로 추정한다.[23]

그는 이어 타프로바네의 최북단의 '북쪽 곶'에서 시작해 반시계 방향으로 돌면서 타프로바네의 주요 장소들의 위도와 경도를 제시하고, 이어 내륙 지역에 대한 위경도를 같은 방식으로 밝힌다. 흥미로운 점은 그가 제시하고 있는 지명들의 일부가 현지어의 음차가 아닌, 그리스식 지명이라는 점이다. 예를 들어 그가 제시하고 있는 8개의 곶 중 다섯 개가 그리스식 이름이며(북쪽 곶 Βόρειον ἄκρον, 제우스의 곶 Διὸς ἄκρα, 새들의 곶 Ὀρνέων ἄκρα, 디오뉘소스의 곶 Διονύσου ἄκρον, 바닷괴물들의 곶 Κηταῖον ἄκρον, 뾰족한 곶 Ὀξεία ἄκρα), 그리스 로마의 종교와 신화로부터 가져온 지명으로 타프로바네가 아닌 지역에서도 찾아볼 수 있는 지명들도 있다(아자노스 Ἀζάνος, 파시스 Φᾶσις) 이는 프톨레마이오스의 주요한 출처가 타프로바네를 여행한 그리스인들이었을 것이라고 추정하게 한다.[24]

[타프로바네의 산물 및 동물상]

Γίνεται δὲ παρ' αὐτοῖς ὄρυζα, μέλι, ζιγγίβερι, βήρυλλος, ὑάκινθος, μέταλλα παντοῖα χρυσοῦ καὶ ἀργύρου καὶ τῶν ἄλλων· γεννᾷ δὲ καὶ ἐλέφαντας καὶ τίγρεις.	그들에게서는 쌀, 꿀, 생강, 녹주석, 휘아킨토스, 또한 금과 은과 다른 종류의 온갖 금속들이 생산된다. 코끼리와 호랑이도 그곳에 서식한다.

---
23 살리케의 유래에 관한 논의는 Weerakkody(1997), p. 23.
24 Hermann(1932), col. 2261, 2265.

프톨레마이오스가 제시하고 있는 타프로바네의 산물들은 당시 상인들을 통해 타프로바네로부터 수입되었던 물품들이었던 것으로 보인다. 앞선 문헌들에서는 단순히 보석이라는 일반명사로 언급된 것이 여기에서는 녹주석과 휘아킨토스로 구분된다. 휘아킨토스가 무엇인지에 대해서는 여러 논의들이 있지만 푸른빛의 보석인 사파이어일 가능성이 높아 보인다.[25]

3. 주요 항목별 텍스트의 비교

1) 섬의 명칭

오네시크리토스	기원전 4세기	(타프로바네)
메가스테네스	기원전 4세기	(타프로바네)
에라토스테네스	기원전 4세기	(타프로바네)
주항기	기원전 1세기	팔라이시문두(Palaisimoundou)/ (구) 타프로바네
스트라본	기원후 1세기	타프로바네 (Taprobane)
플리니우스	기원후 1세기	타프로바네 (Taprobane) 팔라이시문둠 (Palaesimundum)
프톨레마이오스	기원후 2세기	타프로바네 (Taprobane) 살리케(Salike) / (구) 시문두(Simoundou)

---

[25] 타프로바네에서 생산되는 'hyacinthos'가 문헌에 다시 언급되는 것은 6세기 코스마스의 『그리스도교 지형학』이다. 이 문헌에서 휘아킨토스는 '크고 귀한 보석'이라는 의미로 사용되고 있다. Weerakkody(1994, 136)에서는 이 보석이 지르콘, 사파이어, 자수정일 가능성에 대해 언급한다. 스리랑카가 현재까지도 대표적인 블루 사파이어의 산지이며, 그리스 어원의 '바닷빛'의 의미를 생각한다면, 휘아킨토스를 사파이어로 보는 것이 옳을 것이다.

2) 위치 및 크기

	위치 및 크기	항해거리
오네시크리토스	5000 스타디아	뭍으로부터 20일 항해거리
메가스테네스		
에라토스테네스	대양에 있는 섬, 아이티오피아 방향 8000스타디아 (스트라본) 너비 7000, 길이 5000스타디아 (플리니우스)	인도 최남단에서 남쪽으로 7일 거리
주항기	인도 서남쪽 항구에서 동쪽으로 향하다 바다에서 서쪽으로 뻗어있음. 섬의 북쪽이 아자니아 지역에 닿음	
스트라본	시나몬 나는 땅 맞은편 동쪽 같은 위도, 인디케 앞 남쪽을 향해 놓인 거대한 섬	
플리니우스		콜리아쿰 사이 4일 항해거리.
프톨레마이오스	인디카 최남단 코뤼곶 맞은편에 위치, 타프로바네 최북단 북쪽 곶의 위경도는 125°12′30″	인디카 최남단 코뤼곶 맞은편

3) 생산물 및 동식물

	동물	생산물
오네시크리토스	수륙양생 케토스(고래, 혹은 거북이) (스트라본) 코끼리 (플리니우스)	
메가스테네스	-	금, 큰 진주(margarita)
에라토스테네스	코끼리	

주항기			진주(pinikos), 투명한 보석(lithia diaphanēs), 모슬린(sindones), 별갑(chelōnai)
스트라본			상아, 별갑, 그밖의 여러 물건들
플리니우스	호랑이, 코끼리		금, 은, 별갑무늬 대리석, 진주(margarita), 보석들(gemmae), 별갑
프톨레마이오스			쌀, 꿀, 생강, 녹주석, 휘아킨토스, 금, 은, 다양한 금속

4) 기타 비교표

	지리적 정보	왕/왕국	거주민	도시
오네시크리토스				도시(urbes)는 없고 700개의 마을(vicos)만 있음.
메가스테네스	강으로 나뉘어 있음		팔라이고노이	
에라토스테네스	섬 주위에 다른 섬들 있음			
주항기				
스트라본				
플리니우스	섬 안의 늪지, 두 큰 강과 그 지류들	왕(rex)/ 팔라이시문둠에 왕궁이 있음. 로마로 사절을 보냄		500개의 소도시(oppidum)

프톨레마이오스	타프로바네 주위에 여러 섬들 있음. 섬 내부의 자세한 지명들 열거됨, 강과 산들의 명칭도 제시됨.		살라이	큰 도시와 시장, 마을들이 나뉘어 소개됨

참고문헌

1차문헌

Strabo, *Geographika* (Radt, S. ed., Vandenhoeck & Ruprecht, 2002-2008) (스트라본『지리학』)

Periplus *Erythraei Maris* (『에뤼트라 해 주항기』)

Plinius, Historia Naturalis. VI (André, J. ed., Les Belles Lettres, 1980) (플리니우스『자연사』)

Ptolemaeus, *Geographia*. (Müller, K. ed., Alfredo Firmin Didot, 1883) (프톨레마이오스『지리학』)

2차문헌

Abeydeera, A., 1998a, "Encore Taprobane: Giovanni Battista ramusio y voit Sumatra et Immanuel Kant Madagascar," *Archipel* 56, 199-230.

Casson, L., 1989, *The Periplus Maris Erythraei: Text with Introduction, Translation, and Commentary*, Princeton: Princeton University Press.

Dihle, A., 1964, "The Conception of Intia in Hellenistic and Roman Literature," *Proceedings of the Cambridge Philological Society New Series*, 10(190), 15-23.

Hermann, A., 1932, "Taprobane," in *Paulys Real-Encyclopädie der*

Klassischen Altertumswissenschaft, 2nd ser. Vol. IV, eds., G. Wissowa et al., Stuttgart: J.B. Metzler, cols 2260-2272.

Kitchell, K.F., 2014, *Animals in the Ancient World from A to Z*, London: Routledge.

Lassen, C., 1852, *Dissertatio De Insula Taprobane Veteribus Cognita*, Bonn.

Roller, D.W., 2018, *A Historical and Topographical Guide to the Geography of Strabo*, Cambridge: Cambridge University Press.

Szabo, V.E., 2008, *Monstrous Fishes and the Mead-Dark Sea: Whaling in the Medieval North Atlantic*, Leiden: Brill.

Warmington, E.H., 1928, *The Commerce Between the Roman Empire and India*, Cambridge: Cambridge University Press.

Weerakkody, D.P.M.,1997, *Taprobane: Ancient Sri Lanka as known to Greeks and Romans*, Turnhout: Brepols.

장시은, 2021. "타프로바네를 찾아서-고대 그리스 문헌에 나타난 타프로바네(Taprobane)", 『문화역사지리』 제33권 제1호, pp. 52-68.

제2장
세렌디브에 관한 중세 아랍어 기록:
축적, 비교, 연결

곽문석

(안양대학교)

1. 들어가며

고대로부터 해상 실크로드의 중간 지점에 위치하고 있던 실론(현 스리랑카)은 동서를 이어주는 중요한 역할을 수행하였다. 실론은 2000여년 전부터, 그리스어로 타프로바네(Ταπροβάνη)로, 아랍어, 페르시아어로 세렌디브(سرنديب)로, 라틴어로 세일란(Seylan)으로, 한문으로 사자국(獅子國), 승가라국(僧伽羅國), 람무리국(藍無里國), 칙의란(則意蘭), 석란(錫蘭) 등의 각기 다른 이름으로 불렸다. 실론에 대한 언급은 각기 다른 종교와 사상을 배경으로, 여행 또는 무역 등의 다양한 목적으로 기록되었다. 1세기 스트라보의 『지리학』을 시작으로, 그리스와 로마 문헌에서는 주로 '타프로바네(Taprobane)'라고 불렸다. 헬레니즘 시대의 기록에는 주로 이 섬까지의 거리와 크기 그리고 금과 진주 등의 물품 산지라는 내용이 기술되어 있다. 2세기 알렉산드리아의 천문점성학자 프톨레마이오스(Claudius Ptolemy,

100-170)의 『지리학』(Geography)에는 이 섬의 중요한 장소들의 위도와 경도가 제시되어 있다.[1] 고대 후기 코스마스(Cosmas Indicopleustes, 6c)의 『기독교 지형학』(The Christian Topography)은 이 섬의 산물들과 종교와 정치 상황 등 보다 자세한 정보를 담고 있다.[2] 이후 9세기부터 중세 아랍어와 페르시아어 문헌에서 이 섬은 '세렌디브(Serendib)'라고 불렸다. 중세 아랍 문명에서 집대성된 세계 지리지에 대한 기록들에서 이 섬에 대한 정보는 빠지지 않는다. 세렌디브는 유럽 지중해에서 아라비아해를 거쳐 동아시아에 이르는 해상 실크로드의 중간 기착지였기 때문이다. 또한 로마와 동아시아를 잇는 육상 실크로드의 중심 역할을 수행했던 페르시아의 물품들이 인도를 거쳐 세렌디브에 전달되었고, 다시 해상 실크로드를 통해 세계 각지로 전달되었다.[3]

본 연구의 목적은 세렌디브에 대한 중세 아랍어 기록들을 축적(Collectio)

---

[1] 고대 그리스 문헌 기록에 대해서는 다음 논문을 참조하라: 장은, "타프로바네를 찾아서-고대 그리스 문헌에 나타난 타프로바네(Taprobane)", 『문화역사지리』 제33권 제1호(2021), pp. 52-68.

[2] 코스마스에서 기술되고 있는 타프로바네에 대한 논문은 다음을 참조하라: 이은선, "코스마스의 『韓國敎會史學會誌』(2019), pp. 313-353.

[3] 1세기에 스트라보의 『지리학』에서 타프로바네의 실크로드에서의 역할을 다음과 같이 기록하고 있다: "ἡ δὲ Ταπροβάνη πεπίστευται σφόδρα ὅτι τῆς Ἰνδικῆς πρόκειται πελαγία μεγάλη νῆσος πρὸς νότον ... ὥς φασιν, ἐξ ἧς καὶ ἐλέφαντα κομίζεσθαι πολὺν εἰς τὰ τῶν Ἰνδῶν ἐμπόρια καὶ χελώνεια καὶ ἄλλον φόρτον." (타프로바네는 인도 남쪽 바다에 위치하고 있는 큰 섬이라고 여겨졌다 … 사람들이 말하기를, 이 섬에서 많은 상아와 거북이 등껍질과 다른 물품들이 인도 시장에 공급되고 있다고 한다.) 또한 8세기에 혜초는 『왕오천축국전』에서 '사자국(師子國)'이라고 불렀던 타프로바네에 대한 기록은 다음과 같다: "土地人性, 愛興易 常於西海汎舶入南海向師子國. 取諸寶物, 所以彼國云出寶物 … 亦汎舶漢地, 直至廣州, 取綾絹絲綿之類."(그 지역(파사국) 사람들의 성품은 교역을 좋아한다. 종종 서해에서 배를 타고 남해로 들어가 사자국(師子國)으로 간다. (그곳에서) 여러 보물을 가지고 온다. 따라서 그 나라에서 보물이 나온다고 한다 … 중국 지역으로 배를 타고 오는데, 곧장 광주(廣州)에 이르러 얇은 비단(綾絹), 솜(絲綿) 등을 구입한다.)

하고, 비교(Collatio)하고, 연결(Connexio)하는 것이다. 다수의 문헌에서 세렌디브에 대한 기록을 발견할 수 있지만, 본 연구에서는 문헌 전승 과정에서 서로 연관성이 있으며, 유의미한 정보를 제공해 주고 있는 저자 6명의 기록들을 살펴볼 것이다. 슐라이만(Sulaymān, 850), 이븐 코르다드베(Ibn-Khordadbeh, 820-912), 알-무카다시(al-Muqaddasī, 945-991), 무명의『진기한 것들에 관한 책』(*The Book of Curiosities*, 11c)(이하『진기한 것들』), 알-이드리시(al-Idrīsī, 12c) 그리고 카즈위니(al-Qazwīnī, 13c) 등이다.[4] 이들의 기록을 축적하고 비교, 연결하는 과정을 통하여 문헌간의 교류와 전승과정에 대한 자료가 축적될 것이다. 이 자료들은 중세 아랍 문헌들뿐만 아니라, 그 이전 그리스어와 라틴어 기록들, 더 나아가 이후 동아시아의 한문 자료들 간의 관련성의 규명을 위한 기초 자료가 될 것이다. 세렌디브에 대한 중요 기록자에 대한 정보는 아래와 같다.

2. 텍스트의 축적 Collectio

9세기 이후 중세 아랍 문헌에 기록된 세렌디브에 관한 기술은 아래와 같다. 아래 제시된 본문은 각 저자의 세렌디브에 관한 모든 기록은 아니다. 이 연구에서 주로 살펴볼 내용은 세렌디브에 있다는 '아담의 발자국'과 출산물

---

4 이 외에 세렌디브에 관해 많은 정보를 제공해 주고 있는 저술로는 이븐 바투타(Ibn Battuta, 1304-1368)의 여행기가 있다. 이븐 바투타의 기록은 14세기에 기록된 문헌으로, 6명의 기록과는 다른 많은 새로운 정보를 제공해 주고 있다. 정수일의 한국어 번역본을 참고. 정수일,『이븐 바투타 여행기 1 & 2』(서울: 창작과비평사, 2001), pp. 276-286.

에 관한 기록이다.

2.1. 슐라이만(Sulaymān, 850)의 *Akhbār al-Ṣīn wa'l-Hind*

وآخر هذه الجزاير سرنديب فى بحر هركند وهى راسُ هذه الجزاير كلها
وهم يدعوﻧﻬا الدبيجات وَبسرنديب منها مغاص اللولو بحرها كله
حولها وفى ارضها جبل يُدْعَى الرُهُونَ وعليه هبط آدم عليه السلام
وقدمه فى صفا راسٍ راس هذا الجبل منغمسَة فى الحجر: فى راس هذا الجبل
قدم واحدة ويقال انه عليه السلام خطا خطوةً اخرى فى البحر
ويقال ان هذه القدم التى على راس الجبل نحو من سبعين ذراعًا وحول
هذا الجبل معدن الجوهر الياقوت الاحمر والاصفر والاسمانجوني وفى
هذه الجزيرة ملكان وهى جزيرة عظيمة عريضة فيها العود والذهب
والجوهر وفى بحرها اللولو والشنَك وهو هذا البوق الذى ينفخ فيه ممَّا
يدخرونه. [5]

이 섬들 끝 부분인 헤르켄드 바다 위에 세렌디브가 있다. 이 섬들 중에 가장 중요한 섬이다. 사람들이 '디바자트'라고 부른다. 세렌디브에는 진주를 채집하는 사람들이 있고, 사방이 바다로 둘러싸여 있다. 이 지역에 알-라훈이라고 불리는 산이 있다. 이 산 위로 아담-그에게 평화가 있기를-이 내

---

5 Sulaymān, *Relation des voyages faits par les Arabes et les Persans dans l'Inde et à la Chine dans le IXe siècle de l'ère chrétienne Tome II*, Notes de la traduction et texte arabe, ed. and trans. Louis Langlès & Joseph Toussaint Reinaud (Paris: Imprimerie royale, 1845), p. ٦-٨.

려왔다. 이 산 꼭대기 반석 위에 그의 발이 바위에 찍혀 있다. 이 산 꼭대기에 한쪽 발만 있다. 사람들이 말하기를, 그-그에게 평화가 있기를-가 다른 쪽 발은 바다에 위치하고 있다고 한다. 그리고 말하기를, 산 꼭대기에 있는 이 발자국은 길이가 약 70디라라고 한다. 이 산 주변에는 붉은색, 노란색, 하늘색 야쿠트 광산이 있다. 이 섬에는 두 명의 왕이 있고, 섬은 크고 넓다. 이 섬에는 침향과 금과 보석이 나온다. 그 바다에서는 진주와 쉐네크(*역자 주: 聖螺)가 난다. 이곳에서 이것은 바람을 불어넣어 나팔로 사용되며, 잘 모아 둔다.

2,2. 이븐 코르다드베(Ibn-Khordadbeh, 820-912)의 *Kitāb al-masālik wa-l mamālik*

وسرنديب ثمانون فرسخا فى ثمانين فرسخا وبها الجبل الذى هبط عليه آدم صلَّى الله عليه وهو جبل ذاهب فى السماء يراه مَن فى مراكب البحر من مسيرة ايَّام فذكرت البراهمة وهم عُبَّاد الهند ان على هذا الجبل اثر قدم آدم صلَّى الله عليه مغموس فى الحجر وهو نحو من سبعين ذراعا قدم واحدة وان على هذا الجبل شبيها بالبرق ابدا وان آدم صلَّى الله عليه وسلَّم خطا الخطوة الاخرى فى البحر وهو منه على مسيرة يومين او ثلثة، وعلى هذا الجبل وحوله الياقوت الوانه كلُّها والاشباه كلُّها وفى واديه الماس وعلى الجبل العود والفلفل والعطر والافواه ودابَّة المسك ودابَّة الزباد، وبسرنديب النارجيل وارضها السنباذج الذى يعالج به الجوهر وفى انهارها البلَّور وحولها فى البحر

6. غوص اللؤلؤ

    세렌디브의 길이와 너비는 80파르삭이다. 그곳에는 한 산이 있는데, 그 위로 아담-그에게 알라의 축복이 있기를-이 내려왔다. 그 산은 하늘 높이 솟아 있어서, 여러 날 여행 거리에서 선원이 배 위에서도 볼 수 있다. 인도의 승려인 브라만들이 말하기를, 이 산 위에 아담-그에게 알라의 축복이 있기를-의 발자국이 바위 위에 찍혀 있고, 그 한 발의 길이는 70디라이며, 그 산 위에는 언제나 번개가 그러는 것처럼 번쩍거림이 있다고 한다. 그리고 아담-그에게 알라의 축복과 평화가 있기를-이 또 한 걸음을 바다로 옮겼는데, 그 곳에서부터 2~3일 여행 거리에 있다고 한다. 이 산과 그 주변에는 온갖 색상의 야쿠트들과 그와 같은 종류의 모든 것들이 있다. 와디에는 마아스(*역자 주: 다이아몬드)가, 산 위에는 침향과 후추와 향료와 향신료와 사향 노루류(*역자 주: 미스크를 생산하는 동물)와 사향 고양이류(*역자 주: 자바드를 생산하는 동물)가 있다. 세렌디브에는 코코넛이, 그 땅에서는 보석들을 다루는데 사용하는 숫돌이 나온다. 강에서는 크리스탈이 나오고, 바닷가에는 진주를 잡는 사람들이 있다.

---

6 Ibn-Khordadbeh, *Kitāb al Masālik w'al Mamālik*, ed. and trans. M. J. de Goeje, Bibliotheca geographorum Arabicorum 6 (Lugduni Batavorum: E. J. Brill, 1889), p. ٦٤.

2.3. 알-무카다시(945-991)의 *Aḥsan al-taqāsīm fī ma'rifat al-aqālīm*

ثم بحر هَرْكَنْد وهو قاموس فيه سَرَنْديب تكون ثمانين فرسخًا في مثلها فيها جبل آدم الذى اهبط فيه اسمه الرُهن يُرى من مسيرة ايّام، عليه اثر قدم غرقت نحو سبعين ذراعًا والاخرى على مسيرة يوم وليلة فى البحر يرى عليه كلَّ ليلة نور وثَمَّ يوجد الياقوت اجوده ما احدره الريح وفيه ريحان شبه المسك وفيها ثلاثه ملوك [7]

그리고 대양인 헤르켄드 바다에 세렌디브가 있다. 길이는 80파르삭이고, 너비도 그와 같다. 이 곳에 아담이 내려왔던 아담의 산이 있다. 그 산의 이름은 알-라훈이며, 여러 날 여행 거리에서도 보인다. 그 위에 약 70디라 길이의 발자국이 찍혀 있다. 다른 발자국은 하룻밤, 하룻낮 여행 거리의 바다에 있다. 그 위에서 매일 밤 빛이 보인다. 또한 바람에 의해 굴러 떨어진 최상급의 야쿠트가 발견된다. 그리고 사향(*역자 주: 미스크)을 닮은 라이한(*역자 주: 향료 식물)이 난다. 그곳에 세 명의 왕이 있다.

2.4. 『진기한 것들』(*Kitāb garā'ib al-funūn*, 11c)

جزيرة سرنديب بلد جليل على خط الاستواء وبها مدن جليلة وممالكها ملكان وهي [في] بحر الهركند ويسكنها من كل أمة وبها جبل الرهون الذي هبط عليه ادم صلوات الله عليه واثر قدمه في الحجر وقد غلب

---

[7] al-Muqaddasī, *Descriptio imperii moslemici*, ed. M. J. de Goeje, Bibliotheca geographorum Arabicorum 3 (Lugduni Batavorum: E. J. Brill, 1877), p. ١٣.

على الاثر الماء ومن يريد مشاهدته يغطس عليه حتى يراه وحوله سمك أحمر مثل حمرة الدم من ((أكل منه)) هلك لوقته وبسرنديب منابت العود الهندي الذي ليس مثله ومعادن الذهب والياقوت الأحمر والأصفر والأزرق ومعادن الماس واشباه اليقوت [8]

세렌디브 섬. 적도 위에 있는 커다란 나라. 그 안에는 큰 도시들이 있으며, 두 명의 왕이 통치하고 있으며, 헤르켄드 바다에 위치하고 있다. 온갖 민족 출신들이 그곳에 거주하고 있다. 그곳에 알-라훈 산이 있다. 그 위에 아담-그에게 알라의 기도가 있기를-이 내려왔다. 바위 위에 아담의 발자국이 남아 있다. 그러나 이미 물이 그 자국 위를 덮어 버렸다. 그래서 그것을 보고 싶은 사람은 보일 때까지 물속으로 뛰어 들어가야 한다. 그 자국 주변에 붉은 피와 같이 붉은 물고기가 있는데, 누구든지 그 물고기를 먹으면 그 즉시 죽는다. 세렌디브에는 인도 침향 농장들이 있고, 이것과 비교할 만한 품질의 침향은 없다. 그리고 금광과 붉은색, 노란색, 하늘색 야쿠트와 마아스(*역자 주: 다이아몬드) 광산과 야쿠트와 같은 것들이 있다.

2.5. 알-이드리시(12c)의 *Kitab nuzhat al-muštāq fī ḫtirāq al-āfāq*

ومن الجزاير المشهورة في هذا البحر المسمى هركند جزيرة سرنديب

---

[8] Kitāb ġarā'ib al-funūn, *An Eleventh-Century Egyptian Guide to the Universe: The Book of Curiosities*, ed. and trans. Yossef Rapoport & Emilie Savage, Islamic Philosophy, Theology and Science 87 (Leiden & Boston: E. J. Brill, 2014), p. ٢١٣-٢١٤.

وهي جزيرة كبيرة مشهورة الذكر وهي ثمانون فرسخا في ثمانين فرسخا وفيها الجبل الذي أهبط عليه آدم وهو جبل سامي الذروة عالي القمة ذاهب في الجو يراه البحريون في مراكبهم على مسيرة أيام واسم هذا الجبل جبل الرهون وتذكر البراهمة وهم عباد الهند أن على هذا الجبل أثر قدم آدم عليه السلام مغموس في الحجر وطوله سبعون ذراعا وأن على أثر هذا القدم نور يخطف شبيه بالبرق دائما وأن القدم الثانية منه جاءت في البحر عند خطوته والبحر من هذا الجبل على مسيرة يومين أو ثلاثة وعلى هذا الجبل وحوله توجد أنواع اليواقيت كلها وأنواع من الأحجار وغيرها وفي واديه الماس الذي يحاول به نقش الفصوص من أنواع الحجارة وعلى هذا الجبل أيضا أنواع من الطيب وضروب من صنوف العطر مثل العود والأفاويه ودابة المسك ودابة الزبادة وبها الأرز والنارجيل وقصب السكر وفي أنهارها يوجد جيد البلّور وكبيره وبجميع سواحلها مغائص اللؤلؤ الجيد النفيس الثمن 9

헤르켄드라고 불리는 바다에 있는 유명한 섬들 중에 세렌디브라는 섬이 있다. 이 섬은 크고 잘 알려져 있다. 그 길이와 너비는 80파르삭이다. 그 곳

---

9 al-Idrīsī, *Opus Geographicum: sive "Liber ad eorum delectationem qui terras peragrare studeant"* vol. 1, ed. E. Cerulli & A. Bombaci; et al (Neapoli; Romae: Istituto universitario orientale di Napoli, Istituto italiano per il Medio ed Estremo Oriente, 1970), pp. 72-73.

에는 한 산이 있는데, 그 산으로 아담이 내려왔다. 그 산은 매우 높고 정상은 하늘 높이 솟아 있어서, 여러 날 여행 거리에서 선원들이 배 위에서도 볼 수 있을 정도다. 이 산의 이름은 '알-라훈의 산'이다. 인도의 승려인 브라만들이 말하기를, 이 산 위에 아담-그에게 평화가 있기를-의 발자국이 찍혀 있고, 그 길이는 70디라이며, 그 발자국 위에는 언제나 빛이 번개와 같이 번쩍이고 있다고 한다. 다른 한 발은 한 걸음 떨어져서 바다에 위치하고 있는데, 그 바다는 이 산에서 2~3일 여행 거리에 있다. 이 산과 그 주변에서 온갖 종류의 야쿠트들과 다양한 돌들과 그와 같은 것들이 발견된다. 와디에는 마아스(*역자 주: 다이아몬드)가 나오는데, 여러 종류의 돌들로 만들어진 반지석에 모양을 새기는데 사용된다. 또한 이 산에는 침향과 향신료와 사향 노루류(*역자 주: 미스크를 생산하는 동물)와 사향 고양이류(*역자 주: 자바드를 생산하는 동물) 같은 여러 종류의 향수와 향료들이 나온다. 그곳에는 쌀과 코코넛과 사탕수수가 난다. 강에서는 좋고 크기가 큰 크리스탈이 나오고, 모든 해변에는 훌륭하고 진귀하고 값 비싼 진주를 잡는 사람들이 있다.

2.6. 카즈위니(13c)의 *Aǧāʾib al-maḥlūqāt wa-ġarāʾib al-mawǧūdāt*

جزيرة سيلان وهى جزيرة عظيمة دورها ثمانماية فرسخ بها سرنديب الذى
اهبط عليه آدم عم وبها آثار قديمة[10]

실론 섬. 이 섬은 매우 큰 섬이며, 둘레가 800파르삭이다. 그 곳에 세렌디브가 있는데, 그 위로 아담-그에게 평화가 있기를-이 내려왔다. 그곳에 오

---

10 al-Qazwīnī, *Zakarija ben Muhammed ben Mahmud el-Cazwini's Kosmographie 1_ Die Wunder der Schöpfung*, ed. Ferdinand Wüstenfeld (Göttingen: Verlag der Dieterichschen Buchhandlung, 1849), p. ۱۱۲.

래된 유적이 남아 있다.

جبل سرنديب هو الجبل الذى أُهْبط عليه آدم عم وهو باقصى بلاد الصين فى بحر هركند ذاهب فى السماء تراه البحريّون من مسافة ايّام وفيه اثر قدم آدم عم وهى قدم واحدة مغموسة فى الحجر طوله نحو سبعين ذراعًا ويزعمون انه خط الخطوة الاخرى فى البحر وهو على مسيرة يوم وليلة ويرى على هذا الجبل كلّ ليلة كهيئة البرق من غير سحاب وغيم ولا بُدَّ له فى كلّ يوم من مطر يغسل موضع قدم آدم عم، ويقال ان الياقوت الاحمر يوجد على هذه الجبال تحدّره السيول والامطار الى الحضيض ويوجد به الماس ايضا وبه يوجد العود، وفيه ثلاثه ملوك كلّ [11]

세렌디브 산. 이 산은 아담-그에게 평화가 있기를-이 내려왔던 곳이고, 중국의 맨 끝, 헤르켄드 바다에 위치하고 있으며, 하늘 높이 솟아 있다. 여러 날 떨어진 거리에서도 선원들이 그 섬을 볼 수 있다. 그 위에는 아담-그에게 평화가 있기를-의 발자국이 있다. 그 한 발이 바위 위에 찍혀 있고, 길이는 70디라이다. 사람들이 말하기를, 다른 한 걸음은 바다에 있고, 하룻밤, 하룻낮 여행 거리 떨어져 있다고 한다. 그 산 위에서 매일 밤 구름 없이 번개 같은 것이 보인다. 그리고 매일 비가 아담-그에게 평화가 있기를-의 발(자국)이 있는 곳을 씻어 주는 일이 발생한다. 사람들이 말하기를, 이 산에서 붉은

---

11 al-Qazwīnī, *Zakarija ben Muhammed ben Mahmud el-Cazwini's Kosmographie 1_Die Wunder der Schöpfung*, ed. Ferdinand Wüstenfeld (Göttingen: Verlag der Dieterichschen Buchhandlung, 1849), p. ١٦٤.

색 야쿠트가 발견되며, 그 야쿠트를 급류와 많은 비가 밑으로 쏟아내린다고 한다. 그리고 그곳에서는 마아스(*역자 주: 다이아몬드)와 침향도 발견된다. 그곳에 모두 세 명의 왕이 있다.

3. 텍스트의 비교 Collatio

3.1. 세렌디브 섬의 위치와 크기

슐라이만	이 섬들 끝 부분인 헤르켄드 바다 위에 세렌디브가 있다. 이 섬들 중에 가장 중요한 섬이다.
이븐 코르다드베	세렌디브의 길이와 너비는 80파르삭이다.
알-무카다시	그리고 대양인 헤르켄드 바다에 세렌디브가 있다. 길이는 80파르삭이고, 너비도 그와 같다.
『진기한 것들』	세렌디브 섬: 적도 위에 있는 커다란 나라. 그 안에는 큰 도시들이 있으며, 두 명의 왕이 통치하고 있으며, 헤르켄드 바다에 위치하고 있다.
알-이드리시	헤르켄드라고 불리는 바다에 있는 유명한 섬들 중에 세렌디브라는 섬이 있다. 이 섬은 크고 잘 알려져 있다. 그 길이와 너비는 80파르삭이다.
카즈위니	실론 섬: 이 섬은 매우 큰 섬이며, 둘레가 800파르삭이다. 그 곳에 세렌디브가 있는데, … 세렌디브 산: … 중국의 맨 끝, 헤르켄드 바다에 위치하고 있으며, 하늘 높이 솟아 있다.

중세 아랍어 기록들이 대부분 세렌디브 섬이 위치하고 있는 바다의 이름 '헤르켄드'와 섬의 가로와 세로 크기가 동일하게 '80파르삭'이라는 정보를 공유하고 있음을 알 수 있다. 하지만 카즈위니만 800파르삭이라고 기술하

고 있다.

3.2. 세렌디브 섬에 있는 알-라훈 산

슐라이만	이 지역에 알-라훈이라고 불리는 산이 있다. 이 산 위로 아담-그에게 평화가 있기를-이 내려왔다.
이븐 코르다드베	그 곳에는 한 산이 있는데, 그 위로 아담-그에게 알라의 축복이 있기를-이 내려왔다. 그 산은 하늘 높이 솟아 있어서, 여러 날 여행 거리에서 선원이 배 위에서도 볼 수 있다.
알-무카다시	이 곳에 아담이 내려왔던 아담의 산이 있다. 그 산의 이름은 알-라훈이며, 여러 날 여행 거리에서도 보인다.
『진기한 것들』	그곳에 알-라훈 산이 있다. 그 위에 아담-그에게 알라의 기도가 있기를-이 내려왔다.
알-이드리시	그 곳에는 한 산이 있는데, … 그 산은 매우 높고 정상은 하늘 높이 솟아 있어서, 여러 날 여행 거리에서 선원들이 배 위에서도 볼 수 있을 정도다. 이 산의 이름은 '알-라훈의 산'이다.
카즈위니	세렌디브 산. … 여러 날 떨어진 거리에서도 선원들이 그 섬을 볼 수 있다. 그 위에는 아담-그에게 평화가 있기를-의 발자국이 있다.

아랍어 저자들은 세렌디브에 아담이 내려온 산이 있다는 정보를 공유하고 있다. 대부분 이 산의 이름이 '알-라훈'이라고 전한다. 또한 이 산이 매우 커서 '여러 날 여행 거리' 떨어진 바다에서도 '선원'들이 이 산을 볼 수 있었다는 내용을 공유하고 있다. 카즈위니는 '알-라훈'이라는 명칭 대신에 '세렌디브 산'을, '여러 날 여행 거리'라는 대신에 '여러 날 떨어진 거리'라는 표현을 사용하고 있다.

3.3. 아담의 발자국과 크기

술라이만	이 산 위로 아담-그에게 평화가 있기를-이 내려왔다. 이 산 꼭대기 반석 위에 그의 발이 바위에 찍혀 있다. 이 산 꼭대기에 한쪽 발만 있다. 사람들이 말하기를, 그-그에게 평화가 있기-가 다른 쪽 발은 바다에 위치하고 있다고 한다. 그리고 말하기를, 산 꼭대기에 있는 이 발자국은 길이가 약 70디라라고 한다.
이븐 코르다드베	인도의 승려인 브라만들이 말하기를, 이 산 위에 아담-그에게 알라의 축복이 있기를-의 발자국이 바위 위에 찍혀 있고, 그 한 발의 길이는 70디라이며, 그 산 위에는 언제나 번개와 같은 번쩍거림이 있다고 한다. 그리고 아담-그에게 알라의 축복과 평화가 있기를-이 또 한 걸음을 바다로 옮겼는데, 그 곳에서부터 2~3일 여행 거리에 있다고 한다.
알-무카다시	그 위에 약 70디라 길이의 발자국이 찍혀 있다. 다른 발자국은 하룻밤, 하룻낮 여행 거리의 바다에 있다. 그 위에서 매일 밤 빛이 보인다.
『진기한 것들』	바위 위에 아담의 발자국이 남아 있다. 그러나 이미 물이 그 자국 위를 덮어 버렸다. 그래서 그것을 보고 싶은 사람은 보일 때까지 물속으로 뛰어 들어가야 한다. 그 자국 주변에 붉은 피와 같이 붉은 물고기가 있는데, 누구든지 그 물고기를 먹으면 그 즉시 죽는다.
알-이드리시	인도의 승려인 브라만들이 말하기를, 이 산 위에 아담-그에게 평화가 있기를-의 발자국이 찍혀 있고, 그 길이는 70디라이며, 그 발자국 위에는 언제나 빛이 번개와 같이 번쩍이고 있다고 한다. 다른 한 발은 한 걸음 떨어져서 바다에 위치하고 있는데, 그 바다는 이 산에서 2~3일 여행 거리에 있다.

카즈위니	그 한 발이 바위 위에 찍혀 있고, 길이는 70디라이다. 사람들이 말하기를, 다른 한 걸음은 바다에 있고, <u>하룻밤, 하룻낮 여행 거리</u> 떨어져 있다고 한다. 그 산 위에서 매일 밤 구름 없이 번개 같은 것이 보인다. 그리고 매일 비가 아담-그에게 평화가 있기를-의 발(자국)이 있는 곳을 씻어 주는 일이 발생한다.

중세 아랍어 저자들 모두, 세렌디브에 있는 산 위에 남아 있는 아담의 발자국에 대해 진술하고있다. 대부분 이 발자국의 크기가 '70디라'이며, 다른 발자국은 '바다'에 있다는 것과 산 위 발자국 위에 '번개'와 '빛'이 번쩍이고 있다는 정보를 공유하고 있다. 하지만 이븐 코르다드베와 알-이드리시만이 인도의 승려 '브라만'이 이 정보를 전해주었다는 사실을 공유하고 있으며, 이에 덧붙여 산 위의 발자국과 바다에 있는 다른 발자국 사이의 거리가 '2-3일 여행 거리'라고 말하고 있다. 알-무카다시와 카즈위니는 이 두 발자국 사이의 거리가 '하룻낮, 하룻밤' 떨어져 있다는 정보를 서로 공유하고 있다.

3.4. 왕

슐라이만	이 섬에는 두 명의 왕이 있고, 섬은 크고 넓다.
이븐 코르다드베	
알-무카다시	그곳에 세 명의 왕이 있다.
『진기한 것들』	그 안에는 큰 도시들이 있으며, 두 명의 왕이 통치하고 있으며,
알-이드리시	
카즈위니	그곳에 모두 세 명의 왕이 있다.

슐라이만과 『진기한 것들』에서는 세렌디브 섬을 다스리는 왕들이 두 명

이고, 알-무카다시와 카즈위니는 세 명이라고 기술하고 있다. 이븐 코르다드베와 알-이드리시는 이에 대한 정보를 제공하고 있지 않다.

3.5. 세렌디브의 생산품

슐라이만	이 산 주변에는 붉은색, 노란색, 하늘색 야쿠트 광산이 있다 … 이 섬에는 침향과 금과 보석이 나온다. 그 바다에서는 진주와 쉐네크(*역자 주: 㗔螺)가 난다. 이곳에서 이것은 바람을 불어넣어 나팔로 사용되며, 잘 모아 둔다.
이븐 코르다드베	이 산과 그 주변에는 온갖 색상의 야쿠트들과 그와 같은 종류의 모든 것들이 있다. 와디에는 마아스(*역자 주: 다이아몬드)가, 산 위에는 침향과 후추와 향료와 향신료와 사향 노루류(*역자 주: 미스크를 생산하는 동물)와 사향 고양이류(*역자 주: 자바드를 생산하는 동물)가 있다. 세렌디브에는 코코넛이, 그 땅에서는 보석들을 다루는데 사용하는 숫돌이 나온다. 강에서는 크리스탈이 나오고, 바닷가에는 진주를 잡는 사람들이 있다.
알-무카다시	또한 바람에 의해 굴러 떨어진 최상급의 야쿠트가 발견된다. 그리고 사향(*역자 주: 미스크)을 닮은 라이한(*역자 주: 향료 식물)이 난다.
『진기한 것들』	세렌디브에는 인도 침향 농장들이 있고, 이것과 비교할 만한 품질의 침향은 없다. 그리고 금광과 붉은색, 노란색, 하늘색 야쿠트와 마아스(*역자 주: 다이아몬드) 광산과 야쿠트와 같은 것들이 있다.

알-이드리시	이 산과 그 주변에서 온갖 종류의 야쿠트들과 다양한 돌들과 그와 같은 것들이 발견된다. 와디에는 마아스(*역자 주: 다이아몬드)가 나오는데, 여러 종류의 돌들로 만들어진 반지석에 모양을 새기는데 사용된다. 또한 이 산에는 침향과 향신료와 사향 노루류(*역자 주: 미스크를 생산하는 동물)와 사향 고양이류(자바드를 생산하는 동물) 같은 여러 종류의 향수와 향료들이 나온다. 그곳에는 쌀과 코코넛과 사탕수수가 난다. 강에서는 좋고 크기가 큰 크리스탈이 나오고, 모든 해변에는 훌륭하고 진귀하고 값 비싼 진주를 잡는 사람들이 있다.
카즈위니	사람들이 말하기를, 이 산에서 붉은 색 야쿠트가 발견되며, 그 야쿠트를 급류와 많은 비가 밑으로 쓸어내린다고 한다. 그리고 그 곳에서는 마아스(*역자 주: 다이아몬드)와 침향도 발견된다.

중세 아랍어 저자들 모두 세렌디브에서 생산되는 보석인 '야쿠드'에 대해서 기술하고 있다. 슐라이만과 『진기한 것들』에서는 '붉은색, 노란색, 하늘색 야쿠트'라는 표현을, 이븐 코르다드베와 알-이드리시는 '온갖 종류의 야쿠트'라는 표현을 공유하고 있다. 이 두 저자는 또한 '와디에는 마아스'와 '침향'과 '향신료' 그리고 '사향 노루류'와 '사향 고양이류'와 '코코넛' 등의 산물에 대한 정보를 자세하게 서로 공유하고 있다.

위에 기술된 중세 아랍어 기록들의 주요 내용을 비교한 내용을 표로 정리하면 아래와 같다.

	술라이만	이븐 코르다드베	알-무카다시	『진기한 것들』	알-이드리시	카즈위니
바다 이름	헤르켄드		헤르켄드	헤르켄드	헤르켄드	헤르켄드
섬 크기 (파르삭)		80x80	80x80		80x80	800
산 이름	알-라훈	산	알-라훈	알-라훈	알-라훈	세렌디브 산
멀리서 보이는 거리		-여러 날 여행 거리 -선원	-여러 날 여행거리		-여러 날 여행 거리 -선원	-여러 날 거리에서 -선원
인도인들의 이야기		브라만			브라만	사람들
아담의 발자국 거리(디라)	70	70	70		70	70
다른 발자국 위치와 거리	-바다	-바다 -2~3일	-바다 -하룻낮, 하룻밤		-바다 -2~3일	-바다 -하룻낮, 하룻밤
산 위 빛과 번개		번개	빛		빛, 번개	번개
왕의 숫자	2명		3명	2명		3명
생산품 1: 야쿠트	붉은색, 노란색, 하늘색 야쿠드	온갖 종류의 야쿠트	최상급의 야쿠트	붉은색, 노란색, 하늘색 야쿠드	온갖 종류의 야쿠트	붉은 색 야쿠트
생산품 2:		-와디의 마아스 -코코넛, 진주 잡이 -사향 노루류와 사향 고양이류		-마아스	-와디의 마아스 -코코넛, 진주 잡이 -사향 노루류와 사향 고양이류	

4. 텍스트의 연결 Connexio

텍스트의 축적과 비교를 통해서 중세 아랍어 문헌들 간의 상관관계와 문헌 전승 과정을 유추해 볼 수 있다. 위에 제시된 표를 통해서 도출해 낸 정보는 다음과 같다. 『진기한 것들』의 내용은 슐라이만의 것을 참고하고 있거나 같은 저본을 공유하고 있는 것으로 보인다. 다른 기록들과는 달리, 두 문헌만이 섬을 다스리는 왕의 숫자와 세 가지 야쿠드의 색깔에 대한 정보를 공유하고 있기 때문이다. 이와는 달리, 이븐 코르다드베와 알-이드리시만이 서로 브라만이라는 명칭과 색깔이 아닌 온갖 종류의 야쿠트라는 표현 그리고 다양한 산출물들에 대한 목록 등을 공유하고 있다.

이와 같은 정보를 도출해내기 위해서는 무엇보다도 언어별, 지역별 또는 학문 분야별 협업을 통해서 공동 연구를 진행하여야 한다. 그리고 한편으로는, 용어 번역의 통일성에 대한 고민을 하여야 할 것이다. 예를 들면, 모든 중세 아랍어 기록에 등장하는 세렌디브의 특산물인 야쿠트에 대한 번역의 다양성은 이러한 비교 연구의 장애물이 될 수 있다. 아래 표는 이 야쿠드에 대한 영어, 프랑스어, 독일어 번역의 예를 제시한 것이다.

여행기 원문 한글 번역	현대 외국어 번역
[술라이만] 이 산 주변에는 붉은색, 노란색, 하늘색 야쿠드 광산이 있다.	About this Mountain are Mines of the Ruby, Opal, and Amethyst.[12] 이 산 주변에는 루비와 오팔 그리고 아메티스트 광산이 있다. Autour de cette montagne est la mine de rubis rouges et jaunes et d'hyacinthe.[13] 이 산 주변에는 붉은색과 노란색 루비와 히야킨트 광산이 있다. Around this mountain there are mines of precious stones: rubies, topaz and the blue sapphire.[14] 이 산 주변에는 루비, 토파즈와 하늘색 사파이어 등의 진귀한 보석 광산들이 있다. Autour de cette montagne, abondent les pierres précieuses: rubis, topazes et saphirs.[15] 이 산 주변에는 루비, 토파즈, 사파이어 등의 보석들이 많이 있다. Around this mountain lies the area where gems are mined-rubies, yellow sapphires, and blue sapphires.[16] 이 산 주변에는 캐낸 루비, 노란색 사파이어, 하늘색 사파이어 등의 보석들이 채굴되는 지역이 있다.

---

12 Sulaymān, *Ancient accounts of India and China: by two Mohammedan travellers. Who went to those parts in the 9th century*, trans. Eusebius Renaudot (London: Printed for Sam. Harding, 1733), p. 3.

13 Sulaymān, *Relation des voyages faits par les Arabes et les Persans dans l'Inde et à la Chine dans le IXe siècle de l'ère chrétienne Tome I, Introduction et traduction*, ed. and trans. Louis Langlès & Joseph Toussaint Reinaud (Paris: Imprimerie royale, 1845), p. 6.

14 Sulaymān, "Akhbār al-Ṣīn wa'l-Hind. an account of China and India, trans. S. Maqbul Ahmad" in *Arabic classical accounts of India and China* (Calcutta: Indian Institute of advanced study, RDDHI, 1989), p. 35.

15 Sulaymān, "Anonyme, Documents sur la Chine et sur l'Inde" in *Voyageurs arabes: Ibn Faḍlân, Ibn Jubayr, Ibn Baṭṭûṭa et un auteur anonyme*, trans. Paule Charles-Dominique (Paris: Gallimard, 1995), p. 5.

16 Sulaymān, "Abū Zayd al-Sīrāfī, Accounts of China and India, ed. and trans. Tim Mackintosh-Smith" in *Two Arabic Travel Books* (New York, NY: New York University Press, 2014), p. 25.

[이븐 코르다드베] 이 산과 그 주변에는 온갖 색상의 야쿠트들과 그와 같은 종류의 모든 것들이 있다.	On trouve dans les environs différentès variétés de rubis et d'autres pierres précieuses.[17] 그 주변에서는 다양한 종류의 루비와 다른 보석들이 발견된다. Dans cette montagne et dans les environs on recueille toutes les varietes de rubis et toutes les pierres precieuses qui ressemblent au rubis.[18] 이 산과 그 주변에서 우리는 모든 종류의 루비와 루비와 유사한 모든 보석을 채취한다.
[알-무카다시] 또한 바람에 의해 굴러 떨어진 최상급의 야쿠트가 발견된다.	On trouve là-bas des rubis, les plus beaux étant ceux qui ont été roulés [au sol] par le vent.[19] 그곳에서는 바람에 의해 [땅으로] 굴러 떨어진 매우 아름다운 루비가 발견된다. Here also are found rubies, the best ones being those that the wind causes to roll.[20] 또한 이곳에서 바람이 굴러 떨어뜨린 최상급 루비가 발견된다.
[『진기한 것들』] (세렌디브에는) 금과 붉은색, 노란색, 하늘색 야쿠트 광산과 다이아몬드와 야쿠트와 같은 것들의 광산(이 있다.)	mines of gold, as well as of red, yellow and blue corundum, mines of diamonds, and corundum-like stones.[21] (세렌디브에는) 금과 붉은색, 노란색, 하늘색 강옥(鋼玉) 광산과 다이아몬드와 강옥 같은 것들의 광산(이 있다).

---

17 Ibn-Khordadbeh, *Le livre des routes et des provinces*, trans. C. Barbier de Meynard (Paris: Impr. impériale, 1865), p. 185.

18 Ibn-Khordadbeh, *Kitāb al Masālik w'al Mamālik*, ed. and trans. M. J. de Goeje, Bibliotheca geographorum Arabicorum 6 (Lugduni Batavorum: E. J. Brill, 1889), p. 44.

19 al-Muqaddasī, *Aḥsan al-taqāsīm fī ma'rifat al-aqālīm (La meilleure répartition pour la connaissance des provinces)*, trans. André Miquel (Damas: Institut français de Damas, 1963), p. 37.

20 al-Muqaddasī, *The best divisions for knowledge of the region: Aḥsan al-Taqāsīm fī Ma'rifat al-Aqālīm*, trans. Basil Collins (Reading, U.K.: Garent Publishing Ltd., 2001), p. 12.

21 Curiosities(anonymous), *An Eleventh-Century Egyptian Guide to the Universe:*

[알-이드리시] 이 산과 그 주변에서 온갖 종류의 야쿠트들과 다양한 돌들과 그와 같은 것들이 발견된다.	Au-dessus et autour de cette montagne, on trouve des pierres précieuses et autres, de toute espèce.[22] 이 산의 위와 주변에는 모든 종류의 보석과 다른 것들이 발견된다. On and around this mountain all kinds of rubies and various types of precious stones, etc., are found.[23] 이 산 위와 주변에서 온갖 종류의 루비와 다양한 보석들이 발견된다.
[카즈위니] 사람들이 말하기를, 이 산에서 붉은색 야쿠트가 발견되며,	Man sagt, der rothe Hyacinth finde sich auf diesem Berge;[24] 사람들이 말하기를, 이 산에서 붉은색 히아킨트가 발견되며,

아랍어 붉은색, 노란색, 하늘색 야쿠트는 서양의 학자들에 의해서 매우 다양하게 번역되고 있음을 알 수 있다. 붉은색 야쿠트는 루비, 노란색 야쿠트는 오팔, 토파즈, 사파이어, 루비, 하늘색 야쿠트는 아메티스트, 히야킨트, 사파이어, 루비 등으로 번역되었다. 이 모든 보석 이름이 아랍어 '야쿠트'의 번역어라는 것을 위에 제시된 현대어 번역을 통해서는 알 수 없다.

또한 중세 아랍어 문헌의 축적과 비교 연구는 이후 축적된 다른 언어권의 자료들과 비교될 수 있으며, 이를 통해서 문헌간의 연결점을 찾을 수

 The Book of Curiosities, ed. and trans. Yossef Rapoport & Emilie Savage, Islamic Philosophy, Theology and Science 87 (Leiden & Boston: E. J. Brill, 2014), p. 481.

22 al-Idrīsī, *Géographie d'Édrisi traduite de l'arabe en français d'après deux manuscrits de la Bibliothèque vol. 1*, *trans*. P. Amédée Jaubert (Paris: Imprimerie royale, 1836), p. 71.

23 al-Idrīsī, *India and the neighbouring territories in the Kitāb Nuzhat al-mushtāq fi'khtirāq al-'āfāq of al-Sharīf al-Idrīsī*, trans. S. Maqbul Ahmad; forew. V. Minorsky (Leiden: E. J. Brill, 1960), p. 27.

24 al-Qazwīnī, *Zakarija Ben Muhammed Ben Mahmûd El-Kazwîni's Kosmographie: Die Wunder der Schöpfung*, trans. Hermann Ethé (Leipzig: Fues's Verlag, 1868), p. 336.

있다. 예를 들어, 세렌디브 섬의 위치와 크기 그리고 야쿠트와 관련된 기술을 6세기 그리스어 기록인 코스마스의 『기독교 지형학』(The Christian Topography)에서도 찾아볼 수 있다.

Αὕτη ἐστὶν ἡ νῆσος ἡ μεγάλη ἐν τῷ Ὠκεανῷ, ἐν τῷ Ἰνδικῷ πελάγει κειμένη, παρὰ μὲν Ἰνδοῖς καλουμένη Σιελεδίβα, παρὰ δὲ Ἕλλησι Ταπροβάνη, ἐν ᾗ εὑρίσκεται ὁ λίθος ὁ ὑάκινθος.[25]

이 섬은 인도양(오케아노스)에 놓여 있는 거대한 섬이다. 인도인들은 시에레디바라고 부르고, 그리스인들은 타프로바네라고 부르며, 히아킨트석이 난다.

Δύο δὲ βασιλεῖς εἰσιν ἐν τῇ νήσῳ, ἐναντίοι ἀλλήλων.[26]
이 섬에는 두 명의 왕이 있으며, 그들은 서로 적대적이다.

이 그리스어 인용문에서 '인도양(오케아노스)'은 아랍어 본문의 '헤르켄드'와 상응되고, '히아킨트석'은 '야쿠트'와 상응되는 보석 이름임을 알 수 있다. 또한 섬을 두 명의 왕이 다스리고 있다는 정보는 슐라이만과 『진기한 것들』의 진술과 일치하고 있음을 알 수 있다. 이후 중세 아랍어 기록은 중국에 전승된 것으로 보인다.

---

25 Cosmas Indicopleustes, *The Christian topography of Cosmas Indicopleustes*, ed. E. O. Winstedt (Cambridge: at the University Press), p. 321.
26 Cosmas Indicopleustes, *The Christian topography of Cosmas Indicopleustes*, ed. E. O. Winstedt (Cambridge: at the University Press), p. 322.

조여괄 『제번지』 (13C: 한문)	마환 『영애승람』 (15C: 한문)
藍無里國 … 有山名細輪疊, 頂有巨人跡, 長七尺餘. 람브리국 … 세륜첩이라는 산이 있는데, 꼭대기에 길이가 7척(尺)인 사람의 거대한 편족 발자국이 남아 있다.	山頂有人腳跡一個, 入石深二尺, 長八尺餘。雲是人祖阿聃聖人, 即盤古之足跡也. 산 정상에는 사람의 발자국 하나가 있는데, 돌에 들어가 있어 깊이가 2척이고, 길이가 8척이 넘는다. 이는 사람의 조상인 아담 성인, 즉 반고(盤古)의 족적이라고 한다.

아담의 발자국 길이에 대한 기록이 중국어 문헌에 전승되고 있음을 알 수 있다. 아랍어 문헌의 발자국 길이 '70디라'는 조여괄의 책에서 '7척'으로, 마환의 책에서 '8척'으로 기록되고 있다. 또한 조여괄의 기록에 등장하는 '세륜첩'은 아랍어 문헌의 '세렌드브'의 음역임을 알 수 있다. 결론적으로 중세 아랍어 자료들은 그 이전 그리스어와 라틴어 문헌 기록에 영향을 받았을 수 있으며, 중세 이후에는 중국의 한문 기록에 영향을 주었을 가능성이 있다. 물론 이 가설이 실론에 대한 기록에 한정되지 않고 다른 기술들에도 적용되기 위해서는 더 많은 문헌 자료들을 축적하고 비교하는 작업이 수행되어야 한다. 이후 서양고전 문헌과 중세 아랍어 문헌 그리고 이후 동아시아에서 기록된 한문 문헌들과의 연관성이 규명되고 이 문헌들은 서로 연결되게 될 것이다.

참고문헌

1차 문헌(시대순)

Cosmas Indicopleustes

-에디션

Cosmas Indicopleustes, *The Christian topography of Cosmas Indicopleustes*, ed. E. O. Winstedt, Cambridge: at the University Press, 1909.

Sulaymān

-에디션

Sulaymān, *Relation des voyages faits par les Arabes et les Persans dans l'Inde et à la Chine dans le IXe siècle de l'ère chrétienne Tome* II, Notes de la traduction et texte arabe, ed. and trans. Louis Langle`s & Joseph Toussaint Reinaud, Paris: Imprimerie royale, 1845.

-번역

Sulaymān, *Ancient accounts of India and China: by two Mohammedan travellers. Who went to those parts in the 9th century*, trans. Eusebius Renaudot, London: Printed for Sam. Harding, 1733.

Sulaymān, *Relation des voyages faits par les Arabes et les Persans dans l'Inde et à la Chine dans le IXe siècle de l'ère chrétienne Tome I, Introduction et traduction*, ed. and trans. Louis Langlès & Joseph Toussaint Reinaud, Paris: Imprimerie royale, 1845.

Sulaymān, "Akhbār al-Ṣīn wa'l-Hind. an account of China and India, trans. S.

Maqbul Ahmad" in *Arabic classical accounts of India and China*, Calcutta: Indian Institute of advanced study, RDDHI, 1989.

Sulaymān, "Anonyme, Documents sur la Chine et sur l'Inde" in *Voyageurs arabes: Ibn Faḍlân, Ibn Jubayr, Ibn Baṭṭūṭa et un auteur anonyme*, trans. Paule Charles-Dominique, Paris: Gallimard, 1995.

Sulaymān, "Abū Zayd al-Sīrāfī, Accounts of China and India, ed. and trans. Tim Mackintosh-Smith" in *Two Arabic Travel Books*, New York, NY: New York University Press, 2014.

Ibn-Khordadbeh

-에디션

Ibn-Khordadbeh, *Kitāb al Masālik w'al Mamālik*, ed. and trans. M. J. de Goeje, Bibliotheca geographorum Arabicorum 6, Lugduni Batavorum: E. J. Brill, 1889.

-번역

Ibn-Khordadbeh, Le livre des routes et des provinces, trans. C. Barbier de Meynard, Paris: Impr. impériale, 1865.

al-Muqaddasī

-에디션

al-Muqaddasī, *Descriptio imperii moslemici*, ed. M. J. de Goeje, Bibliotheca geographorum Arabicorum 3, Lugduni Batavorum: E. J. Brill, 1877.

-번역

al-Muqaddasī, *Aḥsan al-taqāsīm fī ma 'rifat al-aqālīm (La meilleure répartition pour la connaissance des provinces)*, trans. André Miquel, Damas: Institut français de Damas, 1963.

al-Muqaddasī, *The best divisions for knowledge of the region: Aḥsan al-Taqāsīm fī Ma'rifat al-Aqālīm*, trans. Basil Collins, Reading, U.K.: Garent Publishing Ltd., 2001.

Kitāb ġarā'ib al-funūn

-에디션과 번역

Kitāb ġarā'ib al-funūn, An Eleventh-Century Egyptian Guide to the Universe: The Book of Curiosities, ed. and trans. Yossef Rapoport & Emilie Savage, Islamic Philosophy, Theology and Science 87, Leiden & Boston: E. J. Brill, 2014.

al-Idrīsī

-에디션

al-Idrīsī, *Opus Geographicum: sive "Liber ad eorum delectationem qui terras peragrare studeant" 9 vols.*, ed. E. Cerulli & A. Bombaci; et al, Neapoli; Romae: Istituto universitario orientale di Napoli, Istituto italiano per il Medio ed Estremo Oriente, 1970-1984.

-번역

al-Idrīsī, *Géographie d'Édrisi traduite de l'arabe en français d'après deux manuscrits de la Bibliothèque 2 vols.*, trans. P. Amédée Jaubert, Paris: Imprimerie royale, 1836-40.

al-Idrīsī, *India and the neighbouring territories in the Kitāb Nuzhat al-*

mushtāq fi'khtirāq al-'āfāq of al-Sharīf al-Idrīsī, trans. S. Maqbul Ahmad; forew. V. Minorsky, Leiden: E.J. Brill, 1960.

al-Qazwīnī

-에디션

al-Qazwīnī, *Zakarija ben Muhammed ben Mahmud el-Cazwini's Kosmographie 1_Die Wunder der Schöpfung*, ed. Ferdinand Wüstenfeld, Göttingen: Verlag der Dieterichschen Buchhandlung, 1849.

Ibn-Battuta

-번역

al-Qazwīnī, *Zakarija Ben Muhammed Ben Mahmûd El-Kazwîni's Kosmographie: Die Wunder der Schöpfung*, trans. Hermann Ethé, Leipzig: Fues's Verlag, 1868.

-번역

정수일,『이븐 바투타 여행기 1 & 2』, 서울: 창작과비평사, 2001.

2차 문헌

이은선, "코스마스의『기독교 지형학』에 나타난 동서 문명 교류에 대한 이해",『韓國敎會史學會誌』第53輯, 2019, pp. 313-353.

장시은, "타프로바네를 찾아서-고대 그리스 문헌에 나타난 타프로바네(Taprobane)",『문화역사지리』제33권 제1호, 2021, pp. 52-68.

제3장

13-14세기 라틴 여행기와 세일란: 마르코 폴로의 『동방견문론』을 중심으로

최형근

(안양대학교)

1. 들어가며

칭기즈 칸(Genghis Khan)의 뒤를 이어 대 칸으로 등극한 우구데이 칸 (Ögedei Khan, 1229-1241)이 서방 원정 계획을 결의하자, 몽골제국은 속전속결로 모스크바를 거쳐서 폴란드와 헝가리를 포함한 동유럽까지 점령하였다. 거칠 것 없이 몰아치는 몽골군의 침공으로 위기감을 느낀 중세 교회의 교황과 성직자들은 유럽 교회를 보호하기 위한 나름의 해결책을 제시했는데, 그것은 바로 프란치스코 수도회의 수도사인 조바니 카르피니 (Giovanni de Pian del Carpini, 1185-1252)를 몽골에 사절단으로 파견하는 것이었다.[1] 카르피니 이후, 앙드레 롱쥐모 (André de Longjumeau, 1249-

---

[1] 몽골제국의 유럽 침공과 이에 대한 중세 유럽 교회의 반응은 다음을 참고하라. 플라노 카르피니, 윌리엄 루브룩, 『몽골제국기행: 마르코 폴로의 선구자들』, 김호동 역 (서울: 까치, 2015), pp. 9-17.

51), 기욤 드 루브룩(Guillaume de Rubrouck, 1253-54), 마르코 폴로(Marco Polo, 1271-95), 오도리코 다 포르데노네(Odorico da Pordenone, 1318-30), 조바니 데 마리뇰리(Giovanni de' Marignolli, 1338-53)등 적지 않은 중세 유럽인들이 동방을 방문하였다.[2] 어떤 이들은 육로를 통해 몽골이나 아시아를 여행하였고, 어떤 이들은 해로로 여행을 하였다. 물론 마르코 폴로와 오도리코 같이 육로와 해로를 모두 이용한 경우도 있었다.

중세 유럽인들이 이렇게 바닷길을 이용해 동방을 오갈 때는 항상 인도 남부지방 - 세일란(Seylan, 현재의 스리랑카)-(안다만 군도)-말라카 해협의 루트를 거쳐 갔었다. 중세시대 세일란을 방문하였던 여행객들의 일부는 그곳을 그들의 여행기(記)에 언급하였는데, 마르코 폴로의『동방견문론』,[3] 오도

---

[2] 13-14세기에 동방을 여행한 유럽인들과 그들의 여행기는 다음을 참고하여라. 요르다누스 카탈라 드 세베락,『신기한 것에 관한 서술: 중세 수도사의 인도 여행기』, 박용진 역 (서울: 서울대학교출판문화원, 2020), p.13.

[3] 마르코 폴로의『동방견문론』은 여러 개의 사본이 있지만, 이곳에서 필자는 라틴어로 기록된 젤라다(Zelada, 이하 Z본)본을 사용하였다. Z본은 18세기 말에 로마의 추기경인 프란시스코 자비에르 젤라다(Francisco Xavier de Zelada)가 소장했던 사본인데, 1938년에 모울(A.C. Moule)과 펠리오(P. Pelliot)가 The Description of the Word 의 2권으로 출판하였다. 이것은 2011년에 이탈리아 학자들(Eugenio Burgio, Marina Buzzoni 그리고 Antonella Ghersetti)들에 의해서 디지털 에디션(digital edition)으로 만들었다. 이 에디션은 모울과 펠리오가 출판한 Z본과 동일하지만, 오탈자를 수정하였다. Z본과 Z본 디지털 에디션은 다음과 같다. Marco Polo, *The Description of the Word* (Latin text in MS Z), vol. 2, ed. A.C. Moule and P. Pelliot (London: George Routledge and Sons, 1938). Z본 디지털 에디션: http://virgo.unive.it/ecf-workflow/books/Ramusio/testi_completi/Z_marcato.html이 이외에도 이탈리아의 조바니 라무지오(Giovanni Battista Ramusio)가 이탈리아어로 편집 및 번역한 라무지오본(이하, R본)이 있는데, 이 것도 디지털화 되어 있다. R본과 R본 디지털 에디션은 다음과 같다. Marco Polo. *Il Milione* in *Navigationi et Viaggi*, vol. 3, ed and trans. Giovanni Battista Ramusio (1559). R본 디지털 에디션: http://virgo.unive.it/ecf-workflow/books/Ramusio/main/aboutproject.html 이 이외의『동방견문론』의 사본에 대해서는 다음을 참고하라. 마르코 폴로,『동방견문론』, 김호동 역 (파주: 사계절 출판사, 2000), pp.46-51.

리코의 『동방기행』⁴ 그리고 요르다누스 카탈라 드 세베락 (Jordanus Catala de Sévérac)의 『신기한 것에 대한 서술』⁵등이 대표적이다. 이런 기록물들은 중세 유럽인들에게는 '유럽 너머'에 있는 세일란을 포함한 동방에 대한 지리와 문화정보를 제공함으로 그들의 인식의 확장을 촉진시켰을 뿐만 아니라, 향후 동방 여행자들에게 중요한 길라잡이가 되었다.⁶ 본 글은 이 13-14세기 중세 여행기들에 나타난 세일란의 지리, 거주민과 풍광, 그리고 원나라와 쿠빌라이에 관해 서술한 후, 그 속에 나타난 특징들을 소개하려고 한다.

2. 13-14세기 라틴 여행기에 나타난 세일란

2.1. 세일란의 위치와 크기

1271년 마르코 폴로는 그의 아버지인 니콜로(Niccolo)를 따라 베네치아를 출발하여 몽골로 향하였다. 마르코 폴로의 일행은 해로(海路)가 아니라, 실크로드를 따라서 아프가니스탄 북부와 파미르 고원을 넘어 3년 6개월 만

---

4 Odorico da Pordenone, *Descripto Orientalium Partium Fratris Odorici Boemi de Foro Julii Provinceae Santi Antoni* in *Cathay and the Way Thither*, vol. 2, ed. and trans. Henry Yule and Henri Cordier (London: Hakluyt Society, 1913), pp. 278-336. 한국어 번역: 정수일 역, 『오도릭의 동방기행』 (파주: 문학동네, 2012).

5 Jordanus Catala de Sévérac, *Mirabilia Descripta per Fratrem Jordanum in Recueil De Voyages et de Memoires*, vol. 4 (Paris: Arthus-Bertrand, 1839), pp. 37-64. 한국어 번역: 요르다누스 카탈라 드 세베락, 『신기한 것에 관한 서술: 중세 수도사의 인도 여행기』, 박용진 역 (서울: 서울대학교출판문화원, 2020).

6 최형근, "고대 후기 수도사들의 이동과 기독교 문화교류: 이집트, 팔레스타인, 시리아를 중심으로," 『교회사학』 18(2021), pp. 24-27.

에 쿠빌라이 칸의 여름 수도인 상도(上都)에 도착하였다. 이후 그는 칸발리크(현, 북경)로 옮겨 오랫동안 쿠빌라이의 신하로 생활하다가 다시 고향으로 돌아가길 희망했으나, 쿠빌라이가 허락하지 않아 뜻을 이룰 수 없었다. 그러던 1290년 말(혹은 1291년 초)에 다시 서유럽으로 돌아갈 기회를 얻었다. 당시 일 칸국을 통치하였던 아르군(Arghun, 1284-1288)이 1286년 부인과 사별한 후 쿠빌라이에게 새로운 공주를 요청하자, 쿠빌라이는 바야우트 부족의 코차친(Cochachin) 공주를 간택하여 일 칸으로 보내야 했다. 이 일에 쿠빌라이는 여행경험이 풍부한 마르코 폴로를 사신단의 일원으로 파견하였다. 공주를 포함한 사신들은 원래 중앙아시아를 거쳐 서역으로 가길 원했으나, 당시의 쿠빌라이와 카이두 칸과의 전쟁으로 그렇게 할 수 없었다. 대신 그들은 바닷길을 이용하기로 하고 칸발리크에서 출발하여 남중국해와 수마트라를 거쳐서 인도양에 있는 세일란까지 도착하였다. 당시 그는 『동방견문록』의 106장에서 세일란의 위치와 크기에 대해 다음과 같이 기록하였다.

[1] 안가만(Angaman)을 떠나 동남쪽(syrocum)으로 약간 방향을 돌려 약 1,000마일을 가면,[7] 세일란(Seylan)섬을 만나는데, 그 섬 본토는 (이제까지) 세상에서 발견된 어떤 섬보다 더 큰 섬이다. 그것의 둘레는 2,400마일이다. [2] 이전에는 그것이 더 컸었다. 왜냐하면 그 바다의 선원들이 가지고 있는 세계지도에서 보이는 바에 따르면, 그것의 둘레는 3,600마일이었기 때문이었다. [3]

---

[7] R본, 3권. 19장. 1절: "Poi che, partendosi dall'isola di Angaman, s'é navigato da mille miglia per ponente, et alquanto meno verso garbin, si trova l'isola di Zeilan" (그 후에 안가만을 출발해서 서쪽으로 약 1000마일을 가서, 약간 남서풍 쪽으로 가면 세일란 섬이 있다.)

그러나 북풍이 강력하게 그 곳(섬)에 몰아쳐서, 그 섬의 많은 부분이 물속에 잠겼다. [4] 이것이 현재의 크기가 과거에 존재했던 것만큼 크지 않은 이유이다.

[1] Quando discedendo ab insula Angaman itum est circa mille miliaria per ponentem, aliquantulum tamen minus versus syrocum, invenitur insula Seylan, que vere est melior insula que reperiatur in mundo de continentia sua: girat enim per dua milia miliarium et quadrin genta. [2] Et antiquitus erat maior, quia girabat circumcirca bene tribus milibus miliaribus et sexcentis, secundum quod invenitur in mappa mundi marinariorum illius maris. [3] Sed ventus tramontane tam impetuose ibi spirat quod magnam partem insule submersit in aquam. [4] Et hec est causa quare ad presens tam magna non est sicut iam pro tempore fuit.[8]

위에서 마르코 폴로가 언급한 안가만(Angaman)은 현재 벵갈만(Bay of Bengal)에 있는 안다만 군도(Andaman Islands)를 가리키는 것으로 보이는데, 폴로는 그 안다만 군도에서 세일란까지 1,000마일이었다고 한다. 이것을 현대 계산법(1miles = 1.609km)로 계산해 본면, 약 1,609km에 해당하는 거리이다. 하지만 역사 계량학(historical metrology) 전문가인 로날드 E. 줍코(Ronald E. Zupko)에 따르면 이야기가 달라진다. 그에 따르면, 대체적으로 중세후기 이탈리아에서는 지상 1마일을 1.481km로, 잉글랜드는 1마일을 1.52km로 보았다. 반면에 해상에서 1 마일은 (당시의 풍속에 따라 차이가 있지만) 평균적으로 지상에서 1 마일보다 2-5배 정도 되는 것으로 보았

---

8 Z본, 106장.

다.⁹ 그렇다면 해상 1마일은 최소한 3-4km로 산정할 수 있고, 이것을 안가만에서 세일란까지 거리(1,000마일)에 적용해 본다면 그 거리가 약 3,000-4,000km로 이해될 수 있다.

폴로는 위에서 세일란의 크기도 언급하였다. 그는 선원들이 보는 지도를 근거로 원래 그 섬의 둘레는 3,600마일(약 5,400km)이었으나, 북풍으로 섬이 물에 잠겨 마르코 폴로 당시에는 2,400마일(약 3,600km) 정도로 줄었다고 한다. 이것은 1318년에 베네치아를 출발해 1320-1321년 정도에 인도와 세일란을 지나간 오도리코의 『동방기행』에서도 확인된다. 오도리코는 그 섬의 둘레가 2,000마일은 족히 넘는다고 하였다.¹⁰ 사실, 마르코 폴로는 그의 여행기 다른 곳에서 '세상에서 가장 큰 섬'인 자바섬의 둘레가 3000마일 이상이다고 말한 것을 고려할 때,¹¹ 중세 유럽인들이 생각한 세일란의 크기는 결코 작다고 할 수 없을 것이다. 더군다나, 현재 스리랑카의 실제 남북거리가 약 430km, 동서길이가 약 225km, 그리고 둘레가 약 1340km임을 고려할 때, 중세 라틴 여행가들은 세일란의 크기를 실제보다 훨씬 크게 이해했던 것 같다. 이렇게 그들이 세일란을 실제보다 더 크게 묘사한 것은 단순히 거리계산의 착오라고 보다는, 당시 세일란에 대한 중세 유럽인들의 인식에 근거한 것으로 보인다.¹²

---

9 Ronald Edward Zupko, *Trade, Travel, and Exploration in the Middle Aages: An Encyclopedia*, eds. John B. Friedman and Kristen M. Figg (New York; London: Routledge, 2000), pp. 386-87.
10 Odorico, *Descripto Orientalium*, p. 305: "Alia est insula Sillan, circuiens bene plura quam duo milia miliarium".
11 Z 본, 96장; Marco Polo, *The Description of the Word*, trans. A.C. Moule and P. Pelliot, vol. 1 (London: George Routledge and Sons, 1938), p. 163.
12 이는 14-15세기에 제작된 프톨레마이오스의 지리학(Ptolemy's Geography)의 지도에서도 확인된다. Ptolemy, *Ptolemy's Geography: An Annotated Translation*

2.2. 세일란의 거주민과 자연환경

마르코 폴로는 세일란 섬의 위치와 외형적 크기를 간단히 언급한 다음, 『동방견문록』의 다른 부분과 마찬가지로 세일란 섬에 거주하는 주민들과 그곳에 있는 식물들과 광물들을 차례대로 나열하였다. 그 내용은 다음과 같다.

[5] 이 섬은 센데르남(**Sendernam**) 이라 불리는 왕이 있다. [6] 그의 백성들은 우상들을 숭배하지만, 아무에게도 조공을 바치지 않았다. [7] 남자들과 여자들은 그의 국부를 가리는 것을 제외하고선 옷을 벗은 채로 있었다. [8] 쌀을 제외한 곡물은 없고, 기름을 만드는 깨(**suximani**)[13]가 있다. [9] 그들은 우유, 쌀, 고기를 가지고 살고, [10] 그들은 앞에서 언급한 나무의 와인을 가지고 있다. [11] 그들은 (세상에서) 발견될 수 있는 최고의 브라질 소방목(**berçi**)[14]을 가지고 있다. [12] 이 섬에는 세상 다른 곳에서는 나지 않는 좋고 고귀한 루비가 있다. [13] 또한 그곳에는 사파이어, 토파즈, 자수정, 가넷(**granite**, 석류석) 그리고 다른 많은 보석이 나온다. [14] 그리고 그 섬의 왕은 다른 어떤 것보다 더 아름다운 루비를 가지고 있는데, 이것은 다른 곳에서는 발견되지 않는다. [15] 그리고 우리는 그것이 어떻게 생겼는지를 알려줄 것이다. [16] 그것의 길이는 한

---

of the Theoretical Chapters (Princeton; Oxford: Princeton University Press, 2000), 125쪽의 도판(plate) 1과 2번을 확인해보라.

13 모울과 펠리오는 라틴어"suximani"를 sesame로 번역하였다. 다음을 참고하라. Marco Polo, *The Description of the Word*, vol. 1, p. 379.

14 R본, 3권. 19장. 6절에서는 콩과에 속하는 '브라질 다목나무(verzino, 학명 Caesalpimia sappan)'이라고 하였다. 중세인들은 이 나무에서 붉은색 염료를 추출하였다. 마르코 폴로, 『동방견문론』, p. 429 각주28.

뼘만 하고, 크기(두께)는 사람의 팔뚝만 하다. [17] 이것은 가장 빛나는 것이고, 아무런 흠도 없다. [18] 그리고 그것은 (타는) 불같이 붉은색이고, 도저히 돈으로 구매할 수 없을 정도로 가치가 있는 것이다… [22] 그 섬에 있는 사람들은 '무기에 적합한 사람'이 아니며, 우울하고(**tristes**) 무기력하였다. [23] 그리고 전사가 필요로 하면, 다른 나라에서, 특히 사라센에서 찾았다.

[5] Ista insula habet regem qui vocatur Sendernam. [6] Ipsius gentes adorant ydola et nulli redunt tributum. [7] Homines et mulieres semper manent nudi, excepto quod eorum coperiunt naturam. [8] Non habent segetes, nisi risum et suximani, de quo oleum faciunt. [9] Vivunt de lacte, riso et carnibus. [10] Habent vinum de arboribus superius nominatis. [11] Habundantiam |67r| habent de meliori berçi qui valeat inveniri. [12] In hac insula nascuntur boni et nobiles rubini; et in nulo alio loco mundi nascuntur. [13] Nascuntur etiam ibi afini, topation, amatiste, granate et multi alii lapides preciosi et boni. [14] Et rex istius insule habet pulcriorem rubinum qui reperiatur in mundo neque qui unquam visus fuisset. [15] Et declarabimus qualiter factus est. [16] Est quidem longus uno palmo et grosus ut brachium hominis. [17] Splendidissima res est; nullam maculam in se habet. [18] Et est rubeus ut est ignis; et est tanti valoris quod vix posset pro pecunia comparari…. [22] Homines istius insule non sunt pro armis, sed sunt tristes et viles. [23] Et si homines pro armis necessarii sibi sint, inveniunt de aliena patria, et proprie

saracenos.[15]

폴로는 무엇보다도 먼저 세일란에 있는 왕과 주민들을 소개하면서 그들은 우상숭배자이고, 국부를 제외하고는 거의 벗은 채로 생활한다고 기술하였다. 하지만 그의 언급 속에서 그 주민들을 미개한 모습으로 생각한다거나 자신을 그들보다 우월하게 여기는 듯한 모습은 보이지 않는다. 오히려 있는 그대로의 모습을 담담하게 묘사하고 있다.

그 후, 그는 세일란의 식물들과 광물들을 소개하는데, 여기서 우리는 놀라지 않을 수 없다. 왜냐하면, 그가 세일란에 얼마나 오랫동안 머물렀는지는 알 수 없으나, 그가 세일란 섬에 있는 식물들과 보석류들을 포함한 전반적인 자연환경을 비교적 상세히 묘사하고 있기 때문이다. 그는 마치 그 모든 것을 본 것처럼 그 식물의 이름—쌀, 기름을 만드는 깨, 우유, 브라질 소방목—뿐 아니라, 다양한 보석들의 종류—루비, 사파이어, 토파즈, 자수정, 가넷—와 그 빛깔과 모양까지도 세밀하게 설명하였다. 이런 폴로의 세밀한 묘사는 다른 라틴 여행기들과 비교해서 본다면 더욱 더 명확해진다. 특히, 14세기 초반에 세일란을 방문한 오도리코도 그의 여행기에서 폴로와 같이 세일란의 지명과 크기를 간단히 기록한 다음, 그곳에 거주하는 야생동물들을 묘사하였다. 그곳에서 그는 분명히 "그 섬에는 다양한 종류의 동물들이 서식하고, 새나 다른 동물들이 많이 있다"[16]고 하지만, 그는 정작 뱀과 코끼리를 제외하고는 그곳에 있는 구체적인 동물들을 언급하지 않았다.

이런 방식의 묘사는 오도리코와 요르다누스가 세일란의 보석류를 비롯한

---

15 Z본, 106장.
16 Odorico, *Descripto Orientalium*, p. 306: "In hac insula sunt diversa genera animalium sicut avium et multorum animalium qum morantur ibi."

광물을 설명하는 부분에서도 동일하게 나타난다. 즉, 오도리코는 세일란에 있는 호수 바닥에 "값비싼 돌들"이 가득하다고 말하고, 요르다누스도 그곳에는 "세상에서 가장 소중한 돌들"의 종류도 많고 양도 많다고 언급하였다. 하지만, 아래의 인용문에서 보는 바와 같이 그들은 정작 루비를 제외하고는 어떤 종류의 보석들이 있는지를 구체적으로 제시하지 않고, 그것들에 대한 설명도 없다. 먼저 오도리코의 『동방기행』 25장이다.

> 이 나라[세일란, 역자 삽입]에는 큰 산이 하나 있는데, 사람들이 말하길, 그 산 위에서 아담이 그의 아들을 위해서 100년 동안이나 애도했다고 한다. 그 산의 중간에 어떤 아름다운 평평한 곳이 있는데, 그곳에는 매우 크지 않는 한 호수가 있다.[17] 하지만 그 물의 깊이는 상당히 깊다. 사람들은 그것이 아담과 하와가 흘렸던 눈물이라고 한다. 하지만, 그것이 사실이라고 믿어지지 않는다. 왜냐하면, 그 물은 [그 호수의] 안쪽으로부터 솟아나는 것이기 때문이다. 그 호수의 바닥에는 값비싼 돌들로 가득 차 있다…. 그곳에서는 좋은 루비들이 채굴될 뿐 아니라, 양질의 금과 다른 좋은 돌들도 많이 발견된다. 그 호숫물이 바다로 흘러가는 그곳에서는 좋은 진주들도 발견된다. 이런 이유로, 이 나라의 왕이 세상에 있는 다른 어떤 왕보다 더 많은 보석을 가지고 있다는 말이 생겨났다.

In hac contrata est unus maximus mons de quo dicunt gentes quod super

---

[17] 14세기 이슬람교도 여행가인 이븐 바투타(Ibn Battuta, 1,304-1,368)의 여행기에 보면, 산 정상 밑에 부자나(Būzana)호수와 하이자란(al-Khaizrān)호수가 있다. 아부 압둘라 븐 하피프가 특히 하이자란호수에서 큰 루비 2개를 건져서 왕에게 바쳤다고 한다. 이븐 바투타, 『이븐 바투타의 여행기』, 정수일 역 (서울: 창작과 비평사, 2001), 2권. 13장. 8절.

illo Adam planxit filium suum centums annis. In medio montis hujus est queedam puicherrima planicies in qua est unus lacus non multum magnus. Sed tarnen est bene in eo aqua magna quam dicunt gentes esse lacrimas quas Adam et Eva effuderunt, quod tarnen non creditur esse verum, cum tarnen intus nascatur aqua illa. Profunditas hujus aqua plena est lapidibus preciosis···. Et ibi fodiuntur boni robini et boni dyamantes reperiuntur et multi, sic et multi lapides alii boni ; ibi etiam reperiuntur bona perla, quo aqua ista descendit ad mare. Unde dicitur quod rex iste habet plures lapides preciosos quam aliquis alius rex qui hodie sit in mundo.[18]

다음은 요르다누스의 『신기한 것에 관한 서술』이다. 이곳에서 그는 세일란의 광물에 대해서 다음과 같이 묘사하였다.

실렘(Silem)이라고 불리는 한 섬이 있는데, 그곳에서는 이 모든 세상에서 가장 소중한 돌들이 발견된다. 그리고 [그곳에는] 모든 종류의 보석들이 있고, 그 수량과 양에 있어서도 많다. 이 섬과 내륙 사이에는 진주와 마라가리타 진주(margaritae)가 잡히는데, 그 양이 놀라울 정도로 많다. 앞에서 언급한 실렌(Sylen)에서는 매우 강력한 왕이 있는데 그는 하늘 아래에 [있는] 모든 종류의 값진 보석을 믿을 수 없을 정도로 많이 가지고 있다. 그 보석 중에 그는 2개의 루비를 가지고 있다. [그중에서] 하나는 그가 목에 걸고 있고 다른 것은 그의 손에 있는데, 그것을 가지고 입술과 수염을 닦는다. 그리고 그것은 네 손가락

---

18 Odorico, *Descripto Orientalium*, p.306.

보다 길고, 그것을 손으로 잡으면 손의 양 끝에 삐져나와 손가락 한 개 굵기만큼 보인다.

> namest una quae Silem vocatur, ubi inveniuntur meliores lapides pretiosi totius mundi, et in majori quantitate et multitudine, et omnium generum. Inter istam insulam et Terram Firman, capiuntur perae seu margaritae in tanta quantitate quod est mirum. In insul de Sylen supradict, est rex unus potentissimus habens lapides pretiosos, de omni genere quod sub coelo est, in tant quantitate quod est quasi incredibile: inter quos habet rubinos duos, quorum unum tenet ad collum appensum et alium in manu cum quo tergit labia et barbam, qui est majori longitudine qu m quatuor digiti per transversum, qui (suppl. c m) continetur in manu, tam excedit vel apparet, ab utr que parte, qu m grossitudo unius digiti. Non credo mundum habere universum tales duos lapides.[19]

마르코 폴로가 세일란의 식물들과 보석들을 자세히 설명할 수 있었던 이면에는 그가 직접 보고 경험한 것을 메모하고 기록한 것들도 있겠지만, 다른 한편으로는 그가 상인으로서 여행 중에 만난 여행객들이나 선원들을 통해 간접적으로 획득한 정보들도 있었을 것이다. 그렇기에 독자들은 『동방견문록』을 읽을 때, 그 내용이 과장되거나 왜곡될 수 있음을 염두에 두어야 한다. 이는 마르코 폴로가 세일란의 왕으로 소개하였던 센데르남(**Sendernam**)에서 확인할 수 있다. 사실 폴로가 그를 세일란의 왕이라고 말했지만, 현재

---

19 Jordanus, *Mirabilia Descripta*, pp. 49-50.

까지 이를 확인할 길이 없다. 왜냐하면 폴로가 칸발리크를 떠나 세일란에 도착할 때는 1290년-1292년 어간이었는데, 역사 문헌에서는 판디타 프라크라마 바후 3세 (Pandita Prakrama Bahu III, r. 1267-1301)가 당시 세일란의 왕이었음을 말하고 있기 때문이다. 그래서 어떤 이들은 폴로가 언급한 센데르남을 당시의 세일란의 왕이 아니라, 세일란을 침입한 말레이시아인들의 수장인 찬드라 바누(Chandra Banu)가 아닐까 추측하기도 한다.[20]

마지막으로, 우리가 주목해야 할 것은 세일란에 있는 크고 높은 산이다. 일명 '세일란 산'[21]이라 불리는 이 산이 유명한 이유는 산 정상에 있는 '아담의 무덤' 때문이다. 마르코 폴로는 그의 『동방견문론』 111장에서 세일란 산과 아담의 무덤에 대해서 이렇게 기록하고 있다.

> [1] 이 책의 앞에서 말했듯이, 세일란은 큰 섬이다. [2] 그 섬에는 매우 높은 산이 있는데, 그 산의 암벽들은 가파르고 동굴들이[22] 있어서 내가 설명하는 이 방법이 아니면 누구도 오늘 수 없었다. [3] 많은 쇠사슬이 산에 걸려있어서 사람들이 순차적으로 그 사슬들을 타고서 그 산의 정상까지 이를 수 있다.[23] [4] 사람들이 그 산의 꼭대기에는 [인류의] 첫 번째 아버지, 아담의 무덤 (monumentum Ade)이 있다고 말한다. [5] 사라센들은 확실히 그 무덤을 아

---

20 Henry Yule, The Book of Ser Marco Polo, the Venetian: Concerning the Kingdoms and Marvels of the East, Volume 2 (London: John Murry, 1871), p. 255 각주2; 마르코 폴로, 『동방견문론』, p. 440 각주46.
21 이븐 바투타(Ibn Batuah)는 이 산을 "싸란디브(Sarandīb) 산"이라고 불렀다. 이븐 바투타, 『이븐 바투타의 여행기』, 2권. 13장. 8절.
22 이븐 바투타의 여행기 2권 13장 8절에 보면, 세일란 산에 다양한 동굴들이 존재함을 알 수 있다.
23 이븐 바투타, 『이븐 바투타의 여행기』, 2권. 13장. 8절: "옛날 사람들은 이 산에 오르는 계단을 만들어 놓았으며, 쇠기둥을 박고 쇠사슬을 늘여놓아 잡고 올라갈 수

담의 것이라고 말하는 반면에, 우상숭배자들은 소고모니 부르칸(Sogomoni Burghan)의 무덤이다고 말한다.

[1] Seylam est quedam insula magna, prout supra retulimus in libro. [2] In hac quidem insula est quidam mons valde altus, ita diruptus in suis ruperibus et grotis quod nullus supra ipsum asendere potest, nisi per hunc modum quem vobis dicemus. [3] Quoniam ab isto monte pendent multe catene de fero, taliter ordinate quod homines posunt ascendere per ipsas catenas usque ad summitatem montis. [4] Dicunt enim quod super ilum montem est monumentum Ade, primi patris. [5] Saraceni quidem dicunt quod illud sepulcrum est Ade, ydolatri vero dicunt quod sit sepulcrum Sogomoni Burghan.[24]

우선 마르코 폴로는 세일란 산의 정상에는 아담의 무덤이라고 불리는 무덤이 있다고 하면서 이슬람교도들도 그것을 아담의 무덤이라고 지칭한다고 하였다. 하지만 우상숭배자 즉 세일란의 토착민들은 그것을 "소고모니 부르칸의 무덤"이라고 부른다고 하였다. 사실 매우 이른 시기부터 세일란 산의 정상은 매우 신성한 곳으로 여겨졌다는 사실을 고려해 본다면, 불교도들은 그곳을 자신들의 교조인 석가모니와 연결하고, 무슬림들은 자신의 시원인 아담으로 연결하는 것이 당연해 보인다. 특히, 이슬람 세계에서는 이

있게끔 하였다. 여기에는 열 개의 쇠사슬이 있는데, 두 개는 산기슭에서 등 문이 있는 곳까지 있고, 일곱 개는 그다음에 연속해 있다. 열 번째의 것은 샤하다(al-Shahāhad) 사슬이라고 한다."
24 Z본, 111장.

미 10세기에는 이곳이 이슬람교도의 성지순례지로 여겨졌다.[25] 하지만, 실제 세일란 산 정상에는 '무덤'이 아니라, '발자국'이 있다. 9세 여행가인 술라이만(Sulaiman al-Tajir)의 작품에 아담의 발자국에 대해 언급하였고, 이븐 바투타는 이것을 '아담의 발자국'이라고 명시하였다.[26]

이렇게 당시의 유럽인들이 세일란 산을 아담과 연결시키는 것은 오도리코의 『동방기행』 25장에서도 확인된다. 물론 25장에서 세일란 산 정상에 있는 아담의 무덤에 대해서 언급하지는 않는다. 대신 그는 세일란 산 중턱에 있는 아름다운 호수를 언급한 후, 당시의 사람들은 그 호숫물이 아담과 하와가 애도하면서 흘린 눈물에서 기인한 것이라고 말하였다. 여기서 우리는 당시 유럽인들의 생각을 간접적으로 확인할 수 있다. 하지만, 오도리코 자신은 그것을 있는 그대로 받아들이지 않는다고 하였다.

2.3. 세일란과 쿠빌라이 칸

앞에서 언급했듯이, 이른 시기부터 세일란은 동서를 잇는 해상 교역로의 중간 기착지로 동서의 다양한 문명들이 접촉하고 교류하는 현장이었다. 6세기의 코스마스(Cosmas)의 『기독교 지형학』을 연구한 이은선에 따르면, 코스마스가 타프로바네(Taprobane, 현 스리랑카)를 방문할 당시 그곳에서는 이미 페르시아 기독교인들이 존재했었고, 4세기 이후 국제무역에서 사

---

25 Yule, *The Book of Ser Marco Polo*, vol. 2, p. 264 각주 5.
26 이미 9세의 여행가인 술라이만(Sulaiman al-Tajir)의 작품에 아담의 발자국에 대해서 언급하고 있다. 자세한 것은 본 책의 2장에 있는 곽문석, "세렌디브에 관한 중세 아랍어 기록: 축적, 비교, 연결", 2.1.을 참고하라. 이븐 바투타에 관련해서는 다음을 참고하라. 이븐 바투타, 『이븐 바투타의 여행기』 2권. 13장. 8절.

용되었던 에티오피아 악숨 왕국의 화폐도 스리랑카에서 발견되었다고 하였다.[27] 이후 중세시대에서도 여전히 해상 교역로에서 중요한 위치를 차지하였던 세일란은 주변국들(특히, 중국)과 교류를 이어갔다.[28] 하지만 흥미롭게도 오도리코의 『동방기행』과 요르다누스의 『신기한 것에 대한 서술』에서는 여기에 대한 언급이 없다. 이는 당시 세일란이 주변 나라들과 교류가 없었다는 것을 의미보다는 오도리코와 요르다누스가 세일란의 그 것을 간과하거나 침묵했다고 보는 것이 더 적절해 보인다. 하지만, 동시대의 여행기인 마르코 폴로의 『동방견문록』의 106장과 111장에서 세일란과 원나라 사이의 접촉과 관련된 일화를 소개하고 있다. 특히, 『동방견문록』의 111장에서는 그 내용을 다음과 같이 기록하고 있다.

> 이런 일이 있었다. 대 칸(**Magnus Can**)이 그 산[세일란 산, 역자주]의 정상에 아담의 무덤이 있고, 그의 치아(齒牙)와 머리카락, 그리고 그가 먹었던 그릇도 있다는 소식을 들었다. [51] 그래서 그가 반드시 그 치아와 머리카락, 그리고 그릇을 가질 것이라고 하였다. [52] 그는 많은 무리의 사람들과 함께 그의 사절단을 파견해 큰 육지와 바다를 지나서 세일란섬에 이르렀다. [53] 그들은 그 왕에게 가서, (대 칸의) 대리인으로서 최선을 다해 [결국] 그들은 매우 크고 두꺼운 어금니를,[29] 비롯한 [54] 머리카락과 그릇을 얻을 수 있었다. [55] 그 그릇은

---

27 이은선, "코스마스의 『기독교 지형학』에 나타난 동서 문명 교류에 대한 이해," 한국교회사학회 54(2019), pp. 328-36.
28 마르코 폴로, 『동방견문록』, p. 441 각주47; 이븐 바투타, 『이븐 바투타의 여행기』, 2권. 13장. 8절.
29 이 부분을 모울과 펠리오는 "they go off to the king and exert themselves so much that *at least, thought he was unwilling*, they have two molar teeth which were very thick and large"라고 영역하였다. Moule and Perlliot, *The Description of the Word*, vol. 1, p. 411.

초록색을 띠는 매우 아름다운 프로필리오(profilio)이다. [56] 대 칸의 사신들은 그들이 획득한 물건들을 가지고서 여행길에 올라서, 그들의 주인에게로 돌아갔다. [57] 그리고 그들이 큰 도시 캄발루(Cambalu)에 가까이 왔을 때, 그들은 그들의 주인에게, 그들이 (구하러) 갔었던 그것을 가지고, 도착하고 있다고 알렸다. [58] 그러자 대 칸은 모든 주민들에게, 종교인이든지 아니든지, 아담의 것으로 추정되는 그 유물들을 마중 나가라고 명하였다.

[50] Accidit quod Magnus Can audivit qualiter super illum montem erat monumentum Ade et quod ibi erant dentes et capilli ipsius, et parascis in qua comedebat. [51] Dixit ergo quod de necesse oportebat ut haberet dentes, parascidem et capillos. [52] Et misit illuc nuncios suos, qui cum magna societate arripuerunt iter, |86v| et tantum iverunt per terram et aquam quod pervenerunt ad insulam Seylan. [53] Et iverunt ad regem et tantum procuraverunt quod habuerunt dentes maxillares, qui multum erant magni et grossi. [54] Habuerunt et capillos et parascidem. [55] Parascis quidem erat de quodam profilio viridi valde pulcro. [56] Et cum nuntii Magni Can res istas habuissent, arripuerunt iter et reversi fuerunt ad eorum Dominum. [57] Et cum fuerunt prope magnam civitatem Cambalu, notificaverunt Domino eorum adventum et quod portabant id propter quod iverant. [58] Magnus Dominus tunc precepit quod omnes gentes, tam religiose quam seculares, irent obviam illis reliquiis, quas credebant fore Ade.[30]

---

30 Z본, 111장.

대 칸인 쿠빌라이가 그의 사신들을 세일란에 보낸 시점과 관련하여 Z 본에서는 확인할 수는 없지만, 모울과 펠리오가 편집하고 번역한 *The Description of the Word*의 178장에서는 1284년에 사신들을 파견했다고 한다.[31] 하지만, 아쉽게도 이와 관련된 다른 사료가 없기에 이것을 확인할 길이 없다. 그럼, 마르코 폴로는 어디서 이런 정보를 얻었을까? 여기에 대해 김호동은 위의 내용을 마르코 폴로의 오해 혹은 기억의 착오에서 기인한 것으로 추론하였다.『원사』131권에 보면 1284년에 쿠빌라이가 역흑미실(亦亦黑迷失)을 승가라국(僧迦剌國, 스리랑카)에 사신으로 파견하였고, 그 때 그가 그곳에서 불발(佛鉢)과 불사리(佛舍利)를 보았다고 쿠빌라이에게 보고했다. 그런데 폴로는 당시에 그것을 잘못 전해 듣고서 그가 마치 아담의 유물들을 가지고 칸발리크에 온 것으로 이해했다는 것이다.[32] 더군다나, 폴로가 역흑미실의 세일란 방문소식을 접하고 최소한 십 수년 이후『동방견문론』을 기록한 점을 감안해 볼 때, 우리는 김호동의 의견을 결코 지나치다고 할 수 없을 것이다.

3. 글을 나가며

이제까지 13-14세기 라틴어로 기록된 여행기중에서 마르코 폴로의『동방견문론』을 비롯한 오도리코의『동방기행』과 요르다누스의『신기한 것에 대한 서술』에 나타난 세일란에 대한 내용을 소개한 후, 간략히 비교분석하였

---

31 Moule and Pelliot, *The Description of the Word*, vol. 1, p. 411.
32 마르코 폴로,『동방견문론』, p. 475 각주81.

다. 특히 세일란의 지리와 자연환경, 그리고 원나라와 교류에 대해서 살펴보았다. 기본적으로 세일란은 마르코 폴로를 비롯한 중세 여행객들에게 신비롭고 흥미로운 장소인 동시에 그들의 지적 호기심을 불러일으킬 만한 곳이었다. 하지만 그들은 세일란을 묘사하고 기술함에 있어서, 물론 왜곡은 있지만, 필요 이상으로 과장하기 보다는 있는 그대로 담담히 기술하는 것을 볼 수 있다. 이는 마르코 폴로가 세일란의 거주민을 "우상숭배자"라고 부르면서도 그들의 의복과 종교를 소개하고, 그곳의 자연과 광물들을 서술할 때도 잘 드러났다. 특히, 그는 세일란에 있는 풍물들을 기술할 때에도 박물학자의 시선으로 바라보고 하나하나 충실하고 종합적으로 기록하였다. 이런 연유로 마르코 폴로의 『동방견문론』을 번역한 김호동은 그 여행기를 "실로 유럽을 제외한 다른 나머지 지역에 대한 '지리지'이고 '박물지'이며 동시에 '민족지'라고" 평가하기도 하였다.[33] 한편, 세일란을 기록한 라틴 여행기 곳곳에서 마르코 폴로와 오도리코도 다른 이들과 마찬가지로 시대의 아들이었음을 보여주고 있다. 그들이 자신의 의도와 상관없이 중세유럽 사회에 발을 딛고 서 있었기 때문에 이는 어찌 보면 당연한 것이다. 그것은 세일란의 크기와 센데르남을 소개하는 부분에서 확인할 수 있었다.

  마지막으로, 본 글은 13-14세기 라틴어로 기록된 마르코 폴로의 『동방견문론』, 오도리코의 『동방기행』과 요르다누스의 『신기한 것에 대한 서술』에 한정해서 다루었기에 그 내용이 매우 제한적이다. 하지만, 향후 연구에서 중세 라틴 여행기들을 중세 아랍어와 한문 텍스트들과 연결하여 비교분석 차원에서 접근해 본다면, 중세 라틴 문헌에 나타난 세일란의 독특성뿐 아니라, 세일란에 대한 동서양의 인식 차이를 확인할 수 있을 것이다.

---

33 마르코 폴로, 『동방견문론』, p. 32.

〈부록〉 13-14세기 라틴 여행기에 나타난 세일란 비교

	『동방견문론』	『동방기행』	『신기한 것에 관한 서술』
여행시기	1271-1295년	1318-1330년	1321-1330년
섬 이름	세일란(Seylan), 세일람(Seylam)	실란(Sillan)	실렘(Silem)
섬 위치	안가만에서 서쪽으로 1,000마일		
섬 둘레	2,400마일 (이전에는 3,600마일이었으나, 북풍으로 물에 잠겨 2,400마일이 됨)	2,000마일 이상	
산	산 정상에 아담(or 소고모니)의 무덤 존재	산 중턱에 호수 존재하는데, 이것은 아담과 하와가 아들을 애도한 눈물	
보석류	루비(rubini), 사파이어(Safini), 토파즈(topation), 가넷(granate), 자수정(amatiste), 그 외	(산 중턱에 있는 호수 안에) 루비, 금, 그외 보석. (호숫물이 바다로 흘러가는 곳) 진주	진주 (세일렌과 내륙 사이 바다에서)
왕의 보석	왕은 가진 보석의 길이가 한 뼘이고, 두께는 사람 팔뚝만 함	세상의 다른 왕보다 많은 보석을 소유함	수많은 보석 소유, 특히 루비는 목에 걸고, 손에 쥐고 있음 (굵기는 네 손가락보다 더 두껍다)

참고문헌

1차 문헌

Jordanus Catala de Sévérac. *Mirabilia Descripta per Fratrem Jordanum In Recueil De Voyages et de Memoires*, Volume 4. Paris: Arthus-Bertrand, 1839: 37-64.

Marco Polo. *Il Milione In Navigationi et Viaggi*. Edited and Translated by Giovanni Battista Ramusio. Volume 2. 1559. 디지털 에디션: http://virgo.unive.it/ecf-workflow/books/Ramusio/main/aboutproject.html

Marco Polo. *Le Divisament dou Monde* (Latin text in MS Z). Edited by A.C. Moule and P. Pelliot. Volume 2. London: George Routledge and Sons, 1938. 디지털 에디션: http://virgo.unive.it/ecf-workflow/books/Ramusio/testi_completi/Z_marcato.html.

Marco Polo. *The Description of the Word*. Volume 1. Translated by A.C. Moule and P. Pelliot. London: George Routledge and Sons, 1938.

Odorico da Pordenone, *Descripto Orientalium Partium Fratris Odorici Boemi de Foro Julii Provinceae Santi Antoni In Cathay and the Way Thither*. Volume 2. Translatedy and Edited by Henry Yule and Henri Cordier. London: Hakluyt Society, 1913.

마르코 폴로. 『동방견문록』. 김호동 역. 파주: 사계절 출판사, 2000.

오도릭. 『오도릭의 동방기행』. 정수일 역. 파주: 문학동네, 2012.

요르다누스 카탈라 드 세베락. 『신기한 것에 관한 서술: 중세 수도사의 인도 여행기』. 박용진 역. 서울: 서울대학교출판문화원, 2020.

이븐 바투타. 『이븐 바투타의 여행기』. 정수일 역. 서울: 창작과 비평사, 2001.

플라노 카르피니, 윌리엄 루브룩. 『몽골제국기행: 마르코 폴로의 선구자들』. 김호동 역. 서울: 까치, 2015.

2차 문헌

Friedman, John B. and Kristen M. Figg, Eds. *Trade, Travel, and Exploration in the Middle Ages: An Encyclopedia*. New York; London: Routledge, 2000.

Yule, Henry. *The Book of Ser Marco Polo, the Venetian: Concerning the Kingdoms and Marvels of the East*. Volume 2. London: John Murry, 1871.

이은선. "코스마스의 『기독교 지형학』에 나타난 동서 문명 교류에 대한 이해." 『한국교회사학회』 54 (2019), pp. 313-353.

최형근. "고대 후기 수도사들의 이동과 기독교 문화교류: 이집트, 팔레스타인, 시리아를 중심으로." 『교회사학』 18 (2021), pp. 5-33.

제4장

송대 이전 사자국(獅子國) 혹은 스리랑카에 대한 기록 고찰

신원철

(안양대학교)

1. 들어가며

본 논문은 중국 송대(宋代) 이전 스리랑카에 대한 기록을 고찰하는 것을 목표로 한다. 송대 이전이라는 범위 설정은 원대(元代) 팍스 몽골리카(Pax Mongolica) 이전 시기 중국 영토 내에서 스리랑카에 대해 가지고 있었던 관심과 필요에 대해 논의하고자 하는 목표에 맞추어 설정된 것이다. 스리랑카는 동서교류에 있어서 매우 중요한 역할을 담당했던 지역으로 인식된다. 6세기 알렉산드리아에서 『기독교지형학』을 저술한 그리스 정교 신부인 코스마스(Cosmas of Aetolia)는 이 책에서 타프로바네(Ταπροβανῆ(Taprobane), 스리랑카)에 대해 지리적인 특성과 국제무역에서의 중요한 지위를 차지함 등에 관하여 설명하였다.[1] 그만큼 중요하게 언급된 지역이라 할 수 있다. 중

---

1 이은선(2019) pp.328-336 참조.

세 아랍에서도 다수의 문헌에서 세렌디브(سرنديب(Serendip 또는 Serendib), 스리랑카를 가리키는 아랍어)를 언급하고 있다.[2] 이러한 세계적인 흐름 속에서 중국 또한 명대(明代) 정화(鄭和, 1371-1434)의 원정에서 중요한 거점으로서 역할을 하는 등[3] 다양한 면에서 스리랑카에 대해 관심을 나타냈다. 기록의 나라인 중국에서도 일찍이 스리랑카에 대한 기록을 남기고 있다는 점에 대해서는 짐작할 수 있을 것이다. 본 논문에서는 송대 이전 이 지역을 어떻게 인식하고 묘사하였는지 그 대략의 측면을 살펴보고, 이를 통해 이후 기록의 바탕에 대해 논의하고자 한다. 검색 범위 및 대상은 중국의 전통적인 분류 방식인 경사자집(經史子集) 중 사부(史部)에 속하는 사서(史書)와 자부(子部)에 속하는 석가류(釋家類), 유서류(類書類) 서적으로 한정하고자 한다. 송대 이전의 자료이기 때문에 대부분 『사고전서(四庫全書)』에서 검색이 가능하다. 『사고전서』 중 위에서 제시한 부류에 속하는 책으로는 사서의 『송서(宋書)』, 『양서(梁書)』, 『남사(南史)』, 『신당서(新唐書)』, 석가류로는 『불국기(佛國記)』, 『대당서역기(大唐西域記)』, 『법원주림(法苑珠林)』[4], 유서류로는 『태평어람(太平御覽)』, 『통전(通典)』, 『책부원귀(册府元龜)』, 『태평환우기(太平寰宇記)』 등이 있다.

검색어로는 師(또는 獅)子國+(洲), 僧伽羅를 이용하였다. 참고로 '師子國'은 스리랑카 건국 신화와 관련된 짐승인 사자와 관련된 것이고, '僧伽羅'는

---

[2] 1154년 무함마드 알 이드리시(Muhammad al-Idrisi)에 의해 제작된 세계 지도에서 현재의 스리랑카 지역을 세렌디브라 표기하고 있다. 이드리시의 세계 지도와 관련하여서는 Ahmad(1992), pp. 156-174. 참조.
[3] 정화의 원정 준비 및 그 영향에 대해서는 개빈 멘지스(2010)의 1부, 이은상(2014)의 1장을 참조할 수 있다. 정화 원정대의 스리랑카에서의 에피소드는 산지브 산얄(2019), p. 238에 소개되어 있다.
[4] 단 본문 내에서는 유서류로 분류하여 서술하였다.

스리랑카를 구성하고 있는 다수의 민족의 명칭인 싱할라(Sinhala)를 음차한 것이다. 이러한 검색어를 통해 송대 이전 다양한 문헌에서 스리랑카와 관련한 내용을 검색할 수 있었다. 이하에서는 그 내용을 통해 스리랑카에 대한 인식과 교류 관계 등을 살펴보고자 한다.

2. 사서에서의 기록

스리랑카에 대한 중국 문헌의 최초 기록은 위진남북조(魏晉南北朝) 남조(南朝)에 있던 송나라[5]의 역사를 기록한 『송서(宋書)』라 할 수 있다.[6] 『송서』에서는 권5 문제기(文帝紀)에서 다음과 같이 말하였다. "갑인일에 임읍국, 아라타국과 더불어 사신을 보내고 지역 특산물을 보냈다.(甲寅, 林邑國,訶羅佗國,師子國遣使獻方物.)" 이는 정부 사이에 공식적인 교류가 이루어지고 있음을 의미한다. 또한 권97 열전 이만(夷蠻) 부분에서 사자국(師子國)으로 소개하고 있다. 그 내용을 간략하게 추리자면 원가 7년 7월에 그 지역의 국왕인 찰리마가남(刹利摩訶南)이 표를 바치고 승려와 특산품을 바치면서 좋은 관계를 유지할 것을 요청하는 것이다.[7] 이는 중국측의 역사기록임

---

5 이하 조광윤이 세운 송나라와 구별하기 위해 유송(劉宋)으로 칭하고자 한다. 남조의 송나라는 유유(劉裕)가 420년에 세운 나라이다.
6 이보다 이른 시기의 기록으로 참조할 만한 것으로는, 『한서(漢書)』 지리지(地理志)에 다음과 같은 구절이 있다. "황지의 남쪽에 이정불국(已程不國)이 있다. 한나라의 역사(譯使)가 여기에서 돌아왔다.(黃支之南, 有已程不國, 漢之譯使自此還矣.)" 이 구절에 나오는 '已程不國'을 스리랑카의 명칭으로 보기도 하지만(동북아역사넷 『송서(宋書)』 이역전 사자국 주 참조), 그 근거가 확실하지 않다. 따라서 여기에서는 채택하지 않는다.
7 삼가 대송(大宋)의 명주(明主)께 고합니다. 비록 산과 바다가 가로 막혀있으나,

을 감안하더라도 인적 물적 교류가 정부 차원에서 이루어지고 있음을 나타낸다. "12년에 또 사신을 보내고 공물을 바쳤다(至十二年又復遣使奉獻)"이라는 기록에 의하면 교류가 일회성이 아님을 나타냈다. 이러한 기록이 『송서』에 남아 있다는 것은 유송(劉宋) 때에 이미 스리랑카의 세력이 중국에 미쳤음을 간접적으로 드러내는 것이라 할 수 있다.

이러한 조공의 형태는 남북조시기 남조의 양나라에서도 이어졌다. 『양서(梁書)』 권3 무제하(武帝下)에서는 다음과 같이 말하였다. "삼월(……) 임읍국과 사자국에서 각각 사자를 보내고 지역 특산품을 바쳤다.(三月(……)林邑師子國各遣使獻方物.)" 당시에도 여전히 사신을 파견하고 특산품을 바치면서 교류의 관계를 유지하고 있음을 알 수 있다. 아울러 『양서』 권54에서는 『송서』보다 해당 지역에 대해 지리적 특성과 역대의 교류 관계를 추가적

소식들은 때때로 통하였습니다. 엎드려 황제를 받드오니, 도덕이 높고 원대하시어, 두루 덮어주심이 천지와 똑같으며, 밝게 빛나는 것이 해와 달과 같아서, 사해(四海)의 바깥에서 찾아와 복종하지 않는 나라가 없습니다. 사방 나라의 여러 왕들은 사절을 보내 공물을 헌납하여, 대덕(大德)에 귀의하는 성의를 표하지 않은 나라가 없습니다. 어떤 경우에는 바다에서 삼년간 항해하고, 육지에서 천 일을 이동하여, 위세를 두려워하고 그 덕(德)을 사모하니, 아무리 길이 멀어도 찾아 오지 않는 나라가 없습니다. 저는 선왕(先王) 이래로 오직 덕(德)을 닦는 것으로 올바른 길로 삼고, 엄중한 형벌을 쓰지 않고 다스리며, 삼보(三寶)를 존중하고 받들어, 천하를 구제하니, 남에게 선한 점이 있으면 이를 기쁘게 여겨서, 그 경사로움이 마치 나에게 있는 것처럼 여깁니다. 천자(天子)와 함께 정법(正法)을 널리 펴서, 교화시키기 어려운 이들을 구제할 수 있기를 바랍니다. 그래서 네 명의 도인(道人)에게 부탁하여 두 명의 속인(俗人)과 함께 파견하면서, 아대상(牙臺像)을 보내어 신표와 서약의 표지로 삼고자 합니다. 사절들이 돌아올 때, 원하건대 그 대답을 들을 수 있도록 해 주십시오.(謹白大宋明主, 雖山海殊隔, 而音信時通. 伏承皇帝道德高遠, 覆載同於天地, 明照齊乎日月, 四海之外, 無往不伏, 方國諸王, 莫不遣信奉獻, 以表歸德之誠, 或泛海三年, 陸行千日, 畏威懷德, 無遠不至. 我先王以來, 唯以修德爲正, 不嚴而治, 奉事三寶, 道濟天下, 欣人爲善, 慶若在己, 欲與天子共弘正法, 以度難化. 故託四道人遣二白衣送牙臺像以爲信誓, 信還, 願垂音告.) 이하 사서 외국전의 번역은 동북아역사재단 역사넷 홈페이지 참조.

으로 상세하게 기술하였다. 그 내용을 보면 다음과 같다.

사자국(師子國)은 천축(天竺) 옆에 있는 나라이다. 그 땅은 기후가 온화하여 살기에 적당하고 겨울과 여름의 차이가 없다. 오곡(五穀)은 사람들이 뿌리는 대로 맡겨두면 되고 시절을 맞출 필요가 없다. 그 국(國)은 옛날에는 인민이 없었고, 단지 귀신과 용(龍)만이 거주하였다. 여러 나라의 상인들이 와서 교역하였는데, 귀신이 그 형체를 드러내지 않은 채 단지 진보(珍寶)를 내어 놓고 그 가격을 나타내면, 상인은 가격에 따라 [지불하고] 물건을 가져오면 되었다. 여러 나라의 사람들이 그 땅이 살기 좋다는 소문을 듣고 다투어 왔는데, 그중 어떤 이들은 정주하게 되었고 마침내 대국(大國)이 되었다.

師子國, 天竺旁國也. 其地和適, 無冬夏之異. 五穀隨人所種, 不須時節. 其國舊無人民, 止有鬼神及龍居之. 諸國商估來共市易, 鬼神不見其形, 但出珍寶, 顯其所堪價, 商人依價取之. 諸國人聞其土樂, 因此競至, 或有停住者, 遂成大國.(『梁書 師子』)

이 부분에서는 사자국, 즉 스리랑카에 대한 개황(槪況)을 소개하고 있다. 소개하고 있는 내용으로는 기후와 계절, 재배 환경, 지리 환경에서 교역의 중심지로서의 역할, 인구의 유입 등을 간략하면서도 인상 깊게 설명하고 있다. 이 중 귀신이라는 표현은 이민족을 가리키는 것으로 보인다. 이 구절은 특히 이후 다양한 서적에서 자주 인용된다. 이후 역사서나 유서 대부분이 이 내용을 변형하여 기술하고 있는 것을 볼 수 있다. 사자국이라는 나라에 대한 개괄적인 내용으로 그 연원 등이 잘 정리되었기 때문으로 보인다.

동진(東晉) 의희(義熙) 연간(405 418) 초에 비로소 사자를 보내 옥으로 만든 불상을 공헌하였는데, 10년을 걸려서야 겨우 도착하였다. 옥불상의 높이는 4척 2촌(寸)이었는데, 옥의 색이 깨끗하고, 윤기가 있고 만든 모양이 특수하여, 아마도 인공이 아닌 듯했다. 이 옥불상은 동진과 유송 양대를 거쳐 와관사(瓦官寺)에 보관되어 있었다. 이 사원에는 이미 징사(徵士) 대안도(戴安道)[8]가 손으로 제작한 불상 5구(軀)와 고장강(顧長康)[9]이 그린 유마힐(維摩詰) 거사의 상이 있었는데, 세인들은 이들 세 작품을 일러 삼절(三絶)이라 하였다. 제(齊)의 동혼후(東昏侯) 대에 이르러 마침내 옥불상을 훼손하였다. 먼저 옥상의 팔을 끊고, 다음에는 그 몸을 취하여 애첩 반귀비(潘貴妃)를 위하여 비녀와 팔찌를 만들어 주었다.

晉義熙初, 始遣獻玉像, 經十載乃至. 像高四尺二寸, 玉色潔潤, 形製殊特, 殆非人工. 此像歷晉 宋世在瓦官寺, 寺先有徵士戴安道手製佛像五軀, 及顧長康維摩畫圖, 世人謂爲三絶. 至齊東昏, 遂毀玉像, 前截臂, 次取身, 爲嬖妾潘貴妃作釵釧.『梁書 師子』

앞의『송사』에서 언급되었던 내용보다 앞선 시기의 내용이『양서』에 언급된 것이 바로 이 구절이다. 여기에서는 동진 시기 이미 옥으로 된 불상을 바쳤다고 서술하였다. 옥불상에 대한 상세한 묘사와 그 이후 처분까지의 본말(本末)을 모두 기술하였다. 이러한 기술은『송사』에서 언급된 시기보다 이

---

8 동진의 미술가 대규(戴逵, 326-396)를 가리킨다.
9 동진의 화가 고개지(顧愷之, 344-406 경)를 가리킨다.

른 시기에 사자국과의 교류가 있었음을 드러내는 것이다. 그렇지만 이 내용은 『진서(晉書)』에서는 언급되지 않았다. 『진서』를 편집한 당나라 때에는 이러한 부분이 확인될 수 있는 것도 아니고 그 사료도 남아 있지 않아서일 것으로 사료된다.

송(宋) 원가(元嘉) 6년(429)과 12년(435)에 그 왕 찰리마가(刹利摩訶)가 사자를 보내어 공물을 바쳤다.

宋元嘉六年, 十二年, 其王刹利摩訶遣使貢獻. 『梁書 師子』

『양서』에서도 이전 유송에서 있었던 일을 간략하게 기술하였다. 그 자세한 내용은 『송서』에서 이미 언급한 것이다.

대통(大通) 원년(527)에 [사자국의] 왕 가섭가라가리야(伽葉伽羅訶梨邪)가 사자를 보내 표를 올려 말하였다. "삼가 대량(大梁)의 명주(明主)에게 아룁니다. 비록 산과 바다로 멀리 떨어져 있으나, 소식이 때마다 통하옵니다. 엎드려 받잡건대, 황제의 도덕이 고고하고 심원하여, [만물을] 덮고 받치는 것이 천지와 같고, 밝게 비치는 것이 일월과 같아서, 사해(四海) 바깥에서 따르지 않는 자가 없고, 사방 국왕으로 봉헌하여 그 도의(道義)를 앙모하는 정성을 표하지 않는 자가 없다 합니다. 혹은 바다에 배를 띄워 3년이 걸리고, 뭍으로 천 일이 걸리나, 황제의 위엄을 경외하고 그 덕을 흠모하여 먼 것을 마다하지 않고 이르는 것입니다. 우리나라는 선왕 이래로 오로지 덕을 닦는 것을 본으로 하여 혹독하게 하지 않아도 [크게 잘] 다스려지고 있습니다. 정법(正法)을 받들어 모시고 천하를 인도하며, 남을 기쁘게 하는 것을 선으로 삼고, 경사에는 자신의 일처럼 기뻐하여, 대량(大梁)과 더불어 함께 삼보를 널리 알려 교화하기 어려운 이들을 구제하고자 합니다. 사신이 돌아와, 엎드려 고신(告身)을 들었습니다. 지금 미약하나마 봉헌하오니, 바라건대 은혜를 베풀어 받아주십시오."

大通元年, 後王伽葉伽羅訶梨邪使奉表曰: "謹白大梁明主: 雖山海殊隔, 而音信時通. 伏承皇帝道德高遠, 覆載同於天地, 明照齊乎日月, 四海之表, 無有不從, 方國諸王, 莫不奉獻, 以表慕義之誠. 或泛海三年, 陸行千日, 畏威懷德, 無遠不至. 我先王以來, 唯以脩德爲本, 不嚴而治. 奉事正法道天下, 欣人爲善, 慶若己身, 欲與大梁共弘三寶, 以度難化. 信還, 伏聽告敕. 今奉薄獻, 願垂納受."『梁書 師子』

양나라 때에도 사자국에서 표를 보내어 관계를 맺자는 내용을 보냈다. 그 내용에서 구체적인 부분이 없는 것으로 보아 유송(劉宋) 때와 마찬가지인 친교를 위한 표로 볼 수 있다. 그러한 관계라 하더라도 양나라에 있어서는 자신들의 세력이 해외와 연관이 있음을 나타내는 것이다. 지금까지 『양서』의 내용을 살펴보면 『송서』와는 달리 상당한 정보가 포함되고 있음을 알 수 있다. 특히 국가에 대한 개황의 내용은 이후 유서류 등 다양한 서적에서 피인용되는 점을 볼 수 있다.

한편, 북조(北朝)인 위(魏), 즉 북위(北魏)에서는 정부 차원의 교류가 있지는 않았지만, 종교적 이유로 사자국과의 교류가 있음을 나타냈다. 이러한 방식은 이후 당나라 때에 종교적 교류의 선구로 볼 수 있다.

또 승려 법현(法顯)은 …… 10년이 걸려서 비로소 남해의 사자국에서 상인을 따라서 동쪽으로 내려갔다. 밤낮으로 혼미하다가 200일이 지나서 청주 장광군에 도착하였다.

又沙門法顯……十年乃於南海師子國, 隨商人汎舟東下, 晝夜昏迷, 將二百日, 乃至青州長廣郡.(『魏書』卷一百一十四 釋老十)

앞에 생략된 내용은 불경을 입수하였다는 것이다. 이후 경전을 가지고서 귀국하는 길에 10년이 걸려서 지금의 산동지방으로 돌아오게 되었음을 기술한 것이 바로 이 구절이다. 이에 대한 자세한 기록은 법현이 기록한 『불국기』에서 상세히 기술되어 있다.[10] 또한 다음과 같은 기록이 남아 있다.

태안(太安, 북위의 연호, 455-459) 초에 사자국의 승려인 야사유다(邪奢遺多), 부타난제(浮陀難提) 등 다섯 명이 불상 셋을 받들고 서울에 도착했다.

太安初, 有師子國胡沙門邪奢遺多, 浮陁難提等五人, 奉佛像三到京都.(『魏書』卷一百一十四 釋老十)

이는 스리랑카의 승려가 불상을 받들고 서울로 찾아왔음을 기록한 것이다.

남조의 역사를 정리한 『남사(南史)』에서는 앞에서 언급된 유송과 양나라의 내용이 반복되어 나온다. 즉 『남사』의 내용은 『송서』와 『양서』를 정리하

---

10 다음 3장에서 자세히 다루고자 한다.

여 놓은 것이다.[11]

『구당서(舊唐書)』에서는 사자국이 등장하지 않는다. 『신당서(新唐書)』에서는 권221 열전 제146 서역전에서 나온다. 그 내용은 다음과 같다.

사자(師子)[12]는 서남해 가운데 있다. 길이가 2천여 리이며 능가산(稜伽山)[13]이 있고, 기이한 보화가 많아서 보화를 섬 위에 놓아두면 상인들의 선박이 그 값어치를 지불하고 곧 갖고 가버린다. 후에 이웃나라 사람들이 자주 가서 살았다. 사자를 능히 길들여 키운다고 하여 나라의 이름으로 부르게 된 것이다. 총장(總章) 3년(670) 사신을 보내 입조하였다. 천보 초(742)에 국왕 시라미가(尸羅迷迦)[14]가 다시 사신을 보내 대주(大珠) 세금(鈿金) 보영(寶瓔) 상치(象齒) 백첩(白氎)을 헌상하였다.

師子, 居西南海中, 延袤二千餘里, 有稜伽山, 多奇寶, 以寶置洲上, 商舶償直輒取去. 後鄰國人稍往居之. 能馴養師子, 因以名國. 總章三年, 遣使者來朝. 天寶初, 王尸羅迷迦再遣使獻大珠 鈿金 寶瓔 象齒 白氎『新唐書 西域傳』

---

11 살펴보자면 송태조(宋太祖) 12년 6월에 "사자국에서 사신을 파견하고 조공을 하였다"(師子國遣使朝貢)는 내용은 『송서』에서 이미 언급한 부분이다. 권78에서 언급하고 있는 사자국에 대한 개황 소개와 사자국에서 바친 불상에 대한 이야기는 『양서』의 내용을 가지고 온 것이다. 그 내용은 위에 제시하였기에 여기에서는 생략한다.
12 (원주) 師子: Sri Lanka(Ceylon)를 지칭한다. 산스크리트어에서 sri는 '성(聖)스러운'을, lanka는 '섬'을 의미한다고 한다.
13 (원주) 稜伽山: Lanka를 音譯한 말. 『大唐西域記』에는 駿迦山으로 표기.
14 (원주) 尸羅迷迦: 742년 당시 스리랑카의 군주는 Aggabodhi 6세 Silamegha였으며, 尸羅迷迦는 그의 이름의 뒷부분을 音譯한 것이다. 張星烺, 2003: 1911~1912.

이와 같은 사서에서의 기록은 이후 『명사』에서 '석란(錫蘭)'으로 등장하기 전까지 사서에서 나타나지 않는다. 조심스럽게 그 이유를 추측하자면 두 가지 정도를 들 수 있을 것이다. 첫째는 사자국에서 오는 조공이 더 이상 신기하거나 중요하지 않다고 사서를 기록할 때에 판단한 것이다. 즉 『송서』, 『양서』, 『남사』, 『신당서』에서는 사자국에서의 조공이 매우 중요한 이벤트로서 취급되어 기록한 것이지만, 이후 사서에서는 그만큼 중요한 사건으로 취급받지 못한 것으로 볼 수 있다. 둘째는 주변 국가 중에서 비교적 멀고 자주 접하는 곳이 아니기 때문에 생략된 것일 수 있다. 실제로 당나라 이후로는 대륙 내에서 이민족과의 교류 및 갈등이 대부분 북부지역에서 일어나고 큰 사건 또한 이에 수반하는 것 때문은 아닌가 한다. 그렇지만 사자국에 대한 관심은 다른 차원에서 나타난다.

3. 종교 문헌에서의 언급

앞에서는 정부 차원의 교류, 즉 중국 입장에서는 조공이라 할 수 있는 부분에 대해 다루었다. 이 장에서는 정부와는 관련 없는 스리랑카에 대해 종교 문헌에서의 언급과 관련한 부분을 다루도록 하겠다.

스리랑카, 즉 사자국은 불교가 전파된 곳으로 유명하다. 그중 가장 유명한 곳으로는 부처의 진신사리(眞身舍利), 그중에서도 치아(齒牙) 사리를 보관하고 있는 것으로 알려진 불치사(佛齒寺)이다. 그 외에도 불법이 번성하여 승려가 많고 부처의 흔적을 볼 수 있는 곳으로 알려져 있다.

이러한 기록의 시작은 동진(東晉)의 법현(法顯)[15]이 기록한 『불국기(佛國記)』에서 찾아볼 수 있다. 법현은 불경을 구하기 위해 융안(隆安) 3년(399)부터 의희(義熙) 9년(413)까지 14년에 걸쳐 천축을 지나고 스리랑카를 거쳐 중국으로 귀국하였다. 그중 스리랑카에서는 2년을 머무르고 『미사새율장(彌沙塞律藏)』, 『장아함(長阿含)』, 『잡아함(雜阿含)』 그리고 잡장(雜藏)을 얻었는데 모두 중국에서 구할 수 없었던 것이라고 하였다.

법현이 2년간 스리랑카를 머무르면서 기록한 내용은 다음과 같다. 첫째는 14일 만에 사자국에 이르게 된 경위와 그 거리에 대한 것이다.[16] 그리고는 국가의 개황을 소개하는데, 『양서』에서의 내용과 대동소이하다. 법현의 기록이 본인 기술이 맞다고 하면[17] 『양서』의 내용은 이곳에서 비롯된 것으로 볼 수 있을 것이다. 이후 부처의 발자국과 무외산(無畏山, Abhayagiri)의 청옥상(青玉像), 패다수(貝多樹, patta), 불치정사(佛齒精舍)와 그 축제, 마니주, 승려의 많음, 사유(闍維, Jhapita)[18], 바리때(佛鉢)와 입수한 경전 등을 세세히 기술하였다. 일설에는 법현의 스리랑카에 대한 기록이 비교적 소략하다고 하였는데, 이후 등장할 『대당서역기』 등의 기록과 비교하자면 소략

---

15 승려로 속세의 성은 공(龔)이고 평양(平陽) 무양(武陽) 사람이다.
16 여기서 상인의 큰 배를 타고서 서남쪽 바다로 항해하였다. 겨울 초의 계절풍을 타고서 밤낮으로 14일을 항해하여 사자국에 도착하였다. 그 지역 사람이 말하였다. 거리가 700유연 정도 될 것이다. 그 나라는 큰 섬 위에 있어 동서로는 50유연이고, 남북으로는 30유연이며, 좌우의 작은 섬은 수 백으로 그 사이의 거리는 10-20리이기도 하고 200리이기도 하는데 모두 큰 섬에 속해 있다. 於是載商人大舶, 汎海西南行, 得冬初信風, 晝夜十四日, 到師子國. 彼國人云: 相去可七百由延, 其國在大洲上, 東西五十由延, 南北三十由延, 左右小洲乃有百數, 其間相去, 或十里二十里, 或二百里, 皆統屬大洲.
17 『사고전서총목제요』 등에서도 이 기록을 의심하지 않는 것으로 보아 본인이 기술한 것으로 볼 수 있을 것이다. 『사고전서총목제요』『불국기』 항목 참조.
18 다비(茶毘, 불에 태운다는 의미로, 시체를 화장함을 가리킴)를 가리킨다.

하기보다는 보고 듣고 경험한 사실 내에서 기술되었기 때문에 정보 자체로는 더욱 믿을 만한 내용이 많다 할 수 있겠다.

그중 국가의 개황을 소개하는 문장을 보면 다음과 같다.

> 그 나라에는 본래 사람이 살지 않았고 단지 귀신과 용만이 살았다. 여러 나라 상인이 함께 시장을 열고 교역하였는데, 교역할 때 귀신은 스스로를 드러내지 않고서는 보물을 내놓고 그 가격을 제시한다. 상인들은 그 가격에 의거하여 물건을 가져오면 되었다. 상인이 와서는 종종 머물렀다. 여러 나라 사람들이 듣기에 그 땅이 살이 좋다는 소문을 듣고서는 또 왔다. 이때 마침내 큰 나라가 되었다.

> 其國本無人民, 止[19]有鬼神及龍居之. 諸國商人共市易, 市易時, 鬼神不自現身, 但出寶物, 題其價直. 商人則依價直, 直取物. 因商人來往住. 故諸國人聞其土樂悉, 亦復來. 於是遂成大國.『佛國記』

이 문장이 바로 앞에서 제시한『양서』의 문장과 매우 유사한 기술이다. 즉『양서』에서의 사자국에 대한 기술은 법현의『불국기』에 영향을 받은 것으로 볼 수 있다.[20]

이후 당대에 들어서 현장의『대당서역기(大唐西域記)』[21]에서는 싱할라의

---

19 신수대장경에서는 正으로 되어 있다. 의미는 크게 차이나지 않는다.
20 법현의 정보는 어디에서 유래했는지에 대해서는 이후 숙제로 남겨두고자 한다.
21 저자로는 현장(玄奘) 또는 변기(辯機)로 이에 대한 논란이 있다.『사고전서총목제요』에서는 "玄奘譯, 辯機撰"이라고 하여 그 지역에서 알게 된 일에 대해서는 현장이 번역을 하였고, 그렇게 번역되어 알게 된 일을 전체적으로 글로 완성시킨 사람은 변기라는 쪽으로 결론 내리고 있다.

음역인 승가라(僧伽羅)로 표현하였다. 『대당서역기』 승가라 항목 중 전반부에서는 승가라의 유래 설명으로 대략의 내용은 다음과 같다. 승가라국이 사자국으로 불리는 연원(淵源)에 대해 설명하였다. 간단하게 줄이자면 인도 지역에서 사자가 공주를 납치하여 아들과 딸을 낳았다. 그 자식들이 공주인 어머니와 함께 도망갔고, 이에 사자가 분노하여 난동을 피워 민간에 해를 끼치자 당시 왕은 이를 해결하고자 사람을 찾았다. 사자의 피를 가지고 있던 아들은 아버지를 잡아 왕에게 바쳤다. 그러자 왕은 그들이 약속은 지켰지만 아버지를 배신한 불충한 면을 지적하고는 그들에게 포상을 해주고 배를 태워 외국으로 추방하였다. 아들의 배가 도착한 곳이 바로 현재의 스리랑카이고 여기에서 임금이 된 아들의 후손이 나라를 세우자, 그 조상이 '사자를 잡았다'는 것을 이름으로 내세워 집사자[執師(獅)子]를 국호로 삼게 되었다.

또한 불법(佛法)에서 기록된 것으로는 승가라(僧伽羅), 즉 싱할라의 연원과 건국설화에 대해 설명하고 있다. 간략하게 소개하자면 다음과 같다. 이 섬에는 사람을 잡아먹는 나찰귀녀가 있는데, 대상인의 아들 싱할라가 그들의 유혹과 사기 등을 이겨내고 나찰귀녀에게 죽임을 당한 이전 왕을 대신하여 왕으로 등극하였다.[22] 그리고 이러한 싱할라의 활약상은 바로 석가여래의 본생(本生) 시절의 일이라고 하였다. 이러한 서사는 스리랑카의 건국 정신의 바탕에 불교가 있다고 하는, 즉 이곳 스리랑카가 불교국가임을 드러내는 역할을 한다.

그 외에도 승려가 많음, 불치사, 금불상 이야기, 주방이 거대하여 스님이

---

22 그 이야기에 나찰귀녀와 천마가 하늘을 나는 등 신화적인 요소가 다분하고 이야기 구조가 세밀한 것이 다른 설화의 이야기 구조를 가지고 온 것으로 보인다.

많음을 알 수 있음, 능가산 등에 대해 기술하였다. 이 부분은 그렇지만 현장이 직접 방문해서 들은 부분은 아니다. 현장의 여정은 남쪽으로는 주리야국(珠利耶國, 지금의 초다Coda 지방)까지 하였다. 따라서 스리랑카에 대한 기록은 전달해 들은 것으로 볼 수 있다. 이 기록은 앞에서 법현 등이 경험했던 것보다도 훨씬 많은 내용을 담고 있다. 이에 대해 『사고전서총목제요』에서는 현장 자신의 기록이라기보다는 후인들이 추가한 항목으로 보고 있다.

이처럼 섬 전체가 불교와 관련된 내용이 많은 곳이라 종교 문헌인 『불국기』, 『대당서역기』에서 다루고 있음을 볼 수 있다.

4. 유서류에서의 언급

당나라 때로 들어오면서 유서류(類書類)에서 스리랑카에 대해 언급하기 시작하였다. 유서(類書)란 일종의 백과사전으로 각 분야(이를 문(門)이라고 한다.)에 대한 자료를 모으고 검색할 수 있도록 나열한 책이다. 이러한 유서의 간행은 당시의 지식을 집대성하는 것으로 볼 수 있다. 본 논문에서는 당나라 때에 간행한 유서 중에서 『법원주림(法苑珠林)』과 『통전(通典)』을 살펴보고자 한다.

『법원주림』[23]은 당나라 때에 편찬된 불교 백과사전이다. 이 속에서 스리랑카에 대해 다음과 같은 점에 대해 기술하였다. 이 곳에서는 『대당서역기』의 고사를 인용하여 스리랑카의 건국신화를 들었다. 그렇지만 이는 건국신화 자체를 소개하는 것이 아니라 육도편(六道篇) 4 중에서 축생부지여(畜生部

---

23 『법원주림』에 대한 번역은 동국역경원에서 제공하고 있다.

之餘) 항목 중 호추(好醜)에 대한 이야기로 가지고 온 것이다. 즉 사자와 관계를 맺은 공주가 낳은 아들이 아버지인 사자를 잡았다는 이야기와 나찰귀녀를 왕궁으로 들여 왕궁이 전멸한 이야기로 스리랑카의 건국신화 내에 있는 귀신 이야기를 주제로 삼은 것이다.

『법원주림』견해편17 인증부에서는 법현에 대해 기술하면서 그가 거쳐간 사자국에 대해 언급하였다. 이 내용은 앞에서 언급한 법현의『불국기』에서 이미 소개하였다.

『법원주림』감통편21 술의부에서는 왕현책(王玄策)의『서국행전』을 인용하여 사자국 왕의 이름이 시미구발마(尸迷佉拔摩)[24]와 승려 삼모타라굴다(三謨陁羅崛多)의 이름을 확인할 수 있다.[25]『서국행전』또한 일실되었기에 그 흔적을『법원주림』에서 찾아볼 수 있다.

또한『법원주림』감통편21 여편 성적부 여편에서는 국왕이 구입한 땅에 절을 세워 그 절에 승려가 거의 1,000명이 된다는 이야기[26]를 포함한 다양한 사자국에 대한 이야기를 소개하고 있다. 이하는『법원주림』에 실려 있는 사자국, 즉 스리랑카를 언급하고 있는 내용을 모은 것이다.

> 또 새로 번역한, 큰 아라한인 난제밀다라(難提蜜多羅)가 설한『법주기(法住記)』에서 말하였다. "박가범(薄伽梵)께서 열반에 드신 지 8백 년에 집사자국

---

24 옛날 사자국왕(師子國王)의 이름은 시미가발마(尸迷佉拔摩, 당나라 말로는 공덕운(功德雲)이라 함)이다. 昔師子國王名尸迷佉拔摩[唐云功德雲](『法苑珠林』感通篇 第二十一之一 述意部)
25 삼모타라굴다(三謨陁羅崛多)는 이로 인해 여기 왔으니 이는 곧 사자국의 비구였다. 三謨陁羅崛多因此以來卽是師子國比丘.(『法苑珠林』感通篇 第二十一之一 述意部)
26 師子國王買取此處, 與造斯寺. 僧徒僅千, 大乘上座部所住持也.(『法苑珠林』感通篇 第二十一之一 聖迹部)

(執師子國) 승군왕(勝軍王)의 서울에 난제밀다라(難提蜜多羅)[당나라 말로는 경우(慶友)라고 함]는 아라한이 있었는데 세상 인연이 다해 열반에 들려 할 때 여러 필추(苾芻)와 필추니(苾芻尼) 등을 모으고 '다만 의심 있는 자는 빨리 물으라'고 하였다."

又依新翻, 大阿羅漢難提蜜多羅所說法住記云, "薄伽梵般涅槃後八百年中, 執師子國勝軍王都有阿羅漢, 名難提蜜多羅[唐云慶友], 化緣旣畢, 將般涅槃, 集諸苾芻苾芻尼等, 但有疑者應可速問."(『法苑珠林』住持篇 第二十二 羅漢部)

네 번째 빨간 물고기가 발을 물었다는 꿈은 사자국(師子國)의 왕이 10만 냥 금의 값어치가 나가는 비유리(毘琉璃) 신을 바칠 꿈이니, 그것도 내일 아침밥 먹을 때가 되면 올 것입니다.

四赤魚吞足者, 師子國王當獻毗瑠璃寶跋, 價値十萬兩金, 後日食時當至.(『法苑珠林』變化篇 第二十五 善性部)

혹은 사자국(師子國)의 겁파리(劫波利) 마을에서 3과(果)를 더욱 닦았으니 이를 사다함(斯陀含)이라 한다.

若於師子國村名劫波利, 進修得三果, 是名斯陁含.(『法苑珠林』華香篇 第三十三 印證部)

옛날부터 전하는 말이 있다. "석가께서 밥을 받으려 하실 때 사천왕이 발우를 드렸다. 석가께서 멸도하신 뒤에 그 발우는 비사리(毘舍離)로 가서 몇백 년을 지냈고, 또 건타위(乾陀衛)로 갔고, 또 서역의 월지(月氏) 우전(于填) 구이(丘夷)로 갔고, 다음에는 진단(震旦)으로 갔고, 또 사자국(師子國)으로 갔다가 천축으로 돌아왔다. 다시 도솔천(兜率天)으로 올라가자, 미륵은 이것을 보고 '석가부처님의 발우가 지금 여기 왔다.' 하고, 이레 동안 공양한 뒤에 다시 용궁(龍宮)으로 내려 보냈다. 미륵이 부처가 되었을 때에 사천왕은 그것을 다시 드렸다."

故傳云, 釋迦受食, 四王奉鉢. 滅後流行王毗舍離若千百年, 又至乾陁衛, 又至西月支于闐丘夷, 羨當達震旦, 返向師子國, 還來天竺. 上昇兜率彌勒見曰, 釋迦佛鉢, 今來至此. 七日供養, 還下龍宮. 彌勒成佛, 四王還獻. (『法苑珠林』伽藍篇 第三十六 致敬部)

얼마 뒤에 사자국(國)에서 어떤 바라문이 왔다. 그는 총명하고 변재가 있으며 학식이 많아 서역(西域)의 속서는 거의 다 읽고 그 나라 외도들의 스승이 되었었다. 그는 구마라집이 관중(關中)에서 불법을 크게 유행시킨다는 말을 듣고 그 제자들에게 "어찌 석씨(釋民)의 가르침만을 진단(震旦)에 전하게 하고 우리의 바른 교화는 동국(東國)에 퍼지게 하지 않아서야 되겠는가?" 하고는, 드디어 낙타에 책을 싣고 장안(長安)으로 들어왔다.

俄而師子國有一婆羅門, 聰辯多學, 西土俗書, 罕不披誦, 爲彼國外道之宗, 聞什在關大行佛法, 乃謂其徒曰, "寧可使釋氏之風, 獨傳震旦, 而吾等正化不洽東國?" 遂乘駝負書來入長安. (『法苑珠林』破邪篇 第六十二之餘 妄傳 邪敎第三)

여기서 언급하는 내용은 그 나라의 특징을 이야기한다기보다는 그 나라에서 벌어졌던 몇 가지 사건이나 혹은 불교를 믿는 이국으로서 언급되는 용도로 쓰였지, 직접적으로 스리랑카를 가리키거나 문물을 소개하는 것으로 보기에는 힘들다. 그렇지만 불교와 관련하여 스리랑카가 얼마나 중요한 국가인지를 알 수 있는 자료로서의 가치는 충분하다고 할 수 있다.

『통전(通典)』은 당나라 때 두우가 편찬한 유서이다. 이후 남송의 『통지(通志)』, 원의 『문헌통고(文獻通考)』 등을 통틀어 삼통(三通)이라고 할 만큼 이후 유서의 전범이 되는 책이다. 『통전』에서는 스리랑카에 대해 다음과 같이 기술하였다. [ ] 부분은 두우의 주석이다.

> 사자국은 동진 시기에 교통하였다. 천축 옆에 있는 나라이다. 서쪽 바다에 있으며 넓이는 2천여 리이다. 기이한 보물이 많이 나온다. 그 땅은 기후가 온화하여 살기에 적당하고 겨울과 여름의 차이가 없다. 오곡(五穀)은 사람들이 뿌리는 대로 맡겨두면 되고 시절을 맞출 필요가 없다. 그 나라는 옛날에는 인민이 없었고, 단지 귀신과 용만이 거주하였다. 여러 나라의 상인들이 와서 교역하였는데, 귀신이 그 형체를 드러내지 않은 채 단지 진보(珍寶)를 내어 놓고 그 가격을 나타내면, 상인은 가격에 따라 지불하고 물건을 가져오면 되었다. 여러 나라의 사람들이 그 땅이 살기 좋다는 소문을 듣고 다투어 왔는데, 그중 어떤 이들은 정주하게 되었고 마침내 대국(大國)이 되었다. 신령스러운 사자를 잘 길들일 수 있기에 마침내 나라의 명칭으로 삼게 되었다. 풍속은 바라문(婆羅門)과 동일하지만 불법을 더욱 공경한다. 동진 안제(安帝)의 의희(義熙, 405 418) 초에 비로소 사자를 보내 옥으로 만든 불상을 공헌하였다. 옥불상의 높이는 4척 2촌(寸)이었는데, 옥의 색이 깨끗하고, 윤기가 있고 만든 모양이 특수하

여, 아마도 사람이 만든 것이 아닌 듯하다. 이 옥불상은 동진과 유송 양대를 거쳐 와관사(瓦官寺)에 보관되어 있었다.[앞서 징사(徵士)대안도(戴安道)가 손으로 제작한 불상 5구(軀)와 고장강(顧長康)이 그린 유마힐(維摩詰) 거사의 상과 나란히 옥상이 있었다. 당시 사람들은 이들 세 작품을 일러 삼절(三絶)이라 하였다. 제(齊)의 동혼후(東昏侯) 대에 이르러 마침내 옥불상을 훼손하였는데, 먼저 옥상의 팔을 끊고, 다음에는 그 몸을 취하여 애첩 반귀비(潘貴妃)를 위하여 비녀와 팔찌를 만들어 주었다. 당시에 모든 사람들이 한탄하고 애석해 하였다. 건강은 지금의 단양군 강녕현이다.] 송(宋) 문제 원가(元嘉) 5년(428)과 12년(435)에 그 왕 찰리마가(刹利摩訶)가 사자를 보내어 공물을 바쳤다. 양(梁) 무제대통(大通) 원년(527)에 왕 가섭가라가리야(伽葉伽羅訶黎耶)가 사자를 보내 조공을 바쳤다.[두환의 기록에서 말하였다. 사자국은 또한 신단(新檀)이라고도 하고 바라문(婆羅門)이라고 하는데, 남천축이다. 나라의 북쪽에 사람들은 모두 이민족의 모습을 하고, 가을과 여름에 덥고 건조하다. 나라의 남쪽에서는 사람들이 모두 추레한 모습을 하고 있다. 네 계절에 장마비가 내린다. 여기서부터 불교 사찰이 시작되었다. 사람들은 모두 귀에 장식을 하고 허리에 포대를 둘렀다.]

師子國, 東晉時通焉. 天竺旁國也. 在西海之中, 延袤二千餘里. 多出奇寶. 其地和適無冬夏之異. 五穀隨人所種, 不須時節. 其國舊無人, 止有鬼神有龍居之. 諸國商賈來共市易鬼不見其形但珍寶明其所堪價商人依價取之諸國人聞其土樂因此競至或有停住者遂成大國. 能馴養神師子, 遂以爲名. 風俗與婆羅門同, 而尤敬佛法. 安帝義熙初, 遣使獻玉佛像, 高四尺二寸, 玉色潔潤, 形制殊特, 殆非人工. 歷晉宋代, 在建康瓦官寺[先有徵士戴安道手制佛像五軀, 及顧長康畫維摩詰並玉像. 時人謂爲三絶. 至齊東昏, 遂毀玉像, 前截臂, 次取身, 爲嬖妾潘貴妃作釵釧. 時咸歎惜之. 建康卽今丹陽郡江寧縣.] 文帝元嘉五年, 其王刹利摩訶南遣使貢獻. 梁武帝大通元年, 後王伽葉伽羅訶黎耶亦使使貢獻[杜環記: 師子國, 亦曰新檀, 又曰婆羅門, 卽南天竺也. 國之北人盡胡貌. 秋夏炎旱. 國之南人盡獠面. 四時霖雨. 從此始有佛法寺舍. 人皆儋耳, 布裹腰.] (『通典』卷一百九十三 邊防就 西戎五 師子)

위의 내용은 『양서(梁書)』의 내용을 바탕으로, 중간중간 추가된 내용을 덧붙인 것이다. 본문으로 제시한 부분은 역사서의 내용을 발췌한 것으로 볼 수 있다. 거기에 주석으로 두환(杜環)의 『경행기』에 대한 내용을 들면서 추가적인 정보를 더한 것이라 할 수 있다. 이처럼 백과사전인 유서에서 다루고 있는 것은 그 목적에 충실하기 위해서인데, 스리랑카는 불교 백과사전인 『법원주림』에서는 불교와 관련한 정보를, 『통전』에서는 국가와 관련한 사서의 기록을 종합하여 모은 것으로 초점을 맞추었다.

송대의 유서로는 『태평어람(太平御覽)』과 『책부원귀(册府元龜)』를 들 수 있다. 『태평어람』은 송 초인 태평흥국 2년(977) 3월에 조칙을 내리고 8년(983) 2월 사이에 이방(李昉) 등이 편찬한 유서이다. 어람(御覽)은 송태종이 조칙을 내려 우리 왕조에서 오랫동안 참조하라는 뜻에서 유편(類編)이라는 명칭에서 바꾼 것이다.[27] 『태평어람』에서 들고 있는 내용은 다음과 같다.

구나발마는…… 사자국에 가서 풍속과 가르침을 보고 들으며, 진실된 모습을

---

27 『태평어람(太平御覽)』 원서(原序) 참조.

구별할 수 있었다.

求那跋摩……往獅子國, 觀風聞敎, 識眞之.(『太平御覽』卷六百五十六 釋部四 異僧下)

사자국

사자국은 『송원가기거주(宋元嘉起居注)』에서 다음과 같이 말하였다. "사자국 왕이 사신을 보내면서 조서를 바쳤다. 조(詔)에서 말하였다. '여기는 소승경이 매우 적어서, 저 나라에서 가지고 있는 것 중에서 배울 만한 것은 써서 보냈습니다. 들자하니 그 주변에는 사자가 많다고 했는데, 이는 볼 수 없는 바이다. 배울 만한 것이 있으면 보내주십시오.'" 『법현기』에서 말하였다. "사자국은 본래 사람들이 없었다. 단지 귀신과 용(龍)만이 거주하였다. 여러 나라의 상인들이 와서 교역하였는데, 귀신이 그 형체를 드러내지 않은 채 단지 진보(珍寶)를 내어 놓고 그 가격을 나타내면, 상인은 가격에 따라 [지불하고] 물건을 가져오면 되었다. 여러 나라의 사람들이 그 땅이 살기 좋다는 소문을 듣고 다투어 왔는데, 그중 어떤 이들은 정주하게 되었고 마침내 대국(大國)이 되었다."

師子國

師子國『宋元嘉起居注』曰:"師子國王遣使奉獻, 詔曰: '此小乘經甚少, 彼國所有皆可悉, 爲寫送之. 聞彼隣多有師子, 此所未覩, 可悉致之.'"『法顯記』曰, 師子國本無人, 止有鬼神及龍居之. 諸國商人來共市易, 鬼神自現身, 但出寶物顯其時直, 商人則依價直取物異國, 人聞其土樂悉衆復來, 於是遂成大國.(『太平御覽』卷七百八十七 四夷部八)

사자국에 대해『통전』에서 말하였다. 사자국은 동진 시기에 교통하였다. 천축 옆에 있는 나라이다. 서쪽 바다에 있으며 넓이는 2천여 리이다. 기이한 보물이 많이 나온다. 그 땅은 기후가 온화하여 살기에 적당하고 겨울과 여름의 차이가 없다. 오곡(五穀)은 사람들이 뿌리는 대로 맡겨두면 되고 시절을 맞출 필요가 없다. 그 나라는 옛날에는 인민이 없었고, 단지 귀신과 용만이 거주하였다. 여러 나라의 상인들이 와서 교역하였는데, 귀신이 그 형체를 드러내지 않은 채 단지 진보(珍寶)를 내어 놓고 그 가격을 나타내면, 상인은 가격에 따라 [지불하고] 물건을 가져오면 되었다. 여러 나라의 사람들이 그 땅이 살기 좋다는 소문을 듣고 다투어 왔는데, 그중 어떤 이들은 정주하게 되었고 마침내 대국(大國)이 되었다. 신령스러운 사자를 잘 길들일 수 있기에 마침내 나라의 명칭으로 삼게 되었다. 풍속은 바라문(婆羅門)과 동일하지만 불법을 더욱 공경한다. 동진 안제(安帝)의 의희(義熙, 405 418) 초에 비로소 사자를 보내 옥으로 만든 불상을 공헌하였다. 옥불상의 높이는 4척 2촌(寸)이었는데, 옥의 색이 깨끗하고, 윤기가 있고 만든 모양이 특수하여, 아마도 사람이 만든 것이 아닌 듯하다. 이 옥불상은 동진과 유송 양대를 거쳐 와관사(瓦官寺)에 보관되어 있었다. 송(宋) 문제 원가(元嘉) 5년(428)과 12년(435)에 그 왕 찰리마가(刹利摩訶)가 사자를 보내어 공물을 바쳤다. 양(梁) 무제대통(大通) 원년(527)에 왕 가섭가라가리야(伽葉伽羅訶黎耶)가 사자를 보내 조공을 바쳤다.

獅子, 通典曰, 獅子國, 東晉時通焉. 天竺旁國也. 西海之中, 延袤二千餘里. 多出奇寶. 地和適, 無冬夏之異. 五穀隨人所種, 不須時節. 其國舊無人, 止有鬼神有龍居之. 諸國商賈來共市易. 鬼不見其形, 但出珍寶, 明其所堪價. 商人依價取之. 諸國人聞, 其土樂. 因此競至或有停住者, 遂成大國. 能馴養獅子, 遂以爲名.

風俗與婆羅門同, 而尤事佛法. 安帝義熙初, 遣使獻玉佛象. 象高四尺二寸, 玉色潔潤, 形制殊特, 若非人功. 歷晉宋代在建康瓦官守之. 又曰, 宋文帝元嘉五年, 其王刹利摩訶南遣使貢獻. 梁武帝大通元年後王迦葉伽羅訶犁耶亦遣使貢獻. (『太平御覽』卷七百九十三 四夷部十四)

卷八百二 珎寶部一과 卷九百八十二 香部二에서는 사자국 명칭의 유래와 나오는 보물, 중국에 바친 보물, 향료 등에 대해서 언급하고 있다. 모두『당서』를 이용하였는데,『구당서』에는 관련 내용이 없고,『신당서』에서는 살펴볼 수 있다.

『당서』에서 말하였다. "사자국은 서쪽 바다에 있고 기이한 보물이 나온다. 상인이 도착하면 사람은 보이지 않고 보물 값을 해안가에 두면 가격에 의거하여 물건을 교환하고서는 떠난다. 사자를 기를 수 있다고 해서 나라 이름으로 삼았다." 또한 말하였다. "천보년간 중에 사자국에서 바라문 승려 관정(灌頂)과 삼장(三藏)을 보내 금과 보석으로 장식된 모자끈을 바쳤다."

唐書曰, 師子國在西海之中, 出奇寶. 商賈到, 則不見人, 但置寶物價值於洲上, 賈依價質之而去, 以能養師子. 故以爲國名. 又曰, 天寶中, 師子國遣婆羅門僧灌頂三藏, 來獻金寶瓔珞. (『太平御覽』卷八百二 珎寶部一)

『당서』에서 말하였다. "사자국에서는 주사(硃砂), 수은(水銀), 훈육(薰陸), 울금(鬱金), 소합(蘇合), 청목(青木) 등 여러 향이 나온다."

唐書曰, 師子國出硃砂水銀薰陸鬱金蘇合靑木等諸香. (『太平御覽』卷九百八十二 香部二)

이처럼『태평어람』에서도 이전의 역사서의 내용 등을 정리하여 제시하였다. 불교와 관련한 내용은 매우 제한적으로 제시하고 있음을 알 수 있다. 이는 앞에서 제시한『법원주림』등이 집중하는 내용과는 다르다.

『책부원귀』는 진종(眞宗)의 칙명으로 경덕(景德) 2년(1005년)부터 대중상부(大中祥符) 6년(1013년) 8월 13일에 완성된 1,000권 분량의 유서이다. 이 또한 경사자(經史子) 부문에서의 내용을 정리하여 제시한 책이다. 이 책에서 스리랑카에 대해 다루는 부분은 다음과 같다.

태안 초에 사자국의 승려인 야사관다(邪奢遣多), 부타난제(浮陀難提) 등 다섯 명이 불상 셋을 받들고 서울에 도착했다.

太安初, 有師子國胡沙門邪奢遣多浮陀難提等五人, 奉佛像三到京都. (『册府元龜』卷五十一 帝王部 崇釋氏)

3년에 서역 남인도 땅 사자국의 바라문인 마가정리밀다라(摩訶定利密多羅), 감주 대운사 승려인 나가실지(那迦悉地)가 나란히 자주빛 가사를 받았다.

三年, 西域南印土師子國婆羅門摩訶定利密多羅, 甘州大雲寺僧那迦悉地, 幷賜紫袈裟. (『册府元龜』卷一百七十 帝王部 來遠)

진 의희 초에 사자국에서 옥으로 된 불상을 바쳤다. 만든 형태가 매우 특별하여 아마도 사람이 만든 것 같지 않았다. 이상은 와관사에 있었는데, 앞서 징사 대안도가 손으로 만든 불상 다섯 구와 고장강이 그린 유마거사의 그림이 있었다. 사람들은 이를 가리켜 삼절이라고 하였다.

晉義熙初, 師子國獻玉像. 形製殊特, 殆非人工. 此像在瓦棺寺, 先有徵士戴安道手製佛像五軀及長康畫維摩詰諸圖. 世人謂之三絶. (『册府元龜』卷八百六十九 總錄部 圖畫)

천축 옆에 있는 나라이다. 그 나라는 옛날에는 인민이 없었고, 단지 귀신과 용만이 거주하였다. 여러 나라의 상인들이 와서 교역하였는데, 귀신이 그 형체를 드러내지 않은 채 단지 진보(珍寶)를 내어 놓고 그 가격을 나타내면, 상인은 가격에 따라 [지불하고] 물건을 가져오면 되었다. 여러 나라의 사람들이 그 땅이 살기 좋다는 소문을 듣고 다투어 왔는데, 그 중 어떤 이들은 정주하게 되었고 마침내 대국(大國)이 되었다.

獅子國, 天竺旁國也. 其國舊無人民, 止有鬼神及龍居之. 諸國商估來共市易鬼神, 不見其形, 但出珍寶, 顯其所堪價, 商人依價取之. 諸國人聞其土樂, 因此競至或有停住者, 遂成大國. (『册府元龜』卷九百五十六 外臣部 種族)

사자국은 천축 옆에 있는 나라이다. 그 나라는 옛날에는 인민이 없었고, 단지 귀신과 용만이 거주하였다. 여러 나라의 상인들이 와서 교역하였는데, 귀신이 그 형체를 드러내지 않은 채 단지 진보(珍寶)를 내어 놓았다. 여러 나라의 사람들이 그 땅이 살기 좋다는 소문을 듣고 다투어 와서 마침내 대국(大國)이 되었다.

師子國, 天竺旁國也. 舊無人民, 止有鬼神及龍蛇居之. 諸國商賈來, 共市易鬼神. 不見其形, 但出珍寶諸國. 聞其土樂, 因此競至, 遂成大國. (『册府元龜』卷九百五十八 外臣部 國邑第二)

사자국(獅子國)은 천축(天竺) 옆에 있는 나라이다. 그 땅은 기후가 온화하여 살기에 적당하고 겨울과 여름의 차이가 없다. 오곡(五穀)은 사람들이 뿌리는 대로 맡겨두면 되고 시절을 맞출 필요가 없다. 나라에서는 어느 왕이 꾸준히 선으로 교화를 하여, 그 누각은 모두 칠보로 장식하였고, 거리를 환하게 밝혀 놓아서 사람들이 매우 많았다. 매일 아침에는 북을 울려 여러 사람들이 해메는 것을 깨웠다. 염불하는 것을 항상 권하여서 여러 중생이 밝지 못하고 어둠 속에 있는 것을 깨우치고, 공(空)의 이치를 항상 이야기하여 사물 밖으로 떨어져 있으면서 맑고 깨끗하게 도를 공부하는 것을 의무로 삼는다. 소리나 향에 집착하지 않고서 끊임없이 도를 얻을 수 있는 곳이다. 일설에는 서쪽 바다에 있으며 넓이는 2천여 리이다. 기이한 보물이 많이 나온다. 본래 귀신이 사는 곳으로, 상인들이 오면 형체를 드러내지 않고 보물 값에 해당하는 물건을 해안가에 놓으면 상인은 가격에 따라 지불하고 물건을 가져오면 되었다. 이후에 이웃 나라 사람들이 거주하였다. 사자를 잘 길들일 줄 알아 마침내 나라의 이름으로 삼았다. 풍속은 바라문(婆羅門)과 동일하지만 불법(佛法)을 더욱 공경한다.

獅子國, 天竺旁國也. 其地和適, 無冬夏之異, 五穀隨人所種, 不湏時節. 國中有王以一善化人, 其樓閣皆以七寶裝, 晃耀街巷, 人衆熾盛. 每于晨朝, 警皷曉羣迷. 常勸念佛, 破諸衆生無明黑闇, 常說空理, 離於物外, 以淸淨學道爲務, 不著於聲, 不著於香, 無量得道之處. 一說在西海之中, 延袤二千餘里, 多出奇寶. 本鬼神居之, 商人到則不見, 但置寶物價於洲上, 商人依價買之而去. 其後鄰國人居之, 骸馴養獅子, 遂以名國. 風俗與婆羅門同, 而尤敬佛法. (『册府元龜』卷九百六十一 外臣部 土風第三)

송문제 7년 왜국, 아라타국, 임읍국, 사자국에서 사신을 보내고 지역 특산물을 바쳤다. (……) 12년에 사자국, 부남국, 아라단국에서 나란히 사신을 보내고 지역 특산물을 바쳤다. (……) 양무제 대통(大通) 원년(527) 3월 임읍국, 사자국에서, 11월에 고려국왕이 나란히 사신을 보내고 지역 특산물을 바쳤다.

七年, 倭國王訶羅陁國林邑國獅子國遣使獻方物. (……) 十二年, 獅子國扶南國訶羅單國並遣使獻方物. (……) 大通元年三月, 林邑國獅子國, 十一月高麗國王並遣使獻方物. (『册府元龜』卷九百六十八 外臣部 朝貢第一)

당 예종 경운(景雲) 2년(711) 돌궐에서 음식을 바쳤다. 대식, 신라, 임읍, 사자국에서 나란히 사신을 보내고 지역 특산물을 보냈다. 불림국에서 지역 특산물을 바쳤다.

睿宗景雲(……)二年(……)十二月, 突厥獻食大食新羅林邑獅子國並遣使獻方物. 拂菻國獻方物. (『册府元龜』卷九百七十 外臣部 朝貢第三)

천보(天寶) 5년(746) 정월 사자국왕 시라미가(尸邏迷伽)가 승려 관정(灌頂), 삼장(三藏), 아일가파절라(阿日伽跋折羅)가 와서 금과 보석으로 장식된 모자 끈과 야자잎에 쓴 대반야경 1부 세백첩(細白氎) 사십 장을 바쳤다.

3월에 (……) 사자국에서 상아와 진주를 바쳤다.

五載正月, 獅子國王尸邏迷伽遣婆羅門僧灌頂三藏阿日伽跋折羅來朝, 獻鈿金寶瓔珞及貝葉梵寫大般若經一部細白氎四十張.

三月(……)獅子國獻象牙眞珠. (『册府元龜』卷九百七十一 外臣部 朝貢第四)

유송 때에 사자국왕 찰리마가남(刹利摩訶南)이 표를 바치고 흰 옷을 입은 사람을 파견하고 아대상(牙臺像)을 바쳐 맹약의 징표로 삼았다.[역사서에서는 연월이 빠져 있다.]

宋師子國王刹利摩訶南奉表, 遣一白衣送牙臺像以爲信誓.[史缺年月.] (『册府元龜』卷九百八十一 外臣部 盟誓)

이 중 대부분은 앞에서 언급된 사서나 견문기 등의 내용을 다시 정리한 것이다. 유서가 새로운 내용을 기술하는 것이 아니라 지식에 대한 정리를 목적으로 하는 것이기 때문에 그 목적에 충실하게 작성된 것이라 할 수 있다.

5. 전문 지리지

앞에서 역사서의 지리지에서 『송사』 등에서는 지리지에서 사자국을 언급하지 않는다고 하였다. 이는 이후 언급하게 될 전문 지리지의 출현으로 국가 단위에서 해당 지역을 언급할 필요성이 없어서일 수도 있고, 해당 지역과의 별도의 정부 차원에서의 교류가 없어서일 수도 있다. 이러한 부분에 대한 내용은 전문 지리지에서 다루고 있다. 이들 중 본 논문에서는 당 두환의 『경행기(經行記)』, 송대(宋代)의 『태평환우기(太平寰宇記)』를 들고자 한다.

『경행기』는 앞에서 언급한 두우(杜佑)의 조카로 탈라스 전투에서 대패하고 포로로 10여 년을 있다가 돌아온 두환(杜環)이 지은 책이다.[28] 현재 이 책은 일실되었지만, 『통전』 등에 그 일부가 남아 있다. 다음에 소개할 스리랑카에 대한 내용도 『통전』의 주석으로 기록된 것이다.

> 사자국은 또한 신단(新檀)이라고도 하고 바라문(婆羅門)이라고 하는데, 남천축이다. 나라의 북쪽에 사람들은 모두 이민족의 모습을 하고, 가을과 여름에 덥고 건조하다. 나라의 남쪽에서는 사람들이 모두 추레한 모습을 하고 있다. 네 계절에 장마비가 내린다. 여기서부터 불교 사찰이 시작되었다. 사람들은 모두 귀에 장식을 하고 허리에 포대를 둘렀다.

---

28 『통전(通典)』 서융총서(西戎總序)의 주(注): 조카인 환은 진서절도사(鎭書節度使) 고선지를 따라 서쪽으로 갔다가, 천보 10재에 서해에 이르렀고, 보응 초에 장삿배를 따라 광주로 돌아와, 『경행기』를 저술하였다. 族子環隨鎭西節度使高仙芝西征, 天寶十載至西海, 寶應初因賈商船舶自廣州而回, 著經行記.

師子國, 亦曰新檀, 又曰婆羅門, 卽南天竺也. 國之北, 人盡胡貌, 秋夏炎旱. 國之南, 人盡獠面, 四時霖雨, 從此始有佛法寺舍. 人皆儋耳, 布裏腰.『經行記』

이전 기록과 다른 새로운 부분으로는 신단(新檀), 바라문(婆羅門) 등의 이명을 들고 있다. 사람들에 대한 묘사도 그렇고 이전의 정보에서는 볼 수 없는 부분으로, 다른 곳과 차이점이 있다.

『태평환우기(太平寰宇記)』는 북송(北宋) 시대에 악사(樂史)[29]가 편찬한 지리서로, 이후 지리서의 모범이 되는 책이다. 이와 같은『태평환우기』에서는 사자국에 대해 다음과 같이 기록하였다.

사자국은 동진 시기에 교통하였다. 천축 옆에 있는 나라이다. 서쪽 바다에 있으며 넓이는 2천여 리이다. 서남 대해에 있는 섬이다. 면적은 삼천여 리이고, 그 섬에는 능가산이 있는데, 옛날에 부처가 머물던 곳이다. 나라에서는 어느 왕이 꾸준히 선으로 교화를 하여 사람들이 모두 도를 공부하는 것을 의무로 삼는다. 안제 때에 옥불상을 바쳤다. 옥불상의 높이는 4척 2촌(寸)이었는데, 옥의 색이 깨끗하고, 윤기가 있고 만든 모양이 특수하여, 아마도 사람이 만든 것이 아닌 듯하다. 진나라에서 송나라를 거쳐서 건강의 와관사에 있었다. 주: 앞서 징사(徵士) 대안도(戴安道)가 손으로 제작한 불상 5구(軀)와 고장강(顧長

---

29) 악사(樂史)는 송나라 의황(宜黃) 사람이며, 자는 자정(正子)이다. 남당(南唐)의 비서랑(秘書郞)이었다. 송나라가 들어서자 평후현(平厚縣) 주부(主簿)를 지냈다. 삼관편수(三館編修)와 직사관(直史官)을 역임하였고, 서주(舒州)와 황주(黃州), 상주(商州) 등을 다스렸다. 저서로는『공거사(貢擧事)』·『등과기(登科記)』·『광효전(廣孝傳)』·『총선기(總仙記)』·『상청문원(上清文苑)』·『광탁이기(廣卓異記)』·『선동집(仙洞集)』등이 있다.

康)이 그린 유마힐(維摩詰) 거사의 상과 나란히 옥상이 있었다. 당시 사람들은 이들 세 작품을 일러 건강 삼절(三絶)이라 하였다. 제(齊)의 동혼후(東昏侯)가 마침내 옥불상을 훼손하였는데, 먼저 옥상의 팔을 끊고, 다음에는 그 몸을 취하여 애첩 반귀비(潘貴妃)를 위하여 비녀와 팔찌를 만들어 주었다. 당시에 모든 사람들이 한탄하고 애석해 하였다. 건강은 지금의 단양군 강녕현이다. ○송(宋) 문제 원가(元嘉) 5년(428)과 12년(435)에 그 왕 찰리마가(刹利摩訶)가 사자를 보내어 공물을 바쳤다. 양(梁) 무제대통(大通) 원년(527)에 왕 가섭가라가리야(伽葉伽羅訶黎耶)가 사자를 보내 조공을 바쳤다. 주: 두환의 기록에서 말하였다. 사자국은 또한 신단(新檀)이라고도 하고 바라문(婆羅門)이라고 하는데, 남천축이다. 나라의 북쪽에 사람들은 모두 이민족의 모습을 하고, 가을과 여름에 덥고 건조하다. 나라의 남쪽에서는 사람들이 모두 추레한 모습을 하고 있다. 네 계절에 장마비가 내린다. 여기서부터 불교 사찰이 시작되었다. 사람들은 모두 귀에 장식을 하고 허리에 포대를 둘렀다. ○당(唐) 천보(天寶) 4년에 사신이 와서 금과 보물로 장식을 만든 모자끈과 패엽(貝葉)에 쓴 대반야경(大般若經)을 바쳤다.

師子國, 東晉時通焉, 天竺之旁國也. 在西南大海之中州也. 延袤三千餘里, 其洲中有山名陵迦, 古佛遊處. 國中有王一以善化, 人皆以學道爲務. 安帝義熙初遣使獻玉佛像, 四尺二寸, 玉色潔潤, 形制殊特, 殆非人工. 晉歷宋代在建康瓦官寺. 註先有徵士戴安道手制佛像五軀, 及顧長康畫維摩詰幷玉像. 時人謂爲建康三絶. 至齊東昏遂毀玉像, 前截臂次取身爲嬖妾潘貴妃作釵釧, 時咸惜嘆之. 建康卽今丹陽郡江寧縣是也. ○宋文帝元嘉五年, 其王殺利摩訶南遣使貢獻. 梁武帝大通元年, 後王迦葉伽羅訶黎耶亦遣使朝貢. 註: 杜環記云, 師子國亦曰新檀, 又曰婆羅門, 卽南天竺也. 國之北人盡胡貌, 秋夏炎旱, 國之南人盡獠面, 四時霖雨而, 從此始有佛法寺舍. 人皆僧耳, 布裹腰. ○唐天寶五載, 使至, 獻鈿金寶瓔珞及貝葉寫大般若經.『太平寰宇記』

위의 내용은『통전』의 내용에 당나라 천보시기의 이야기를 추가하여 기록한 것이다. 이와 같은 전문 지리지에서도 결국은 이전에 사용되었던 내용을 정리하여 기록하였다. 즉 앞에서 언급했던 내용에 시대적인 새로운 기록이 덧붙여진 것이다.

6. 나가며

지금까지의 내용을 정리하면 다음과 같다: 역사서에서는 중국 역대 왕조에서 가지고 있었던 영향력에 대한 과시의 차원에서 다루었다. 당나라 때의 불교 관련 기록에서는 불법과 관련하여 기록들을 살펴볼 수 있었다. 특히 법현의『불국기』는 스리랑카에 대한 기록 중 전설이나 설화가 아닌 실제로 체험한 내용을 기록한 중요한 기록임을 확인하였다. 이후 유서류에서는 이전에 기록된 지식에 근거하여 내용을 모으고 조합하면서 스리랑카를 소개하고 있다. 이는 백과사전인 유서에서 지식의 확대 측면에서 외국의 상황을 제시한 것으로 볼 수 있다.

남은 과제로는 앞에서 제시한 문헌 이전의 문헌 등, 특히 사서 이전의 기록에서 스리랑카에 대한 기록을 볼 수 있지 않을까 등에 대해서는 훗날의 추가적 연구에서 기약하고자 한다.

[표 1] 송대 이전 문헌에서의 사자국 관련 정보 비교 사항

	섬의 명칭	위치 및 크기	날씨	거주민	생산품 및 조공품	산 명칭	기타 특징
『宋書』	師子國	山海殊隔			方物, 牙臺像		
『梁書』	師子國	天竺旁國	和適, 無冬夏之異	鬼神,龍停住者	方物, 珍寶, 玉像		
『新唐書』	師子	居西南海中, 延袤二千餘里		後鄰國人稍往居之	奇寶, 大珠, 鈿金, 寶瓔, 象齒, 白氎	稜伽山	
『佛國記』	師子國	南海, 汎海西南行, 得冬初信風, 晝夜十四日, 東西五十由延, 南北三十由延	和適, 無冬夏之異	鬼神,龍停住者	青玉像, 貝多樹, 佛經, 多有珍寶		一足躡山頂(부처의 발), 佛齒精舍, 闍維, 佛鉢
『大唐西域記』	僧伽羅國, 執師子國, 無憂國, 寶渚	周七千餘里國大都城周四十餘里	氣序溫暑	鬼神, 僧侶	珍寶, 金佛像	駿迦山	佛牙精舍
『法苑珠林』	師子國			僧侶			毘琉璃, 鉢
『通典』	師子國, 新檀, 婆羅門	天竺旁國, 南天竺	和適, 無冬夏之異, 秋夏炎旱, 四時霖雨	鬼神,龍停住者, 僧侶	方物, 珍寶, 玉像		儋耳, 裹腰
『太平御覽』	師子國	天竺旁國, 西海之中	和適, 無冬夏之異	鬼神,龍停住者	方物, 珍寶, 玉像, 金寶, 瓔珞, 砵砂, 水銀, 薰陸, 鬱金, 蘇合, 青木		
『册府元龜』	師子國	天竺旁國	和適, 無冬夏之異	鬼神,龍停住者	珍寶, 佛像, 鈿金寶瓔珞, 貝葉經, 象牙, 眞珠, 牙臺像		
『經行記』	師子國, 新檀, 婆羅門	南天竺	秋夏炎旱, 四時霖雨	僧侶			儋耳, 裹腰

| 『太平寰宇記』 | 師子國, 新檀, 婆羅門 | 天竺之旁國, 西南大海之中州, 延袤三千餘里, 南天竺 | 秋夏炎旱, 四時霖雨 | 僧侶 | 玉佛像, 鈿金寶瓔珞, 貝葉經 | 陵迦山 | 儋耳, 裹腰 |

참고문헌

1차 문헌

『四庫全書』電子版:『宋書』,『梁書』,『南史』,『新唐書』,『佛國記』,『大唐西域記』,『法苑珠林』,『太平御覽』,『通典』,『册府元龜』,『太平寰宇記』

동국역경원: http://www.tripitaka.or.kr/ (검색일: 2021.11.12.)

동북아역사넷 중국정사외국전: http://contents.nahf.or.kr/item/item.do?itemId=jo (검색일: 2021.11.11.)

사고전서총목제요: http://ffr.krm.or.kr/base/td013/browse.html (검색일: 2021.11.11.)

2차 문헌

Ahmad, S. Maqbul (1992). "Cartography of al-Sharif al-Idrisi", 『The History of Cartography』, Vol 2, Book 1. University of Chicago Press.

개빈 멘지스 지음, 박수철 옮김(2010),『1434』, 21세기북스.

김규현 역주(2013),『대당서역기』, 글로벌컨텐츠.

김규현 역주(2013),『불국기』, 글로벌컨텐츠.

산지브 산얄 지음, 류형식 옮김(2019),『인도양에서 본 세계사』, 소와당.

이은상 지음(2014),『정화의 보물선』, 한국학술정보.

이은선(2019), "코스마스의『기독교 지형학』에 나타난 동서 문명 교류에 대한 이해",『한국교회사학회지』.

제 5 장

남송 및 원대 문헌 속의 세란국(細蘭國) 혹은 승가라(僧加剌)

김석주

(안양대학교)

1. 들어가며

이 글은 남송(1127-1279) 이래 원대(元代)에 있어서 중국의 지리관 혹은 세계관이 어떤 영향을 받아 어떻게 변화되고 있는지를 살피면서, 당시 문헌 속에 세란국(細蘭國), 승가랄 또는 승가라(僧加剌) 등으로 나타난 오늘날 스리랑카 곧 실론에 대한 여러 기록을 고찰해 보려고 한다.

『예기』(禮記)에 따르면 동쪽의 오랑캐(東夷)는 머리를 풀어헤치고 몸에 문신을 하였으며 익히지 않는 음식을 먹는다. 남쪽의 오랑캐(南蠻)는 이마에 문신을 하고 맨발로 다니며 익히지 않는 음식을 먹는다. 서쪽 오랑캐(西戎)는 머리를 풀어헤치고 몸에 가죽을 걸치며 곡식을 먹지 않는다. 북쪽 오랑캐(北狄)는 털옷을 입고 동굴에 살며 곡식을 먹지 않는다. 이들은 중원에 사는 중국인과 거처, 음식, 의복, 생활, 기물들이 서로 다르기 때문에 그 본

성을 바꿀 수 없다고 생각하였다.[1]

그런데 춘추전국시대에 형성된 이런 중국인의 천하주의(天下主義), 다시 말하여 중원과 이를 둘러싸고 있는 네 오랑캐라는 중국인의 세계관 즉 화이관(華夷觀)이 이 시기 일차적으로 흔들리기 시작하였다.[2] 남송 이후 이들은 중국과 교섭하고 부분적으로나마 경쟁하는 과정 가운데 이적(夷狄)이 아니라 이역(異域)으로, 외국(外國)으로 인식되기 시작하였다.[3]

2. 전통적인 천하주의(天下主義)와 화이관(華夷觀)의 붕괴

2.1. 남송(1127-1279)

송나라는 크게 북송과 남송, 두 시기로 나뉜다. 960년에 개국하여 개봉(開封)에 도읍을 정했던 북송은 요나라에 지속적으로 침략을 받았고 요나라에 조공하여 경제적으로 약해졌다. 이후 여진족이 이끄는 금나라에 밀려 북쪽 영토를 잃고 남쪽으로 쫓겨 내려가 임안(臨安, 지금의 항저우)으로 도

---

[1] "中國戎夷, 五方之民, 皆有性也, 不可推移. 東方曰夷, 被髮文身, 有不火食者矣. 南方曰蠻, 雕題交趾, 有不火食者矣. 西方曰戎, 被髮衣皮, 有不粒食者矣. 北方曰狄, 衣羽毛穴居, 有不粒食者矣. 中國, 夷, 蠻, 戎, 狄皆有安居, 和味, 宜服, 利用, 備器, 五方之民, 語言不通, 嗜欲不同."(『禮記』,「王制」)

[2] '일차적'이라고 명시하는 것은 원 이후 명이 건국되면서 다시금 천하주의와 화이관이 복원되었다고 생각하기 때문이다.

[3] 이에 대해서는 거자오광 저, 김효민 외 역,『전통시기 중국의 안과 밖: 중국과 주변 개념의 재인식』(서울: 소명출판, 2019), 김효민 최수경, "태평한 중화의 세계를 꿈꾸다: 『太平寰宇記』의 四夷 서사와 담론에 대한 시론,"『중국어문논역총간』43(2018), 정유선. "夷域에서 外國으로: 元代 중국인의 앙코르 왕국 재현 특징, 周達觀의『眞臘風土記』를 중심으로,"『동아시아고대학』55(2019)를 참조하라.

읍을 옮기는데, 이때부터의 시기를 남송(南宋)이라 부른다. 이 시기 한족들은 양자강 남쪽으로 도망쳐 강남 지방을 중심으로 활동하였다. 황하를 포함한 중원 지방은 금나라에 의해 잃었으나 아직까지도 어느 정도 경제력을 지니고 있었다. 이는 강남 지방의 거대한 인구와 생산력 높은 농지들을 기반으로 하였기 때문이다. 이때 춘추전국시대를 거치며 확립된 전통 중국의 천하주의와 화이관이 붕괴되었다.

남송 시기가 되면서 '중국적 세계질서'를 의미하는 조공 사절 및 조공 무역은 현저히 감소하게 되었다. 그러나 남송인은 지리적 특징을 이용하여 해양으로 진출하는 탈출구를 찾기 시작하였다. 이전까지 아랍인들이 장악하였던 해상으로 진출하며 여러 나라와 폭넓은 무역을 전개하였다. 그 결과 중국 상인과 외국 상인들에 대한 관리와 관세 업무를 담당하는 해양 무역 담당 기구였던 시박사(市舶司)가 북송 때 다섯 곳에 불과하였는데, 이제 남송 시기에는 열 곳으로 배나 증가하게 되었다.

이 시기 비록 원나라의 관방이 편찬한 역사서이지만 『송사』(宋史)에 「외국전」(外國傳)[4]이 등장하며 남송의 해외 지리서인 『영외대답』(嶺外代答, 1178)과 『제번지』(諸蕃志, 1225)에도 지대한 영향을 미친다.

2.2. 『영외대답』(周去非, 1178)

『영외대답』은 영가(永嘉, 지금의 저장성 원저우) 출신으로 계림통판(桂林通判, 1174~1189)을 지낸 주거비(周去非, 1134-1189)가 1178년에 저술하였

---

[4] 이것은 중국 아닌 나라를 '夷'가 아닌 '外國'이라는 명칭을 사용하여 비위계적이고 중립적으로 표현한 최초의 정사(正史)이다.

다. 주거비는 자신의 재임지가 광서(廣西) 변방이었기 때문에 해외 왕래자들과 잦은 접촉을 하였고 그들로부터 해외 관련 정보를 많이 수집할 수 있었는데, 그가 전해 듣고 수집한 해외 정보가 무려 400여 조항이나 되었다. 그가 관직을 그만두고 귀향하여 여러 사람에게 자신이 전해 듣고 수집한 해외 기담들을 자주 들려주자 물어오는 사람들이 많았다. 이에 일일이 대답하는 것이 번거로워서 글로 정리하여 『영외대답』으로 엮었다.

이 책은 20문(門, 그중 1문 소실) 10권에 194개 조항을 망라하고 있다. 영남(嶺南) 지방의 산천과 고적 물산 만속(蠻俗) 그리고 역대의 항운과 조선업에 관해 기술한 것 외에 권2의 '외국문상'(外國門上)과 권3의 '외국문하'(外國門下)에서 동쪽은 고려로부터 서쪽은 목란피(木蘭皮, 지금의 모로코 무라비트 왕국)에 이르기까지의 광활한 지역 내에 있는 여러 나라와 지역에 관해 기술하고 있다.

『영외대답』은 중국의 지리지 중 처음으로 변경 즉 내경(內境) 밖 지역을 '지리문'(地理門)에, 외경(外境) 밖의 나라들을 '외국문'(外國門)에 분류하여 기술하였다.[5] '외국문'에 실린 실린 자료들은 이전 문헌에서 찾아볼 수 없는 것이 많았다. 또한 중국의 전통적인 정사에서의 사이(四夷) 수록 순서인 동이, 남만, 북적, 서융의 순서대로 배치하지도 않았다. 이 책은 '외국문'을 제외하면 광서의 풍습, 동식물, 광물, 전설 등을 서술하고 있는 광서 지역서의 일종이다.

---

5 최수경, "물(物)의 세계: 남송(南宋) 지리서가 구성한 해외(海外)와 그 의미," 『중국어문논총』 87(2018), 136.

2.3. 『제번지』(趙汝适, 1225)

『제번지』는 천주(泉州, 지금의 취안저우)에서 복건로제거시박사(福建路 提擧市舶司, 1208-1227)로 봉직하였던 조여괄(1170-1230)이 여러 나라 번 상들과의 접촉 과정을 통하여 해외 정보를 수집하고 또 전해 들은 외국의 실태를 주거비의 『영외대답』 등 선대의 저서들을 참조하면서 1225년에 저 술하였다. 이 책은 기존의 사서와 문헌에 나와 있는 이역(異域)의 정보와 지식을 주로 집약하였으나 일부 이전에 알려지지 않았던 새로운 지역이나 나라도 신설하였다.

> 이에 여러 장사치와 호인(胡人)들에게 자문하여, 그 나라 이름들을 배열하게 하고 그곳의 풍토를 이야기하게 하며, 무릇 길과 마을이 속한 바와 산림과 소 택의 들짐승과 토산품을 이야기하게 하여 우리말로 옮겼는데, 지저분한 것은 삭제하고 사실만을 남겼다.
>
> 廼詢諸賈胡, 俾列其國名, 道其風土, 與夫道里之聯屬, 山澤之蓄産, 譯以華言, 删 其穢渫, 存其事實.[6]

『제번지』의 '지국'(志國)이라 지칭하는 상권에는 일본과 신라로부터 북아 프리카와 지중해의 시칠리아를 총망라하는 모두 57개 나라의 위치와 산천, 노정과 풍토, 물산 등이 상술되어 있다. '지물'(志物)이라 지칭하는 하권에 는 당시 중국에 수입되는 향약(香藥)과 진귀품을 비롯한 47종의 물품에 관

---

[6] 『諸蕃志』, "趙汝适序".

해 그 산지와 형태, 용도 등이 자세히 소개되어 있다. 이와 같이 이 책은 외국의 지리와 그곳의 사물만을 수록한 세계 지리서로 전편이 외국 관련 내용으로만 채워진 명실상부 중국에서 간행된 첫 번째 외국 소개 전서(專書)로 평가된다.[7]

2.4. 『제번지』의 세란국(細蘭國)[8]

북풍을 타고 20여일이면 말라바르(南毗) 관할의 실론(細蘭國)에 도착한다. 라무리(藍無里)에서 돛에 바람을 타고 가면 그 나라에 도착하는데, 반드시 번개가 번쩍이므로 실론임을 알게 된다.

이 나라 왕의 몸은 검고 머리털은 거꾸로 서있다. 머리에는 아무것도 쓰지 않고 몸에는 오색의 베를 두른다. 붉은 가죽에 금색 선이 있는 신발을 신으며 코끼리를 타고 나가는데, 혹 연두(軟兜)를 사용하기도 한다. 매일 빈랑과 진주를 구워 만든 가루를 먹는다. 거주하는 집은 묘아정(猫兒睛)과 청홍보주(靑紅寶珠), 마노, 잡다한 보석으로 장식하고 바닥에는 자리를 깔아서 다닌다.

동서쪽에는 두 궁전이 있는데, 각각 황금나무를 세우고 가지와 줄기 모두 금으로 만들며, 꽃과 열매는 묘아정, 청홍의 보주로 만든다. 그 아래에는 황금의자를 놓고 유리로 벽을 만들어 두었다. 왕이 조정에 나갈 때, 아침에는 동쪽 궁전에 오르고 저녁에는 서쪽 궁전에 오른다. 앉은 곳에는 언제나 보배로운 광채가

---

7 최수경, "물(物)의 세계: 남송(南宋) 지리서가 구성한 해외(海外)와 그 의미," 136-137.
8 조여괄 저, 박세옥 역, 『바다의 왕국들: 『諸蕃志』 역주』 (경산: 영남대출판부, 2019), 102-107.

난다. 햇빛이 유리와 보배 나무에 서로 비추어 태양이 운무 속에서 비추는 것처럼 찬란하다. 두 사람이 금 쟁반을 받들고 따르면서 왕이 먹은 빈랑 찌꺼기를 받는다. 수행하는 사람들은 매달 금 1일(鎰)을 관고(官庫)에서 받는다. 받은 빈랑 찌꺼기 안에는 매화뇌(梅花腦)와 여러 보물이 들어있기 때문이다. 왕은 보주를 쥐고 있는데 지름이 5촌이고 불에 태워도 타지 않으며 밤에도 햇불처럼 빛을 발한다. 왕은 매일 이것을 얼굴에 문지르는데 나이 90이 넘었으나 얼굴은 아이와 같다.

나라 사람들의 피부는 매우 검고 몸에는 비단을 감고 머리는 노출시키고 맨발로 다니며 손으로 밥을 집어 먹고 구리로 그릇을 만든다. 시린디브(細輪疊)라는 산이 있는데, 산꼭대기에는 거인의 발자국이 있다. 길이는 7척 남짓이고, 그 중 하나는 물속에 있었는데 산에서 3백여 리 남짓 된다. 그 산의 나무들은 들쭉날쭉하며 빙둘러 서로 인사하고 있는 듯하다.

묘아정, 홍파려(紅玻瓈), 뇌자(腦子), 청홍보주(青紅寶珠)가 난다. 땅에서는 백두구(白荳蔻), 목란피(木蘭皮), 추세향(麤細香)이 난다. 외래 상인들은 단향(檀香), 정향(丁香), 뇌자(腦子), 금은, 자기, 말, 코끼리, 명주실, 비단 등으로 교역하며 거래한다. 해마다 슈리비자야(三佛齊)에 공물을 바친다,

北風二十餘日, 到南毗管下細蘭國. 自藍無里風帆將至其國, 必有電光閃爍, 知是細蘭也. 其王黑身而逆毛, 露頂不衣, 止纏五色布, 躡金線紅皮履; 出騎象或用軟兜, 日啖檳榔. 煉眞珠爲灰. 屋宇悉用貓兒睛及青紅寶珠, 瑪瑙, 雜寶妝飾, 仍用藉地以行. 東西有二殿, 各植口樹, 柯莖皆用金, 花實幷葉則以貓兒睛, 靑紅寶珠等爲之. 其下置金椅, 以琉璃爲壁. 王出朝, 早升東殿, 晚升西殿, 坐處常有寶光. 蓋日影照射, 琉璃與寶樹相映, 如霞光閃爍然. 二人常捧金盤從, 承王所唉檳榔滓. 從人月輪金一鎰於官庫, 以所承檳榔滓內有梅花腦幷諸寶物也. 王握寶珠徑五寸, 火燒不煖, 夜有光如炬; 王日用以拭面, 年九十餘, 顔如童. 國人肌膚甚黑, 以縵纏身, 露頂跣足; 以手掬飯. 器皿用銅. 有山名細輪迭, 頂有巨人跡, 長七尺餘. 其一在水內, 去山三百餘里. 其山林木低昂, 周環朝拱; 產貓兒睛, 紅玻瓈腦, 靑紅寶珠. 地產白豆蔲, 木蘭皮, 粗細香. 番商博易, 用檀香, 丁香, 腦子, 金, 銀, 瓷器, 馬, 象, 絲帛等爲貨. 歲進貢於三佛齊.

2.5.『영외대답』과『제번지』의 외국 표기[9]

嶺外代答	諸蕃志	원명(현재 해당지역)
安南國	交趾國	大越國(베트남북부)
占城國	占城國	Champa(베트남 동남부)
	賓瞳龍國	Panduranga(베트남 동남부 Phanrang)
眞臘國	眞臘國	Khmer(캄보디아)
	登流眉國	Ligor(태국 남부)
蒲甘國	蒲甘國	Pagan(미얀마)
三佛齊	三佛齊	Srivijaya(인도네시아 수마트라)
	單馬令國	Tambralinga 혹은 Ligor(태국 남부)
	凌牙斯加國	Lengkasuka(태국 남부)
佛囉安國	佛囉安國	Takula(말레이 반도 서안)
	新拖國	Sunda(인도네시아 자바 서부)
	監篦國	인도네시아 수마트라 중부
	藍無里國	Lamuri 혹은 Barus(인도네시아 수마트라섬 북부)
	細蘭國	Simhaladuipa(스리랑카)
闍婆國	闍婆國	Taruma, Sailanaja, Jawa Timur(인도네시아 자바)

---

9 최수경, "물(物)의 세계: 남송(南宋) 지리서가 구성한 해외(海外)와 그 의미," 138.

	蘇吉丹	Sukadana(인도네시아 칼리만탄 西南岸 Sujiadanai)
麻離拔國	南毗國	Kalikut(인도 서남부 연안 Calikut)
故臨國	故臨國	Kulan-Malai(인도 서남 연안 Quilon)
	胡茶辣國	Gujarat(인도 북서부 연안)
	麻囉華國	Malava(인도 중서부)
注輦國	注輦國	Chola(남인도)
	鵬茄囉國	Bangala(인도 동북부)
	南尼華囉國	Viramala(Gujarat의 도성)
大秦國	大秦國	Syria?
	天竺國	인도
	大食國	Fatimides(이집트 카이로)
麻嘉國	麻嘉國	Mecca(사우디아라비아 메카)
	層拔國	Zanzilar(탄자니아 잔지바르)
	弼琶囉國	Berbera(소말리아 북부)
	勿拔國	Morbat(오만 서남쪽)

남송의 지리지는 중국의 천하주의와 화이관을 일시적으로 무너뜨렸고 영역을 확장하여 아라비아 반도를 넘어 아프리카 동부 해안까지 매우 구체적으로 인식하였다는 것에 나름 큰 의의가 있다. 그러나 이 지리지의 세계는 직간접적으로 경험한 세계가 아니며, 당시 지식인과 관리들이 포착하고 구성한 인식의 세계란 것에 그 한계가 있다.

3. 해상로를 통해 새롭게 확대되는 지형

3.1. 원(1271-1388)의 지리학

1260년 대칸으로 추대된 쿠빌라이가 1271년 대도(大都, 지금의 베이징)

로 도읍을 옮긴 뒤 대원(大元)이라는 새로운 국호를 반포하였고 마침 1279년 무렵으로 남송을 정복하였다. 이렇게 성립된 원나라는 처음부터 육로를 통한 상업에 호의적이었으며 해상을 통한 무역에도 적극적이었다. 마르코 폴로나 이븐 바투타의 경우를 통해 알 수 있듯이 유럽이나 중동에서 여러 상인이나 여행자가 오갔으며, 소수이기는 하지만 중국인도 구도(求道)가 아닌 장거리 여행을 수행하였다. 이러한 여행의 시대에 걸맞게 지리서, 여행기, 견문록과 함께 세계지도가 맹아하기 시작하였다.

초창기 원나라는 남송 때의 중국 지도를 단순 증보 번각한 '대원혼일도'(大元混一圖, 1330)을 사용하였다. 중국 이외의 부분을 일부 표시하고 있지만, 고려 등 동쪽 국가나 남아시아 국가는 모양을 그리지 않고 "바다 너머, 해가 뜨고 지는 땅, 만 개가 넘는 작은 나라가 모두 한데 섞여서 하나가 된다"(海之外, 日出日沒之地, 小國萬餘…皆混一)고 하였다. 당나라나 송나라의 지도에 비해 조잡하게 그려졌지만, 그래도 월남(交趾, 지금의 베트남)과 인도(天竺)를 표시하고 있다.

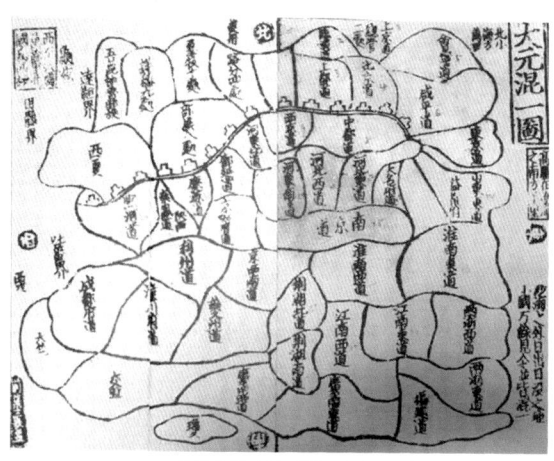

대원혼일도(大元混一圖, 1330)

3.2. '원경세대전지리도'(元經世大典地里圖, 1331)

원의『경세대전』(經世大典)에 수록된 지도로서 청 말기 위원(魏源)이『영락대전』(永樂大典)에서 찾아내어 자신의 책『해국도지』(海國圖志, 1852)에 부록으로 수록함으로써 세상에 알려진 지도이다. '원경세대전지리도'는 당시 아랍 지도의 영향을 받아 남북이 바뀌어 그려졌다. 즉 오른쪽 위가 서쪽으로, 오른쪽 아래가 북쪽으로, 왼쪽 위가 남쪽으로, 왼쪽 아래가 동쪽으로 그려져 있다. 따라서 오늘날의 독법으로 보려면 지도를 시계 반대 방향으로 180도 돌려야 한다. '원경세대전지리도'가 나타내는 범위는 대체로 동쪽은 중국 서북부의 돈황(沙州)에서 남으로는 인도북부(天竺), 북으로는 러시아(迷思耳), 서로는 이집트(埃及)까지 그려져 있다. '원경세대전지리도'는 산이나 강, 호수, 해안선 같은 지형에 대한 표시는 전혀 없다. 지도 전체를 격자방안지로 그린 다음, 있어야 할 위치에 지명을 써 넣었다. 또한 지도 가운데 점선으로 총령고원(蔥嶺高原, 지금의 파미르 고원)을 경계로 동과 서로 나누었다.

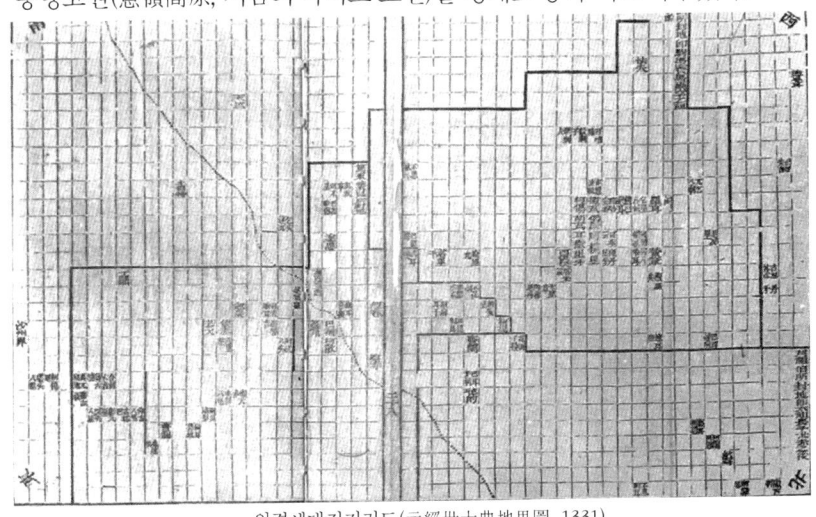

원경세대전지리도(元經世大典地里圖, 1331)

이후 원의 지도는 더욱 발전하고 계량화되어 그리드 속에 점처럼 정확하게 위치를 표시하려는 시도로 점철된다. 중국의 천하주의나 화이관이란 개념을 지도로 재현할 필요가 없었기에 이제 지도가 올바른 세계관과 인식을 재현하는 장르로 발돋음하게 된다.

3.3. 『도이지략』(汪大淵, 1350)

『도이지략』(島夷誌略)은 강서 남창(南昌, 지금의 난창) 출신의 왕대연(汪大淵, 1311~?)이 1350년경 서술한 책이다. 서문에 의하면 20세에 항해를 시작하여 두 번 '동서양'(東西洋)으로 여행하였다고 하였는데,[10] 어느 곳으로 몇 년 동안 여행을 하였는지 혹은 그 여행의 구체적인 목적이 무엇이었는지는 알 수가 없다. 다만 많은 학자들이 1330년 첫 번째 항해, 1334년 귀국, 1337년 겨울 두 번째 항해, 1339년 귀국한 것으로 추측하고 있다.

이 책이 외국을 바라보는 관점은 실증적 지리학 지식과 외부 지향적 세계관을 추구한다는 점에서 남송의 『영외대답』이나 『제번지』와는 다르다. 또 제국으로서 중국의 레토릭이나 복원된 천하주의와 화이관으로 대표되는 '중화문명'이라는 확고한 중심을 내세우지 않는다는 점에서 명의 『영애승람』(瀛涯勝覽)이나 『성사승람』(星槎勝覽)과 분명한 차이가 있다.[11]

『도이지략』은 중국 근대 이전 직접 여행 경험을 바탕으로 쓴 여행기 중에서는 가장 많은 99개의 지역과 나라를 다루고 있다. 또한 고려(新羅國), 일본(倭國) 등 주변국가일지라도 직접 가보지 않은 곳은 수록하지 않고 있다.

---

10 "西江江君煥章, 當冠年, 嘗兩附舶東西洋."(『島夷誌略』, "張序")
11 최수경, "섬 오랑캐들의 이야기: 『도이지략(島夷誌略)』의 세계와 제국적 재구성," 『중국학보』 85(2018), 147-148.

서술 형식은 지형 개괄, 토지 및 농업, 기후, 풍속, 복식, 소금과 술의 생산 방식, 기타 특이사항, 생산품, 교환 가능한 상품 등을 다루고 있다. 이러한 서술 형식에서 벗어난 예외적인 경우도 있으나 대부분 정형화하고 있다. 정사의 외국전의 서술과도 유사한 측면이 있다. 하지만 방위와 거리 및 항로에 관한 정보가 빈약하고, 상호간의 역사적, 외교적 관계가 서술되지 않는 점이 정사와 차이가 난다.

3.4. 『도이지략』의 승가랄 혹은 승가라(僧加剌)

승가라는 수풀 우거진 첩첩산중에 큰 바다로 둘러싸여 있다. 산허리에 불전이 우뚝 서 있는데, 석가불의 육신이 거기 있다. 백성들은 이를 따르고 형상화하고, 지금까지도 향과 꽃과 등불로 섬기고 있다. 해변에는 연화좌 모양의 바위가 있는데, 그 위에 부처의 발자국이 있다. 길이는 2척 4촌, 넓이는 7촌, 깊이는 5촌이다. 발자국 안으로 들어온 바닷물은 짜지 않고 담백하면서도 감주처럼 달달하다. 병자들이 마시면 병이 낫고 노인들이 마시면 수명이 늘어나기도 한다.

이 나라 사람들은 7척 이상으로 크고 얼굴은 자줏빛, 몸은 검은색이며 눈이 크고 길다. 손발이 따뜻하여 화기가 돌고 건장하며 모습이 뚜렷하다. 불가의 사람들은 오래 살아 수명이 100세 이상 넘기곤 한다.

부처가 처음에 그 지방 사람들이 가난해 도적질하는 것을 불쌍히 여겨 그 사람들을 교화시키며 감령수 술로 회복시키고 그 지방에 붉은 돌이 산출되게 하였다. 그 지방 사람들이 이 돌을 파는데, 왼손에 가진 사람들은 [누락] 설법한 후에 이것을 가진 사람들은 원만하게 거래할 수 있는 물건이 되니 모두 배부르고 선량해졌다. [누락] 바리때 하나가 있었는데, 옥도 동도 철도 아닌 것이 자줏빛으로 윤이 나고 두드리면 유리 소리가 났다. 그래서 왕조 초기에 모두 세 번의 사절을 보내 가져오도록 했다고 한다.

僧加剌

疊山環翠, 洋海橫絡. 其山之腰, 有佛殿巋然, 則釋迦佛肉身所在, 民從而像之.迨今, 以香花燭事之若存. 海濱有石如蓮臺, 上有佛足跡, 長二尺有四寸, 闊七寸, 深五寸許. 跡中海水入其內, 不鹹而淡, 味甘如醴, 病者飲之則愈, 老者飲之可以延年. 土人長七尺餘, 面紫身黑, 眼巨而長, 手足溫潤而壯健, 宛然佛家種子, 壽多至百有餘歲者. 佛初憐彼方之人貧而爲盜, 故以善化其民, 復以甘露水灑其地. 產紅石, 土人掘之, 以左手取者爲[闕]者設佛後, 得此以濟貿易之貨, 皆令溫飽而善良. [闕]一鉢盂, 非玉非銅非鐵, 色紫而潤, 敲之有玻璃聲. 故國初凡三遣使取之, 至是, 則舉浮屠之教以語人,故未能免於儒者之議. 然觀其土人之梵相, 風俗之敦厚, 詎可弗信也夫？

3.4. 『해국도지』에 인용된『도이지략』의 승가라[12]

승가라(僧加剌)는 첩첩의 산에 사방이 둘러 쌓여 있으며 바다(洋海)에 가로로 솟아 있다. 산허리에 우뚝 서 있는 불전은 석가불(釋迦佛)의 사리가 있는 곳이다. 해변에는 연화좌 모양의 바위가 있는데, 그 위에 부처의 발자국이 있다. 길

---

12 『海國圖志』卷30.

이는 2척 4촌, 넓이는 7촌, 깊이는 5촌이다. 발자국 안으로 들어온 해수는 짜지 않고 달아 병자들이 마시면 병이 낫는다. 현지인(土人)은 얼굴이 자색이고 몸은 흑색이며 눈이 크고 길다. 손발이 따뜻하고 습하며 장건해 수명이 100세를 넘긴다.

부처가 처음 저곳 사람들이 가난해 도적질하는 것을 불쌍히 여겨 그 백성(民)을 교화시키고 다시 감령수(甘靈水)를 못에 뿌려 붉은 돌을 나게 했다. 현지인들이 이를 파서 거래할 수 있게 되자 모두 배부르고 선량해졌다. 부처의 앞에는 바리(缽盂) 하나가 있어 옥도, 동도, 철도 아닌 것이 자색으로 윤이 나서 두드리면 유리 소리가 났다. 그래서 왕조 초기에 모두 세 번의 사절을 보내 가져오도록 했다고 한다.

元王太淵《島夷誌略》: 僧加剌, 疊山環翠, 洋海橫峙. 其山腰有佛殿巋然, 則釋迦佛舍利所在. 海濱有石如蓮台, 上有佛足跡, 長二尺有四寸, 闊七寸, 深五寸許. 跡中海水入其內, 不鹹而甘, 病者飮之則愈. 土人麵紫身黑眼巨而長, 手足溫潤而壯健, 壽多至百餘歲. 佛初憐彼方之人, 貧而爲盜, 故以善化其民, 複以甘靈水灑池, 俾產紅石, 土人掘之, 得此以濟貿易, 皆令溫飽而善良. 其佛前有一缽盂, 非玉非銅非鐵, 色紫而潤, 敲之, 有玻璃聲. 故國初凡三遣使取之雲.

4. 여행기, 지리지에서 역사 서술로

4.1. 『원사』(元史, 1369)

원나라 정사의 외국전은 이전 당나라나 송나라와 달리 그 서술이 구체적이고, 방위와 거리 및 항로에 관한 정보가 제공되며, 상호간의 역사적, 외교적 관계가 연대기순으로 서술되고 있다. 『원사』는 명의 송렴(宋濂, 1310-1381)과 왕위(王褘, 1322-1374) 등이 태조의 칙명에 의해 편찬한 원대의 기전체(紀傳體) 역사서이다. 그중 '외이열전'(外夷列傳)은 3권으로, 첫째권은 고려, 신라, 일본을, 둘째권은 안남을, 셋째권은 면(緬), 점성(占城), 섬(暹), 유구(琉求), 삼서(三嶼), 마팔아(馬八兒) 등 여러 나라를 다루고 있다. 그런데 권131인 '열전제18'(列傳第十八)에 남양과 인도양 연안에 있는 나라에 사신으로 파견되었던 역흑미실(亦黑迷失, Ighmish, 1266-1311)에 대해 서술하고 있는데, 거기에서 당시 승가라에 대한 기록을 엿볼 수 있다.

4.2. 『원사』의 역흑미실과 승가라

역흑미실은 위구르인(畏吾兒人)이다. 지원 2년(1265) 숙위로 입궁하였다. 9년(1272) 해외에 있는 팔라패국(八羅孛國, Malabar, India)에 사신으로 가라는 세조의 분부을 받들었다. 11년(1274) 그 나라 사람들과 함께 돌아왔는데, 그들이 진기한 보물과 황제의 등극을 축하하는 표를 올리며 내조하자, 황제가 이를 기뻐하여 금과 호부를 하사하였다. 12년(1275) 다시 그 나라에 사신으로 갔는데, 그 나라 국사가 명약을 갖고 봉헌하자, 상을 후하게 내렸다. 14년(1277) 병부시랑에 제수되었다.

18년(1281) 형호(荊湖, 호북성과 안휘성의 양자강 지대)와 점성(占城, Champa)을 중서참지정사로 방문하고, 점성의 잘못을 꾸짖었다. 21년(1284) 소환되어 다시금 해외에 있는 승가라국(僧迦剌國, Sri Lanka)에 사신으로 가서 부처의 바리때와 사리를 보고 오라는 분부를 받고, 옥대와 의복과 안장과 고삐를 하사받았다. 21년 바다로 돌아오면서 참지정사로서 진남왕부사의 일을 도맡아 수행하여 다시 옥대를 하사받았다. 평장사 아리해아(阿里海牙)와 우승 사도(唆都)와 함께 점성을 정벌하였으나 싸움에 이기지 못하고 우승 사도는 전사하였다. 역흑미실은 진남왕에게 진언하여 대랑호둔병으로 기회를 엿보다 후방을 교란시키도록 청하였다. 왕이 듣고 이를 따르도록 조서를 내리니, 전군이 후퇴할 수 있었다.

24년(1287) 마팔아국(馬八兒國, Ma'abar, India)에 사신으로 가서 부처의 바리때와 사리를 가지고 오라고 분부를 받았으나, 바다에서 풍랑을 만나 1년을 표류하다 겨우 당도할 수 있었다. 명의와 선약을 얻고 마침내 그 나라 사람들이 같이 와서 조정에 공물을 바쳤다. 또 자기 돈으로 자단목과 궁전자재를 구입하여 그것을 함께 드렸다. 일찍이 욕실에서 시중을 들 때, 황제가 물었다. "너는 몇 차례나 항해를 했느냐?" 역흑미실이 대답하였다. "신은 네 차례 항해하였습니다." 황제가 그 수고를 가상하게 여겨 또 옥대를 하사하고, 품계를 자덕대부로 고쳐 주었으며, 장강과 회수 상서성좌승과 황실 재정 담당 태경으로 삼았다.

29년(1292) 다시 불러 입조하게 되자, 갖고 있는 진기한 물건들을 모두 바쳤다. 그때에 조왜(爪哇, Java) 정벌을 논의하였는데, 복건행성을 세워 역흑미실, 사필(史弼), 고흥(高興)이 평장사가 되었다. 군사를 부리는 일은 사필에게, 바닷길은 역흑미실에게 맡기며, 황제는 거듭 당부하였다. "너희들이 조왜에 당도하자마자 사신을 보내 보고하도록 하여라. 너희들은 거기에 남아 그밖의 작은 나라들을 당장 자복시켜 오거니 가거니 왕래할 수 있도록 해라. 그들이 성심으로 복종하는 것은 다 너희들의 힘씀에 따름이다." 군사를 점성에 머무르게 한 다음, 먼저 학성(郝成)과 류연(劉淵)을 보내 남무리(南巫里, West Sumatra), 속목도랄(速木都剌, Sumatra), 불로불도, 팔랄랄 등 여러 작은 나라들을 투항하도록 설득시켰다.

30년(1293) 갈랑국(葛郞國, Kediri)을 공격하고 주합지갈당을 항복시켰다. 또 정규를 보내 목래유의 여러 작은 나라들의 잘못을 꾸짖도록 하였다. 그러자 그들이 모두 아들과 형제를 보내 항복하였다. 조왜와 동맹한 나라 모두가 이미 항복하여 돌아온 다음 다시금 반란을 일으킨 것에 대해서는 '사필전'을 아울러 보라.

亦黑迷失, 畏吾兒人也. 至元二年, 入備宿衛. 九年, 奉世祖命使海外八羅孛國. 十一年, 偕其國人以珍寶奉表來朝, 帝嘉之, 賜金虎符. 十二年, 再使其國, 與其國師以名藥來獻, 賞賜甚厚. 十四年, 授兵部侍郎.

十八年, 拜荊湖占城等處行中書參知政事, 招諭占城. 二十一年, 召還. 復命使海外僧迦剌國, 觀佛鉢舍利, 賜以玉帶衣服鞍轡. 二十一年, 自海上還, 以參知政事管領鎭南王府事, 復賜玉帶. 與平章阿里海牙,右丞唆都征占城, 戰失利, 唆都死焉. 亦黑迷失言於鎭南王, 請屯兵大浪湖, 觀釁而後動. 王以聞, 詔從之, 竟全軍而歸.

二十四年, 使馬八兒國, 取佛鉢舍利, 浮海阻風, 行一年乃至. 得其良醫善藥, 遂與其國人來貢方物, 又以私錢購紫檀木殿材幷獻之. 嘗侍帝於浴室, 問曰 : "汝蹈海者凡幾?"對曰 : "臣四蹈海矣."帝憫其勞, 又賜玉帶, 改資德大夫, 遙授江淮行尙書省左丞, 行泉府太卿.

二十九年, 召入朝, 盡獻其所有珍異之物. 時方議征爪哇, 立福建行省, 亦黑迷失與史弼高興並爲平章. 詔軍事付弼, 海道事付亦黑迷失, 仍諭之曰 : "汝等至爪哇, 當遣使來報.汝等留彼, 其餘小國卽當自服, 可遣招徠之.彼若納款, 皆汝等之力也."軍次占城, 先遣郝成劉淵諭降南巫里速木都剌不魯不都八剌剌諸小國.

三十年, 攻葛郞國, 降其主合只葛當. 又遣鄭珪招諭木[來由]諸小國, 皆遣其子弟來降. 爪哇主婿土罕必闍耶旣降, 歸國復叛事, 並見弼傳. 諸將議班師, 亦黑迷失欲如帝旨, 先遣使入奏, 弼與興不從, 遂引兵還, 以所俘及諸小國降人入見, 帝罪其與弼縱土罕必闍耶, 沒家貲三之一. 尋復還之. 以榮祿大夫, 平章政事爲集賢院使, 兼會同舘事, 告老家居. 仁宗念其屢使絶域, 詔封吳國公, 卒.[13]

---

13 『元史』卷131(列傳第18).

5. 나가며

　남송 때까지 상인으로부터 전해 듣거나 지리지를 통해 간접적으로 정보를 수집하던 남양과 실론에 대한 정보가 원대를 거치면서 간헐적이지만 직접 방문한 사람의 여행기나 국가간의 외교 경로를 통해 구체적으로 중국인에게 알려지게 되었다. 이런 변화의 배경에는 요나라와 금나라의 무력에 의해 강남으로 옮겨 가야 했던 남송과 이어 중원을 차지한 이민족 원나라의 영향이 크다 하겠다. 또한 이 시기 아랍의 발전된 지도와 지리학이 중국으로 전래된 것 역시 과소평가할 수 없을 것이다. 이런 가운데 실론에 대한 정보가 실질적으로 구체화되고 지리지나 여행지만이 아니라 정사인 역사서에 등장하게 된다. 이제 바로소 실론은 신화와 전설의 영역을 벗어나 역사에 한 몫을 하는 위치를 차지하게 되었다.

참고문헌

1차 문헌

『島夷誌略』,『星槎勝覽』,『瀛涯勝覽』,『嶺外代答』,『元史』

『諸蕃志』,『眞臘風土記』,『海國圖志』

2차 문헌

거자오광 저. 김효민 외 역.『전통시기 중국의 안과 밖-중구과 주변 개념의 재인식』. 서울: 소명출판, 2019,

김효민 최수경. "태평한 중화의 세계를 꿈꾸다:『太平寰宇記』의 四夷 서사와 담론에 대한 시론."『중국어문논역총간』43(2018).

위원 저. 정지호 외 역.『해국도지』1-3. 서울: 세창출판사, 2021.

정유선. "夷域에서 外國으로: 元代 중국인의 앙코르 왕국 재현 특징, 周達觀의『眞臘風土記』를 중심으로."『동아시아고대학』55(2019).

조여괄 저. 박세욱 역.『바다의 왕국들:『諸蕃志』역주』. 경산: 영남대출판부, 2019.

주달관 저. 최병욱 역.『진랍풍토기: 캄보디아, 1296-1297』. 서울: 산인, 2013.

최수경. "물(物)의 세계: 남송(南宋) 지리서가 구성한 해외(海外)와 그 의미."『중국어문논총』87(2018).

최수경. "섬 오랑캐들의 이야기:『도이지략(島夷誌略)』의 세계와 제국적 재구성."『중국학보』85 (2018).

제6장
명청대 지리지 및 여행기 속 석란(錫蘭)

이화진

(서울대학교)

1. 동·서양 해상교류와 '주향세계(走向世界)'

　천여 년간 이어진 중·서간의 교류에 있어 유럽발 대항해 시대는 하나의 기폭제가 되었다. 특히 에스파냐의 크리스토퍼 콜럼버스의 아메리카 신항로 개척 이래 15~16세기 '동양' 세계에 대한 유럽의 관심은 지속되었다. 이에 앞서 중국 또한 7차례 하서양(下西洋)을 나섰다. 이로써 한정된 교역만을 이어가거나 서로 존재조차 알지 못했던 각 문명권들이 본격적으로 연결되기 시작한 진정한 의미의 세계사가 시작되었다고 할 수 있다. 그리고 그 한 가운데에 '석란(錫蘭)', 즉 스리랑카가 있었다. 그러나 이후 북서 유목 민족들의 위협이 계속되면서 중국은 대륙 통치에 집중했고 남해를 통한 해상교류를 나설 여유가 없었다.

　새로운 변화의 계기는 1, 2차 중영전쟁 이후 본격화된 유럽발 자유무역 질서의 확산이다. 유럽 각국은 동인도회사로 상징되는 중상주의 시대를 마감하고 자본가 계층이 중심이 된 양행(洋行)을 앞세워 중국과의 교역을 진행했으며, 이에 따라 중국도 공행체제를 마감하고 조약체제를 받아들였다. 이때부터 청 정부는 다양한 출사 인원들을 해외에 파견하기 시작했고, 중서간의 교류가 확대되면서 유학 및 여행 등을 매개로 세계를 향해 나아갔다. 1980년대에 출간된 종숙하(鐘叔河)의 『주향세계총서(走向世界叢書)』가 선별한 35권의 출사기와 여행기는 이 시기 세계를 향해 떠밀리듯 나아가고자 했던 중국인의 탐구를 총망라한 것이다.

  이 글은 청대 말기, 즉 19세기 중엽 이후 출간된 대표적인 지리지, 출사기, 여행기에 구현된 '석란'의 기록을 1차 텍스트 자료로서 소개하는 것에 그 목표가 있다. 그리고 이를 통해 텍스트 사이의 축적, 비교, 연결에 대한 초보적인 검토를 시도할 것이다. 대상이 되는 문헌은 다음과 같다. 먼저 지리지로는 서계여(徐繼畬, 1795-1873)의 『영환지략(瀛寰志略)』(1850)과 위원(魏源, 1794-1857)의 『해국도지(海國圖志)』(1852)를, 출사기로는 곽숭도(郭嵩燾, 1818-1891)의 『사서기정(使西紀程)』(1876)과 유석홍(劉錫鴻, ?-1891)의 『영초사기(英軺私記)』(1876)를, 여행기로는 왕도(王韜, 1828-1897)의 『만유수록(漫遊隨錄)』(1884)를 대상으로 했다.[1] 다만, 『영환지략』과 『해국도지』는 저자의 직접 견문록이 아닌, 이전 시기 문헌들을 인용하며 구성한 까닭에, 텍스트 비교를 위해 시간적 범주를 명대까지로 확장해 정화 원정대의 통역관이었던 마환(馬歡, 생몰연도 미상)이 기록한 『영애승람(瀛涯勝覽)』(1450)부터 확인하였다.

---

[1] 해당 문헌에 대한 설명은 이 글 3장을 참고.

2. 명·청대 지리지 및 여행기 속 '석란(錫蘭)' 기록 주해[2]

2.1. 마환의 『영애승람』[3]

이곳을 지나 서쪽을 향해 뱃길로 이레 동안 가면 앵가취산[Namunakuli/ Namunukula Mt.]이 나타난다. 다시 이삼일을 더 가면 불당산[Dondra Head]에 이르고 비로소 별라리[Trincomalee]라고 부르는 석란국의 항구에 도착한다. 이곳에 배를 정박하고 뭍에 올라 육로를 가게 된다.

이곳 해변의 산발치에 있는 빛나는 돌 위에는 길이 두 척(약 67cm) 남짓한 발자국이 있는데, 석가모니 부처가 취람산[Nicobar Islands]에서 와서 여기를 통해 뭍에 오르면서 이 돌을 밟았기 때문에 발자국이 남게 되었다고 한다. 그 안에는 마르지 않는 얕은 물이 있어서 사람들은 모두 그 물에 손을 담가 세수를 하거나 눈을 씻으면서, "부처님의 물이라 맑고 깨끗하다" 하고 얘기한다. 그 왼쪽에 절이 있는데, 안에는 석가불의 전신이 모로 누운 채 썩지 않고 여전히 그대로 보존되어 있다. 그 침좌는 각종 보석을 박아 넣은 침향목으로 만들었는데, 대단히 화려하다. 또 부처의 치아와 사리 등이 불당에 보존되어 있다. 석가가 열반한 곳이 바로 이곳인 것이다.

다시 북쪽으로 4, 50리쯤 가면 비로소 국왕의 거처에 도착하게 된다. 국왕은 쇄리[Chōla] 사람으로서 불교를 숭배하고 코끼리와 소를 존중한다. 사람들은 쇠똥을 태워 그 재를 온몸에 바르고 쇠고기는 감히 먹지 않으며 그 우유만 먹

---

[2] 1차 사료로서의 가치를 위해 지역 및 인명 등 고유명사 번역어는 원문을 그대로 따랐으며, 설명이 필요한 것은 각주로 부연했다.
[3] 이 문헌은 중국학 센터(https://sinology.org/)에 개재된 백운재의 번역을 참조해 고유명사 표기 방식을 본 원고에 맞게 수정한 것이다.

는다. 만약 소가 죽으면 바로 땅에 묻는다. 사적으로 소를 도축한 사람은 국왕이 법에 따라 사형에 처하는데, 간혹 쇠머리 크기의 황금을 바쳐서 그 죗값을 치르기도 한다. 국왕이 거처하는 곳에는 매일 새벽에 백성들이 신분의 고하에 상관없이 찾아와서 물에 희석한 쇠똥을 집 아래 땅바닥에 두루 바른다. 그런 뒤에 부처에게 절을 하는데 두 손을 앞으로 펴고 두 다리를 뒤쪽으로 곧게 편 채 가슴과 배를 땅바닥에 붙여서 절을 한다.

국왕의 거처 옆에는 커다란 산이 구름을 뚫고 높이 솟아 있는데, 산꼭대기에 사람 발자국 하나가 바위 속으로 깊이 두 척(약 67cm), 길이 여덟 척(약 2.67m) 남짓 파고 들어가 있다. 사람들은 이것이 인류의 조상 아담 성인, 즉 반고의 발자국이라고 한다. 이 산에서는 붉은 아고와 푸른 아고, 노란 아고, 석랄니[Sīlānī], 굴몰람 등 모든 보석이 다 있다. 매번 큰비가 내리면 흙 속에서 씻겨 나와 모래밭으로 흘러내리는데, 찾아보면 금방 주울 수 있다. 이들은 늘 보석은 부처님의 눈물이 응결되어서 만들어진다고 한다. 그곳 바다 속에 눈처럼 새하얀 유사(流沙)가 있는데, 해와 달이 그 모래를 비추면 아름다운 광채가 일렁여서 날마다 진주조개가 모래 위에 모여든다. 국왕은 진주 연못을 만들어 이삼 년에 한 번씩 사람을 파견해 조개를 채취하여 연못 안에 쏟아붓게 하고 간수를 두어 연못을 지키게 한다. 그리고 조개가 썩어 문드러지면 물로 씻어내 진주를 찾아 관청에 바치게 한다. 그것을 몰래 훔쳐서 다른 나라에 파는 이들도 있다.

이 나라는 영토가 넓고 인구가 조밀하여 조와[Java] 왕국에 비견될 만큼 민간 풍속이 풍요롭고 부유하다. 남자들은 상체를 벗고 다니고 아래는 염색한 실로 짠 수건을 두르고 다시 넓은 천을 허리에 두른다. 온몸의 털들은 모두 깔끔하게 깎지만, 머리카락은 남겨둔 채 하얀 천으로 감싼다. 부모가 죽으면 수염을 깎지 않는 것이 효도하는 예법이라고 여긴다. 아낙들은 머리 뒤쪽에 상투를 틀고 아래는 하얀 천을 두른다. 신생아의 경우 남자는 머리를 깎지만, 여아는 배냇머리를 깎지 않고 성인이 될 때까지 기른다. 버터기름이나 우유가 없으면 밥을 먹지 않는다. 밥을 먹고 싶으면 남모르는 곳에서 몰래 먹고, 남에게 먹는 모습을 보이지 않는다. 평소 빈랑과 구장잎을 끊임없이 입에 넣고 지낸다. 쌀과 곡식, 참깨, 녹두는 모두 있지만, 오직 보리와 밀만은 없다. 야자는 아주 많고, 기름과 설탕, 술과 간장은 모두 이런 것들로 만들어 먹는다. 사람이 죽으면 화장하여 유골을 묻는데, 상가에는 친척과 이웃의 아낙들이 모여서 모두 두 손으로 일제히 가슴을 치며 크게 소리치고 통곡하는 것을 예의라고 여긴다. 과일로는 바나나, 두리안, 사탕수수가 있다. 오이와 가지 같은 채소와 소, 양, 닭, 오리도 모두 있다. 국왕이 금화를 만들어 통용하는데, 금화 한 개의 무게는 관청의 저울로 1분 6리이다. 중국의 사향, 모시실, 염색 명주, 청자 쟁반과 그릇, 동전, 장뇌를 무척 좋아해서 즉시 보석이나 진주와 교역한다. 국왕은 늘 사람을 파견하여 보석 등의 물건을 가지고 바다를 통해 귀항하는 보선(寶船)을 따라가 중국에 공물로 진상한다.

過此投西, 船行七日, 見鶯哥嘴山. 再三兩日, 到佛堂山, 纔到錫蘭國馬頭, 名別羅里, 自此泊船, 登岸陸行.

此處海邊山脚光石上, 有一足跡, 長二尺許, 云是釋迦自翠藍山來, 從此處登岸, 脚踏此石, 故跡存焉. 中有淺水不乾, 人皆手蘸其水洗面拭目, 曰, 佛水清淨. 左有佛寺, 內有釋迦佛混身側臥, 尙存不朽. 其寢座用各樣寶石裝嵌沉香木爲之, 甚是華麗. 又有佛牙幷活舍利子等物在堂. 其釋迦涅槃, 正此處也.

又北去四五十里, 纔到王居之處. 國王係鎖俚人氏, 崇信釋敎, 尊敬象牛. 人將牛糞燒灰, 遍搽其體, 牛不敢食, 止食其乳. 如有牛死, 卽埋之. 若私宰牛者, 王法罪死, 或納牛頭大金以贖其罪. 王居之址, 大家小戶每晨將牛糞用水調稀, 遍塗屋下地面, 然後拜佛, 兩手舒於前, 兩腿直伸於後, 胸腹皆貼地而爲拜.

王之居側, 有一大山侵雲高聳. 山頂有人脚跡一箇, 入石深二尺, 長八尺餘, 云是人祖阿聃聖人, 卽盤古之足跡也. 此山內出紅雅姑靑雅姑黃雅姑靑米藍石昔剌泥窟沒藍等一切寶石皆有, 每有大雨沖出土, 流下沙中, 尋拾則有. 常言寶石乃佛祖眼淚結成. 其海中有雪白浮沙一片, 日月照其沙, 光采瀲灩, 日有珍珠螺蚌聚集沙上. 其王置珠池, 二三年一次, 令人取螺蚌傾入池中, 差人看守此池, 候其壞爛, 則用水淘珠, 納官. 亦有偸盜賣於他國者.

其國地廣人稠, 亞於爪哇國, 民俗富饒. 男子上身赤膊, 下圍色絲手巾, 加以壓腰, 滿身毫毛俱剃淨, 止留其髮, 用白布纏頭. 如有父母死者, 其鬚毛則不剃, 此爲孝禮. 婦人撮髻腦後, 下圍白布. 其新生小兒則剃頭, 女留胎髮不剃, 就養至成人. 無酥油牛乳不食飯. 人欲食飯, 則於暗處潛食, 不令人見. 平居檳榔荖葉不絶於口. 米穀芝麻菉荳皆有, 惟無大小二麥. 椰子至多, 油糖酒醬皆以此物做造而食. 人死則以火化埋骨, 其喪家聚親鄰之婦, 都將兩手齊拍胸乳而叫號哭泣爲禮. 其果有芭蕉子波羅蜜甘蔗. 瓜茄蔬菜, 牛羊雞鴨皆有. 王以金爲錢, 通行使用, 每錢一箇, 重官秤一分六釐. 中國麝香紵絲色絹靑磁盤碗銅錢樟腦, 甚喜, 則將寶石珍珠換易. 王常差人齎寶石等物, 隨同回洋寶船進貢中國.

2.2. 서계여의 『영환지략』[4]

---

[4] 1848년 완성해 1850년 출간한 지리서로 총 10권이다. 서계여가 복건성(福建省) 순무(巡撫) 재직 당시 많은 서양인과 교류하며 지도 등을 수집해 이를 기초로 저술한 것으로 알려졌다. '영환(瀛寰)'은 해양과 육지를 포함한 지구 전체, 즉 '세계'를 뜻한다.

석란은 석륜, 서륜, 승가라, 능가산, 보저, 칙의란, 칙의라라고도 하며, 남인도 동남쪽의 바다 가운데에 있는 큰 섬이다. 둘레는 천여 리이며 중간에 높은 산과 고원이 있다. 바다가 가깝고 지대가 낮아 비와 번개가 잦다. 산천이 빼어나고 꽃과 나무가 화려해, 짐승의 소리에 즐겁고 풍경에 기분이 좋아진다. 숲 안에 코끼리가 많아 현지인은 그것을 소와 말처럼 활용한다. 주민들은 모두 불교를 숭상하며 불교가 이 땅에서 탄생했다고 말한다. 인구가 많고 곡식이 부족해 인도 등에 식량을 의지한다. 산에서는 보석이, 해변에서는 진주가 나며, 생산품 중에서는 계피가 가장 훌륭한데, 광서(廣西) 지역의 것보다 훌륭하다. 명 중엽 포도아[Portugal]가 석란 해구에 근거해 부두를 세웠는데, 하란[Netherlands]에게 빼앗겼다. 가경 원년(1796), 영길리[England]가 하란을 쫓아내고 해변 지역을 모두 차지했는데, 당시 석란의 우두머리가 잔학해서 민심을 잃었었다. 도성은 해변에 있는데, 가륜파[Colombo]라는 명칭이며, 영길리인들이 수차례 진공해 내부가 붕괴되어 망했고 전 섬이 결국 영길리 소유가 되었다. 영길리는 우두머리를 두어 선박이 정박해 밀집된 지역을 지키게 하곤, 그곳을 정가마리[Trincomalee]라고 이름 지었다.

『천하군국이병서』[5]에 따르면, 석란은 산이 많은 나라로, 옛 낭아수[Langkasuka]이다.[6] 소문답라[Sumatra]에서 순풍을 타고 12일을 가면 도착할 수 있다. 이 나라는 땅이 넓고 사람이 많으며 재화가 풍부한 것이 조와

---

5 고염무(顧炎武, 1613-1682)의 저작으로, 명대 각 지역사회의 정치 및 경제 상황을 기록한 역사 지리서이다. 총 120권.
6 랑카수카. 인도 이주민이 말레이반도에 세운 고대 인도계 왕국의 이름이다. 스리랑카의 또 다른 명칭인 '랑카스'와 혼동이 있었던 것 같다. 위원 또한 『해국도지』에서, 『명사』에 기록된 동일한 오류를 잘못으로 지적한 바 있다. 이 또한 고염무의 『천하군국이병서』가 『명사』를 참고했다고 판단할 수 있는 하나의 근거가 된다.

[Java]에 버금간다. 중간에 높은 산이 있는데, 산에서 아골 보석이 나서 큰비가 올 때마다 산 아래로 흘러 내려와 모래 속에서 줍는다. 수 왕조의 상준이라는 자가 임읍[7]의 서쪽 끝에서 이곳을 본 바 있다. 현지어로 높은 산을 '석란'이라 해서 이렇게 명명했다. 석가가 가람여[Nicobar Islands]에서 와서 이 산에 올라 발자국을 남긴 것 같다고 전해진다. 산 아래에는 절이 있는데, 그곳에 석가의 열반한 전신과 사리가 보관되어 있다. 명대 영락 6년(1408) 태감 정화 등을 파견해 그 나라 왕인 아열고내이[Alagakkonara]에게 칙서를 내리고 보기와 깃발을 보내 절에 설치하고 비석을 세워 상을 하사함에 있어 국왕과 두목에 차이를 두었다. 아열고내이 왕이 신하의 예를 갖춰 복종하지 않자 그를 사로잡아 귀국한 후 그 친속 중에 현능한 자인 아파내나를 왕으로 세웠다. 영락 14년(1416) 점성[Champa], 조와, 만랄가[Melaka], 소문답라 등의 나라에서 공물을 바쳤다. 정통 10년(1445)과 천순 3년(1459)에 다시 공물을 들여왔다는 말이 있다.

예전에 미리견[America] 사람 아비리가[8] 석란이 천축의 본국이라고 한 말을 들었는데, 지금 오인도(五印度)를 천축이라고 부르는 걸 보면, 세상 사람들이 서로 답습한 오류이다. [부연 설명] 『후한서』에서는 천축을 신독이라 했는데, 한 섬의 이름으로 전 영토를 개괄한 잘못인 것 같다. 아비리가 한 말은 근거가 무엇인지 알 수 없다.

錫蘭, 錫倫, 西崙, 僧加剌, 楞伽山, 寶渚, 則意拉, 在南印度之東南, 海中大島也.

---

7 2세기 중엽에 지금의 베트남에 있었던 부족 국가. 남쪽으로 수마트라섬까지 약 150km이다.
8 데이벳 아빌(David Abeel, 1804-1846). 미국 귀정회(歸正會, Reformed Church in America, 미국개혁교회) 선교사로, 1830~1840년대 중국의 남방지역, 주로 광저우, 마카오, 샤먼에서 활동했다.

周回千餘里, 中有崇山高阜, 近海窪下, 地多雨, 多迅雷, 山川靈秀, 花木繁綺, 禽聲歡樂, 風景足怡. 林內多象, 土人用之如牛馬. 居民皆崇佛敎, 云佛生於此土. 生齒繁多, 穀不足, 仰食印度諸部. 山出寶石, 海濱出明珠, 所產桂皮最良, 勝於粵西. 前明中葉, 葡萄牙據錫蘭海口里埔頭, 尋爲荷蘭所奪. 嘉慶元年, 英吉利驅逐荷蘭, 盡有海濱之地, 時錫蘭酋殘虐, 失民心. 其都城在海濱, 名可倫破, 英人屢進攻, 內潰而亡, 全島遂爲英有. 英以大酋鎭守舶屯集之地, 名停可馬里.

天下郡國利病書云, 錫蘭山國, 古狼牙修也. 自蘇門答剌順風十二晝夜可至. 其國地廣人綢, 貨物多聚, 亞於瓜哇. 中有高山, 山產鴉鶻寶石, 每遇大雨, 沖流山下, 從沙中拾取之, 隋常駿至林邑極西望見焉. 番語謂高山爲錫蘭, 因名. 相傳釋迦從伽藍嶼來登此山, 猶存足跡, 山下有寺, 中貯釋迦涅槃眞身及舍利子. 明永樂六年, 遣太監鄭和等詔諭其王亞烈若奈兒, 齎供器寶幡布施於寺, 建石碑, 賞賜國王頭目有差. 亞烈若奈兒負固不服, 擒之以歸, 擇其支屬縣者亞巴乃那立之. 十四年, 偕占城瓜哇滿剌加蘇門答剌等國貢方物. 正統十年天順三年, 復入貢云云.

余嘗聞米利堅人雅裨理云, 錫蘭爲天竺本國, 今稱五印度爲天竺, 乃世俗相沿之誤. 按, 後漢書卽以天竺爲身毒, 似非以一島之名槪全土. 雅裨理所云, 不知何所據也.[9]

---

[9] 徐繼畬 著, 宋大川 校注, 『近代文選叢書: 瀛寰志略』, 上海書店出版社, 2001, 70-71.

2.3. 위원의 『해국도지』[10]

『해국도지』는 『양서(梁書)』, 『신당서(新唐書)』, 『명사(明史)』 등 정사와 『광동잡지(廣東通志)』 등 지방지를 포함해 『서역기부주(西域記附注)』, 『도이지략(島夷志略)』, 『곤여도설(坤輿圖說)』, 『영환지략(瀛環志略)』 등 다양한 문헌자료를 인용하며 석란의 연혁을 밝히고 자신의 논평을 추가하는 형태로 구성되었다. 이곳에서는 지면상 명대 이후의 문헌인 『명사』, 『서역기부주』, 『곤여도설』, 『영환지략』과 위원의 논평 부분만을 원글의 순서에 따라 옮겼다.

남인도해의 석란산 섬나라 연혁: 사자국, 승가랄국, 악가산, 칙의란섬이라고도 불린다. (중략)

『명사』: 석란산은 옛 낭아수[Langkasuka]로, 양나라 때 이미 중국과 교류했다. 소문답라[Sumatra]에서 순풍을 타고 12일을 가면 도착할 수 있다. 영락 연간 정화가 서양에 사행하면서 이 지역에 이르렀다. 그 나라 왕이 정화를 해치려고 하자, 정화가 이를 눈치채고 그곳을 떠나 타국으로 갔다. 그 왕이 또 이웃하는 국경에서 불목하며 왕래하는 사신을 수차례 막아서며 위협해 여러 나라가 모두 고통받았다. 정화가 귀국할 즈음 다시 이곳을 지나가자 정화를 나라 안으로 유인했고, 군사 5만을 일으켜 정화의 배를 위협하며 귀로를 차단했다.

---

10 임칙서(林則徐)의 『사주지(四洲志)』를 바탕으로 중국 역대 역사서와 외국의 다양한 문헌자료 백여종을 인용한 지리서로, 세계 4대륙 주요국가의 지리, 역사, 풍속, 물산, 기후, 정치, 종교, 상공업, 역법, 천문, 교육, 군사기술 및 전략 등을 망라하였다. 세계에 대한 거의 모든 지식과 정보를 망라한 종합백과사전이라고 할 수 있다. '해국(海國)'은 '해외국가(海外之國)'의 준말이며, '도지(圖志)'는 지도가 붙어 있는 지리서를 뜻한다. 1844년(50권본), 1847년(60권본), 1852년(100권)의 세 판본이 유통된다.

정화는 이에 보병 2천을 이끌고 샛길을 통해 허점을 노려 그 도성을 공격해 점령했고, 왕, 처, 자녀, 두목을 생포해 조정에 포로로 바쳤다. 여러 신하들이 죽일 것을 청했으나 황제가 풀어줬다. 그 부족 중에서 현자를 선택해 왕으로 세우도록 했으며, 옛 왕도 돌려 보냈다. 이로부터 바다 밖의 여러 번국이 천자의 위엄과 덕에 더욱 감복하여 공물과 사절이 길에 가득했다. 그 나라 왕도 마침내 수차례 입조해 공물을 바쳤다.

그 나라는 땅이 넓고 인구가 조밀했으며 재화가 많이 모인 것이 조와[Java]에 버금갔다. 동남해에는 3~4개의 산이 있는데, 취람서[Nicobar Islands]라고 한다. 크고 작은 7개의 문은 모두 배가 지나다닐 수 있다. 가운데 산이 유독 높고 큰데, 그 지역 말로 사마만산이라고 한다. 그곳 사람들은 모두 나무 위나 동굴에 살고 나신에 삭발이다. 이 산에서 서쪽으로 7일을 가면, 앵가취산[Namunakuli]이 보인다. 다시 2~3일을 가면, 불당산[Dondra Head]에 이르니, 곧 석란국의 영토로 들어간다.

해변에 위치한 산의 바위에는 발자국이 있는데, 길이가 3척 정도이다. 어르신들이 말하길, 부처가 취람서에서 와 이곳을 밟았는데, 그 발자국이 아직 남아 있다고 한다. 그 가운데에는 얕은 물이 있는데, 사계절 내내 마르지 않아 사람들은 모두 손에 적셔 눈과 얼굴을 씻는다. 산 아래의 절에는 석가의 진신이 있는데, 평상 위에 옆으로 누워 있다. 옆에는 부처의 치아 사리가 있다. 부처가 열반에 든 장소라고 하는데, 그 침좌가 장엄하고 아름답다. 왕이 거주하는 곳 옆에는 큰 산이 있는데 하늘까지 높이 솟아 있다. 그곳에서 여러 색의 보석이나, 큰비가 내릴 때마다 산 아래로 흘러 내려온다. 바닷가 모래흙 속에는 진주조개가 가득했다. 이 때문에 그 나라는 진주와 보석이 특히 풍부했다.

왕이 기거하는 왕국에서는 사람들이 석가교를 숭상하고 소를 중시한다. 매일 소의 분을 태워 재로 만들어 몸에 바른다. 또 물을 섞어서 농도를 조절해 땅 위에 두루 뿌리고 난 뒤 예불을 올리는데, 팔다리를 곧게 펴고 배를 땅에 닿게 하여 공경을 표한다. 소고기를 먹지 않으나 우유는 마시며, 소가 죽으면 땅에 묻고 소를 죽인 자는 사형에 처한다. 기후는 늘 더우며 쌀과 조가 풍족하다. 백성들은 풍요로웠으나 섭식을 즐기지 않아 어두운 방에서 식사를 해 타인의 눈에 띄지 않게 한다. 남자는 상체는 맨 몸이며 하체는 포를 두른다. 전신에 털이 나 있는데, 모두 제거하나 머리털만은 자르지 않았다. 공물에는 진주, 산호, 보석, 수정, 살합리, 서양포, 유향, 목향, 수향, 단향, 몰약, 유황, 침, 알로에, 흑단, 후추, 자석, 훈련된 코끼리 등이 있다.

[부연 설명] 『양사』는 낭아수와 사자국을 두 나라로 나누어 서술했다. 낭아수는 천타리[Kantoli] 뒤, 바리[Brunei] 앞에 서술하고, 사자국은 바리와 천축 뒤에 서술해, 동서가 확연하게 다르다. 어찌 낭아수를 석란산으로 여겨 용과 귀신이 함께 기거하는 사자국에 대해 묻지 않는가? 『명사』의 외국 연혁은 이처럼 하나라도 틀리지 않은 것이 없다.

『서역기 부주』: 승가라[Sinhala]국은 옛 사자국을 말하며, 무우국이라고도 한다. 남인도에 있다. 그 지역에는 진기한 보석이 많이 나 보저라고도 한다. 옛날에 석가모니의 불화신(佛化身)이 승가라라는 이름이었는데, 나라 사람들이 왕으로 추존했다. 위대한 신통력으로 대철성을 타파하고 나찰녀를 없애 위기에서 구원했다. 이에 수도와 도읍을 지어 주위를 인도한 후 죽음을 맞이해서는 치아를 남겨 이 땅에 두었다. 나라에 흉년과 재앙이 들어 간절히 빌면 응답했다. 지금의 석란산은 옛 승가라국이다. 왕궁 옆에 불아정사(佛牙精舍)가 있어 많은 보석으로 장식해 찬란하게 빛난다. 대대로 전하며 예를 바치는 행위가 끊이지 않았다. 지금의 국왕은 아열고내모[Alagakkonara]인데 쇄리[Chōla] 사람이다. 이교도를 숭상하고 불법을 경배하지 않았으며 나라 사람들에게 포악하게 굴었다. 영락 3년(1405) 태감 정화가 향화(香花)를 받들고 저 나라에 가 공양하고자 했다. 그 나라 왕이 해를 가하려 하자, 정화는 그 모략을 알아채고 결국 떠났다. 후에 다시 정화를 파견해 여러 번국에 공물을 하사했는데, 석란산 국왕에게도 하사했다. 왕은 더욱 오만하고 불경해 사신을 해치고 군사 5만을 일으켜 나무를 쪼개 길을 막고 병사를 나누어 배를 공격하려 했다. 그의 부하를 붙잡아 기밀은 미리 누설되었는데, 정화 일행은 귀로가 차단되자 비밀리에 배로 사람을 돌려보내 수군을 갖추어 저지했다. 그리고 정화는 직접 병사 3천을 이끌고 밤새 샛길로 이동해 왕성을 공격했으나, 이를 방어했다. 배를 공격하던 병사들은 이에 나라 안의 병사와 함께 사면을 에워싸고 공격하며 6일간 거듭 막아 싸웠으나, 정화 일행은 그 왕을 잡았고 새벽에 성문을 열었다. 나무를 베며 길을 내어 싸우다 행군하다 20여 리를 이동해 저물 무렵에야 비로소 배에 도착했다. 바로 부처 치아 사리에 예를 청하고 배에 오르니, 기이하고 비상하게도 광채가 밝게 비추어 거대한 바다 수만 리에 이르고 풍랑이 잦아들어 평지를 가는 것 같았다. 영락 9년(1411) 7월 수도에 도착했다. 황성 안에서 고하고 장엄한 단향목 금강 보좌(寶座)를 바쳤다. 불아정사 옆에는 소정사가 있는데, 또한 많은 보석으로 눈부시게 빛났으며 가운데에는 금불상이 있다. 이 나라의 선왕을 등신으로 주조한 것으로 상투는 귀한 보석으로 장식했다.

남회인의 『곤여도설』[11] : 인디아 남쪽에 의남도가 있다. 적도에서 북으로 4도 떨어져 있다. 사람들은 어려서부터 고리를 귀에 거는데, 점점 늘어져서 어깨

---

11 남회인은 페르디난트 페르비스트(Ferdinand Verbiest, 1623-1688). 벨기에 출신의 예수회 선교사로, 1659년 청나라에 들어갔다. 천문과 역사 서적을 주로 편찬했는데, 1672년에 출간된 『곤여도설』은 세계지도인 『곤여전도(坤輿全圖)』의 해설격인 지리지이다.

까지 이른다. 바다에는 진주가 많고 강에는 묘안석, 석니홍, 금강석 등이 난다. 숲에는 계피와 향목이 많으며 수정도 나서 예전에 쪼아 관을 만들어 죽은 자를 염(殮)했다. 중국인이 거주했다고 전해지는 곳은 지금의 가옥과 전당이 상당히 유사하다. 서쪽에는 작은 섬이 수십 개 있어 마아지말[Maldive]로 통칭한다. 사람이 거주한다. 바다 가운데에서 야자수가 나는데, 그 열매는 매우 작으나 여러 병을 치료할 수 있다.

[부연 설명] 남인도의 능가도는 전에 나찰이 살던 곳으로, 사람이 감히 가지 못했다. 부처가 설법을 했으나 여전히 나찰을 없애지 못했다. 『법원주림』과 『양서』에 따르면, 그곳은 용과 귀신이 기거하던 곳이다. 어떻게 후세에 마침내 논밭을 갈고 뽕나무를 심으며 상선이 정박하는 지역이 되었는지에 대해, 『서역기부주』에서 승가라 왕이 불력으로 나찰을 없앤 일을 언급해서 그 실상을 알게 되었다. 대체로 불경에서 말한 전륜성왕과 아수라는 모두 영겁의 처음에 천지가 통하고 아직 끊어지지 않았을 때에 있던 것이지, 후세에 있던 것이 아니다. 따라서 과거의 나찰과 야차가 살던 각 섬은 오늘날 모두 천지개벽해 사람이 많아졌다. 그래서 서우화주와 동신승주에서는 이제 상선도 다니고 기운이 날로 열려 괴이하지 않던 것이 괴이한 것이 되었다. 진실로 여름 곤충과 우물 속 개구리의 도로 보기 어렵다.

[추가 설명] 『영환지략』에서는 가운데에 높은 산이 있는데, 땅에서 아골 보석이 나서 큰비가 내릴 때마다 씻겨 내려와 모래 속에서 주울 수 있다고 했다. 수 왕조의 상준이 임읍의 서쪽 끝에 이르러 그곳을 바라보았는데, 그곳 사람들이 높은 산을 '석란'이라고 해서 그렇게 불리게 되었다고 한다.

南印度海中錫蘭山島國沿革. 一曰師子國, 一曰僧伽剌國, 一曰咢伽山, 一曰則

意蘭島. (중략)

明史, 錫蘭山, 卽古狼牙修, 梁時曾通中國. 自蘇門答剌順風十二晝夜可達. 永樂中, 鄭和使西洋, 至其地. 其王欲害和, 和覺, 去之他國. 其王又不睦鄰境, 屢邀劫往來使臣, 諸番皆苦之. 及和歸, 復經其地, 乃誘和至國中. 發兵五萬劫和舟, 且塞歸路. 和乃率部卒二千, 由間道乘虛, 攻拔其城, 生擒其王,妻子,頭目, 獻俘於朝廷. 諸臣請戮, 帝釋之. 擇其族之賢者立之, 其舊王亦釋歸. 自是海外諸番, 益服天子威德, 貢使載道, 而其王遂屢入貢. 其國地廣人稠, 貨物多聚, 亞於瓜哇. 東南海中有山三四座, 總名曰翠藍嶼, 大小七門, 門皆可通舟. 中一山尤高大, 番名按篤蠻山. 其人皆巢居穴處, 赤身髡發. 自此山西行七日, 見鸚哥嘴山. 又二三日, 抵佛堂山, 卽入錫蘭國境. 海邊山石上, 有一足跡, 長三尺許. 故老云佛從翠蘭九嶼來踐此, 故足跡尙存. 中有淺水, 四時不幹, 人皆手蘸以洗面目. 山下僧寺有釋迦眞身, 側臥床上, 旁有佛牙及舍利, 相傳佛涅盤處也, 其寢座莊嚴甚麗. 王所居側有大山, 高出雲漢, 產諸色寶石, 每大雨沖流山下. 海旁有浮沙, 珠蚌聚其內, 故其國諸珠寶特富. 王所居國, 人崇釋敎, 重牛. 日取牛糞燒灰, 塗其體. 又調之以水, 遍塗地上, 乃禮佛. 手足直舒, 腹貼於地以爲敬. 不食牛肉, 止食其乳, 死則瘞之, 有殺牛者罪至死. 氣候常熱, 米粟豐足. 雖富饒, 然不喜啖飯, 欲啖則於暗室, 不令人見. 男子裸上體, 下圍以布, 遍體皆毫毛, 悉剃去, 惟髮不剃. 所貢物有珠, 珊瑚, 寶石, 水晶, 撒哈喇, 西洋布, 乳香, 木香, 樹香, 檀香, 沒藥, 硫磺, 藤竭, 蘆薈, 烏木, 胡椒, 磁石, 馴象之屬. 案, 梁史狼牙修國與師子國, 分敍爲二國. 狼牙敍於千陀利之後, 婆利之前, 而師子國則敍於婆利及天竺之後, 東西判然, 回不相侔, 安得以狼牙修爲錫蘭山, 而置龍鬼合居之師子國於不問乎. 明史之外國沿革, 無一不繆, 有如此者.

西域記附注. 僧伽羅國, 古之師子國, 又曰無憂國, 卽南印度. 其地多奇寶, 又名

曰寶渚. 昔釋迦牟尼佛化身名僧迦羅, 國人推尊爲王. 以大神通力破大鐵城, 滅羅刹女, 拯恤危難, 於是建都築邑, 化導四方, 示寂留牙, 在於茲土. 國有凶荒災異, 懇祈隨應. 今之錫蘭山, 卽古之僧伽羅國也. 王宮側有佛牙精舍, 飾以衆寶, 輝光赫灼, 累世相承, 敬禮不衰. 今國王阿烈苦奈貌, 瑣里人也, 崇祀外道, 不敬佛法, 暴虐國人. 永樂三年, 太監鄭和奉香花往詣彼國供養. 王欲加害, 鄭和知其謀, 遂去. 後復遣鄭和往賜諸番, 並賜錫蘭山國王. 王益慢不恭, 欲圖害使者, 用兵五萬人, 刊木塞道, 分兵以劫海舟. 會其下預泄其機, 鄭和等歸路已絶, 潛遣人回舟, 備水師拒之, 而和自以兵三千, 夜由間道攻入王城, 守之. 其劫海舟番兵乃與其國內番兵四面攻圍, 數重拒戰六日, 和等執其王, 凌晨開門, 伐木取道, 且戰且行, 凡二十餘里抵暮, 始達舟, 卽禮請佛牙登舟, 靈異匪常, 光彩照輝, 曆涉巨海數萬里, 風濤不驚, 如履平地. 永樂九年七月, 至京師. 詔於皇城內, 莊嚴旃檀金剛寶座, 貯修供養. 佛牙精舍側有小精舍, 亦以衆寶而爲瑩飾, 中有金佛像, 此國先王等身而鑄, 肉髻則貴寶飾焉. (중략)

南懷仁坤輿圖說, 印第亞之南, 有則意南島, 離赤道北四度, 人自幼以環系耳, 漸垂至肩而止. 海中多珍珠, 江河生貓睛, 昔泥紅, 金剛石等, 山林多桂皮, 香木, 亦產水晶, 嘗琢成棺殮死者. 相傳爲中國人所居, 今房屋殿宇, 亦頗相類. 西有小島數十, 總名馬兒地襪悉, 爲人所居. 海中生一椰樹, 其實甚小, 可療諸病.

按, 南印度之楞伽島, 舊爲羅刹所居, 人不敢至, 佛爲說法, 尚不能戒殺. 見於法苑珠林所載, 梁書亦言其爲龍與鬼神所居. 何以後世竟爲耕桑商舶之地, 惟西域記附注言僧伽刺王, 仗佛力以滅羅刹之事, 得其實矣. 凡佛經所言轉輪聖王及阿修羅, 皆劫初時地天之通未絶, 非後世所有. 故昔日羅刹夜叉各島, 今皆開辟, 生齒繁殖, 而西牛貨州, 東神勝洲, 今亦商舶通行, 氣運日開, 不怪爲怪, 固難以爲夏蟲井蛙道也. 又案, 瀛環志略言中有高山, 土產鴉鶻寶石, 每遇大雨沖流山下,

從沙中拾取之. 隋常駿至林邑極西, 望見之, 番人謂高山爲錫南, 因名云.[12]

2.4. 곽숭도의 『사서기정』[13]

[광서2년 11월 6일]

(중략) 실론 남서단의 바다가 육지로 깊숙이 들어와 있는 포구에 배를 정박했는데, 지명은 고낙[Galle]이라고 했다. 총독이 주재하고 있는 과류보[Colombo]와는 240리 떨어진 곳이었다. (중략) 실론의 나룻배는 죄다 통나무를 파내어 배를 만든 것으로 네다섯 칸에 이르는 것도 있었다. 매 칸에는 한 사람씩만 탈 수 있는데, 발을 속으로 집어넣고 위에 걸터앉게 되어 있었다. 옆에는 횡목을 대고 선수와 선미를 나무등치에 잇대어 배에 묶어 두어 큰 파도에서도 기울지 않게끔 했다. 아마도 상고시대 통나무배가 전해진 것이리라.

[광서2년 11월 7일]

(중략) 감옥은 홍콩의 규모에 미치지 못했지만 청결하기는 마찬가지였다. 큰 구역이 여덟 개인데, 각 구역마다 17인씩 수감했고, 낮에는 감독하에 일을 시켰다. 중범죄인은 다른 건물에 가두어 독방에 수감했다. 여자 감옥은 두 구역인데, 역시 따로 건물을 두었으며 각 구역마다 마찬가지로 17인씩 수감했다. 병동도 있었다.

불교사찰은 두 곳이다. 한 곳은 언덕 위에 있어서 빙 둘러 올라갔고, 다른 한

---

12 Chinese Text Project - "海國圖志"(https://ctext.org/wiki.pl?if=en&res=7&remap=gb)
13 1876년 중국 최초의 주영 공사로 유럽행에 오른 출사대신(出使大臣) 곽숭도가 영국 도착까지의 51일간의 항해 여정을 일지 형태로 기록해 1877년 본국에 보고한 출사기(出使記)이다. 곽숭도 일행은 중국 상하이에서 출발해 동남아시아, 인도, 아랍, 아프리카, 지중해, 유럽 등 세계의 대표적인 문명권의 여러 국가를 경유했으며, 경유 지역에 대한 새로운 정보와 그에 따른 감회 등을 상세히 기록했다.

곳은 모래땅에 있었다. 절간은 죄다 누추하고 비좁았는데, 가운데에 와불 하나와 모시는 자 둘을 빚어 놓았다. 승려들은 황색 천을 몸에 두르고 오른쪽 어깨를 드러냈다. 불경을 찾아 살펴보니 모두 패엽문(貝葉文)[14]으로, 끈으로 가운데를 꿰고 화려한 비단 보자기로 쌌다. 글자는 모두 ○이 이어진 형식이었다. 절에 있는 승려더러 송독해 달라고 했더니 라마의 산스크리트어와 조금 비슷했으며, '남무(南無)'[15]라는 두 글자가 아주 분명히 들렸다. 불전 옆은 모두 흰색 탑이었는데, 그 앞에는 경문을 새긴 돌기둥을 늘어세웠고 옆에는 깃발을 세웠다. 서양에서는 다들 석가모니가 석란에서 태어나 자랐다고 여긴다. 석가모니의 제자 문수(文殊)와 보현(普賢) 모두 다른 세계에서 태어났다고 하니, 어쩌면 이 섬에서는 문수와 보현이 태어나고, 석가모니 자신은 동인도에서 난 것이 아닐까 생각한다. 실론은 불교를 숭상하니 이로 인해 불문(佛門)의 제자들 사이에서 그와 같이 전해진 것이다.

야자수가 곳곳에서 숲을 이루었다. 절의 승려가 야자를 쪼개 차로 만들어 손님들을 대접하며 말하길, 야자로 마실 것을 충당하고 빵나무가 열매를 맺으면 먹을 것으로 충당하면 되니, 이것들만 있으면 배고프고 목마를 걱정은 없다고 했다. 모래땅에 있는 절의 이름을 물었더니 "발루카라마"라고 대답하길래, 그것이 무슨 뜻이냐 물으니 이 모래땅에 승려가 절을 지었다는 뜻일 따름이라고 했다. (중략)

석란섬은 둘레가 천여 리이며 고낙[Galle]이 서쪽 끝에 해당했다. 한 포대에는

---

14 패엽문(貝葉文): 팔리어 경전. 고대 인도에서는 조개나 나뭇잎에 불경을 새겼기에 붙인 이름이다. 특히 스리랑카에 불법이 전해진 후에 불경을 주로 야자나무 일종인 팔미라야자, 즉 다라수(多羅樹) 잎에 새겼다.

15 남무(南無): 산스크리트어 Namasa를 음사한 말로, '돌아가 의지한다'는 뜻으로, '귀의(歸依)', '귀명(歸命)' 등으로 번역된다. 부처, 보살, 경문(經文)의 이름 앞에 붙여 절대적인 믿음을 나타낸다.

병사 사백 명이 주둔하고 있는데, 클라크 대령의 휘하에 있었다. 이곳에 와서 반나절을 돌아다녔는데, 중국 사람을 한 명도 만나지 못했다. 다 실바가 한 건물을 가리켜 보이며, 옛 왕궁인데 근래 상인에게 팔렸다고 했다. 왕궁을 어떤 이유로 내 팔게 되었느냐고 물으니, 빈궁하기 때문이라고 답했다. 어떤 연유로 백성들과 섞여 살게 되었는가 물었더니, 영국 관리가 이 땅을 관할하면서 왕이 아무런 권력도 없게 되니 얹혀살게 된 것이라고 했다. 왕은 지금 어디에 있느냐고 물으니, 정처를 알 수 없다고 했다. 서양이 식민지를 개척하는 것은 눌러앉아 그곳에서 나오는 이익을 취하려는 데 그 뜻이 있다. 일체를 지력으로 경영하며 모조리 차지하고 거두어가려 하지 그 지역 사람들의 우두머리를 거꾸러뜨려 그 나라를 멸망시키려고 하지는 않는다. 따라서 오직 병력으로만 취하려 하지 않으니, 이는 실로 전대미문의 국면이다.

(중략) 泊錫蘭之南盡西處一海▨, 地名高諾. 總督駐紮科倫布, 相距二百四十里.
(중략) 錫蘭渡船皆刳木爲舟, 有至四五間者. 每間僅容一人, 納足其中, 而身坐其上. 旁施橫木, 首尾各繫樹株, 束之舟上, 巨浪中亦無欹側, 蓋猶上古刳舟之遺制也.
(중략) 監牢不及香港規模, 而精潔則同. 大監八所, 每所監十七人, 日間督使工作. 罪犯重者, 禁錮別爲一院, 每房一人. 女牢二所, 亦爲一院, 每所亦十七人. 亦有病館.
佛寺二所, 一在山皐, 稍盤而上, 一在沙地. 屋皆卑狹, 中惟塑臥佛一尊侍者二尊. 僧施黃布以帷其身, 而偏袒右臂. 索經觀之, 皆貝葉文, 以繩貫其中, 而用錦袱襲之. 文皆作連 式. 令寺僧誦之, 微近刺㾐梵音, 而南無二字極明顯. 殿旁皆有白塔, 前列石幢, 樹幡其旁. 西洋幷以釋迦生長錫蘭. 疑釋迦弟子文殊普賢皆謂別生一世界. 或此島文殊普賢所生, 而釋迦自生東印度. 今安額河, 東南流出孟加拉, 即佛書所謂恒河也. 如來生長固當在東印度. 錫蘭崇信佛教, 自是佛門弟子流傳如此.

椰子遍地成林, 寺僧剖椰子爲茶以供客, 云椰子充飮, 饅頭樹結果充食, 得此無憂飢渴. 其沙地者, 問其寺名, 曰瓦路喀拉馬. 問此何義, 曰謂此沙地僧人建寺耳. (중략)

錫蘭島周回千餘里, 高諾當其西盡處. 有礮臺一所, 兵四百人, 克拉爾克所轄也. 至此, 行遊半日, 不見中國一人矣. 狄習拉瓦指示一樓房, 曰此故王宮也, 近已鬻之商人. 問王宮何爲出鬻, 曰以貧故耳. 何以與民居錯雜. 曰英官管轄此地, 其王無權, 寄寓而已. 問其王安在, 曰不知所往. 西洋之開闢藩部, 意在坐收其利. 一切以智力經營, 囊括席卷, 而不必覆人之宗以滅其國, 故無專以兵力取者, 此實前古未有之局也.[16]

2.5. 유석홍의 『영초사기』[17]

석란이 영길리[Egland]에 종속된 것 또한 가경 원년(1796)의 일이다. 영토는 세로 798리, 가로 420리이며, 중국인은 거주하지 않는다. 토착민은 긴 머리에 얼굴은 검고 옷과 신발을 착용하지 않았으며 허리 아래로 꽃무늬 천을 묶는 모습이 빈랑서[Penang Islands] 등에서와 같았다. (중략)

---

16 郭嵩燾 著, 鐘叔河 主編, 『走向世界叢書: 倫敦与巴黎日記』, 岳麓書社出版, 2008, 47-50.
17 1876년 정사(正使) 곽숭도와 함께 영국에 파견된 부사(副使) 유석홍의 일지이다. 『사서기정』과 달리 본국에 정식으로 보고되지 않았으나, 곽숭도와 정치적 입장이 다른 인물의 기록인 만큼 주요한 사료로서 검토되고 있다.

환영회 전에 현지 관리자 다 실바를 보내서 마차로 손님들이 둘러볼 수 있게 안내했다. 가는 길에 보인 것들은 대부분 야자수였다. (매년 한 그루에 세금이 양은 반 냥이며 야자수 천 그루를 가진 집안은 부호에 속한다.) 초가집과 목조 가옥이 숲 사이에 산발적으로 분포되어 있었는데, 대개 빈민들이 거주한다.

와불사가 두 곳 있었는데, 전당이 비좁아 잠깐 발걸음하기에나 족할 따름이었다. 벽에 그린 나한과 채색된 이야기는 솜씨가 모두 조잡해 차마 눈이 가지 않았으며, 손님을 대접할 수 있는 곁채도 없었다. 승려는 삭발을 하고 맨발이었으며 황토색 천으로 몸을 감쌌다. 소장하고 있는 패엽경을 꺼내 보였는데(패엽은 좁고 길며 건고하고 두꺼운데, 잎 중맥의 곧은 부분을 꺾고 겹쳐서 책으로 묶었다. 길이가 1척 5~6촌이며, 넓이가 약 2촌이다), 작은 원 모양의 글자가 끊김 없이 이어졌는데, 간혹 갈고리와 삐침, 그리고 활 당기는 모양이 섞여 있어서 알아볼 수 없었다. 암송을 부탁하자 옹알이나 새소리 같아 '나무' 두 글자만 꽤 분명하게 들릴 따름이었다.

현지 관리인에게 번화한 곳을 물어보니 섬 중앙에 있다고 알려줬는데, 멀어서 가지 못했다. 그 바닷가의 포대를 보려고 했는데, 해가 저물었다며 거부했다. 추측해 보건대 포대의 배치를 갑자기 정돈할 수 없어서 멀리서 온 손님에게 비웃음을 살까 우려했던 것 같다. 이날은 중국의 동지이다. (중략)

錫蘭之屬英吉利, 亦在嘉慶元年. 其地縱七百九十八里, 橫四百二十里, 無寄寓華民. 土著長髮面黑, 不衣履, 腰以下系花布, 與檳榔嶼等處同. (중략)

宴之先, 遣土官得西拉瓦, 以馬車導客遊觀. 途中所見多椰子樹(每歲每樹稅洋銀半圓, 有椰樹千株之家, 卽屬殷戶). 蓬寮木屋, 疏布林間, 類皆棲止貧民.

有臥佛寺兩, 殿宇狹隘, 僅足旋踵. 畫壁羅漢及所繪故事, 工皆粗陋, 不堪入目,亦無堂廡可以延客. 僧人露頂赤足, 以黃布纏身, 出所藏貝葉經相示(貝葉狹長堅厚, 從葉心直紋折而復之, 以爲篇簡, 橫長尺五六寸, 闊約二寸), 字如小圓圈, 連屬不絶, 偶或間以勾撇及張弓形, 不可辨認. 令其諷誦, 則嘔啞嘲哳, 惟南無二字聽之頗分明耳.

詢土官以繁鬧處所, 則云在島中央, 遠不及往. 將觀於其海濱炮台, 則以日暮爲對; 意者台中布置猝不及整, 恐貽笑遠客歟. 是日爲中國之冬至節. (중략)[18]

2.6. 왕도의 『만유수록』[19]

석란은 남인도 동쪽에 위치하며 남양에서 가장 큰 섬으로 둘레가 천여 리이다. 빈랑서[Penang Islands]에서 5일을 가 항구에 도착했고 작은 배를 타고 해안가로 올랐다. (중략) 우리는 높은 마차를 함께 타고 여러 곳을 두루 다녔다.

높은 산을 올라 한 고찰에 이르렀다. 승려 4~5명이 모두 한쪽 어깨가 드러나는 황색 적삼을 입고 있었다. 절의 규모는 중국과 비슷했다. 불상은 누워 있거나 앉아 있거나 기립해 있었는데, 모두 장엄했다. 한 승려가 무릎을 꿇고 합장하며 불경을 낭송했다. 산스크리트어 소리가 매우 명확해 대략 이해할 수 있었다. 은전을 보시했으나 한사코 받지 않았다. 석가모니 고적을 물어봤으나 머리를 흔들며 대답하지 않았다. 내가 대비주(大悲咒)를 외니 합장하며 귀를 쫑긋 세우는 것이 이해한 것 같았다.

---

18 劉錫鴻 著, 鐘叔河 主編, 『走向世界叢書: 英軺私記』, 岳麓書社出版, 2008, 56-57.
19 왕도는 19세기 중반 상하이와 홍콩에서 활동한 대표적인 언론인이자 번역가로, 중국 고전의 영역을 도왔던 제임스 레그(James Legge)의 초청으로 1867년 스코틀랜드 방문 후 약 2년간 영국과 프랑스 등지를 유람했다. 이때의 경험을 기록 및 정리해 1884년 『점석재화보(點石齋畫譜)』에 연재하였으며, 1890년 이를 엮어 『만유수록도기(漫遊隨錄圖記)』를 정식 출간했다.

산에서 내려와 정원을 돌아다녔다. 꽃나무가 흐드러지고 나무숲이 우거졌으나, 다니는 사람은 매우 적었다. 마차를 몰아 교외로 가는데 시원한 바람이 천천히 불어왔다. 황교와 홍교의[20] 여러 무리가 들에서 흩어져 다니는 모습이 보였는데, 의경이 매우 한가로웠다. 한 현지인이 영어를 할 줄 알아 와서 안내했다. 공원에 들어가니 넓이가 끝이 없었다. 그 안에서 거닐기도 하고 앉아 있기도 하며 남녀노소 모두 한가로이 유람하며 일몰을 즐겼다. 안내인이 정원사에게 수정 잔에 포도주를 담아 손님에게 대접하게 했다. 한 바퀴를 돌자 별도로 은쟁반으로 돈을 받았다. 공원 안의 한 홀에는 진기한 보석을 잔뜩 늘어놓아 봐도 봐도 질리지 않았다. 전에 작은 사찰에서 수많은 석당(石幢)을 보았는데, 팔각기둥의 꼭대기에 연꽃이 새겨져 있었다. 지금 공원 안에 즐비하게 늘어선 석당을 보니, 위에 산스크리트어 글자가 새겨져 있다. 저 도회지에 사는 사람들의 기호가 아닐까?

산으로 들어가니 가는 길 내내 숲이 무성하고 대나무가 높이 뻗어 있어 풍경이 그윽하고 호젓했다. 숲속에서 작은 새가 울었는데, 그 소리가 거슬림 없이 듣기 좋았다. 현지인에게 물어보아도 이름을 알 수 없었다. 불당은 산마루에 세워져 있어 구불구불 올라가야 했다. 옛 사찰 하나가 산언덕에 위치해 매우 황량하고 적막해 보였다. 불상이 벗겨지고 창틀이 훼손되었으며, 수목이 성기고 이끼가 땅에 가득했다. 설립 연도의 경우 절 내에 비문이 없어서 헤아릴 수 없었다. 듣자니 와불이 있었는데, 길이가 삼 장(丈) 정도로 방 하나를 거의 가득 채우며 옆에서 모시는 두 존(尊)의 불상 또한 거대하다고 한다. 절이 모래땅에 위치해 건물이 몹시 좁고 허름했다. 특별히 언급할 만하지 않아 가서 보지는

---

20 황교(黃敎)는 라마교의 겔룩파, 홍교(紅敎)는 닝마파에 대한 한자 표기이다. 티베트 불교의 승려의 모습과 흡사했던 것으로 보인다.

않았다.

[부연 설명] 석란은 우리 여래불이 강림한 지역으로, 그 유적이 아직 남아 있다. 불교가 중원에 전해진 이래 진의 법현, 북위의 혜생[21], 당의 원장이 모두 직접 그 지역을 순례했다. 오늘날 『불국기』, 『서역기』 등의 기록을 보면 확실하게 알 수 있다. 명대 영락 연간에 태감 정화가 법기와 깃발을 절에 보시한 적이 있다. 석가가 열반한 진신(眞身)이 아직 이 절 안에 있다고도 전해져 향과 꽃으로 공양을 드렸다고 한다. 여기에 온 중국인 중에서는 정화가 그 임무에 부합하게 나라의 위엄을 역외에 멀리 떨쳤다. 그 후로 중국인의 자취는 거의 끊어졌다. 이곳을 넘어가면 예부터 중국과 통하지 않았던 지역이다. 따라서 석란에서 중국인 한 명 찾고자 해도 정말 발견하기 어렵다.

석란의 가옥은 서양식을 많이 참고했으나 그렇게 높거나 넓지 않다. 밖은 갈대발로 차단하고 안에는 들창을 설치해 행인들은 거리에서 집 안의 사람들을 결코 볼 수 없다. 젠우가 현지 기생을 보러 가고자 이끌었으나 나는 완곡히 거절했다. 상아, 대모 등의 그릇을 파는 상점이 많았다. 위조품이 많을 것이고 부르는 값 또한 매우 높아서 선물로 1~2개 정도만 샀다. 석란에는 성루와 포대가 있으며 병력을 주둔시켜 방어한다. 그 지역에 주재하는 총독과 의회가 통치한다. 이전에는 인구가 매우 많은 강국이었다. 포르투갈과 네덜란드가 번갈아 그 지역을 점거했고, 영국인이 쫓아내고 차지했다. 원래는 각 부족마다 한 명의 부족장을 세워 민간에서 선출했는데, 나중에 폐지됐다. 섬의 깊숙한 곳에는 야만인이 거주하는데, 티베트의 후예라고 말한다. 사람의 발자취가 닿지 않는 곳

---

21 518년 효명제(孝明帝)의 칙명으로 송운(宋雲) 등과 함께 낙양을 출발해 건타라(Gandhara)에 가서 몇 해 머문 뒤 521년 대승 경전의 산스크리트어본 170여 부를 가지고 돌아왔다. 『사서역기(使西域記)』를 지었으나, 『불국기』, 『서역기』와 달리 오늘날 전하지 않는다.

이다. 나무 열매와 동굴 짐승을 식량으로 삼는다. 털을 먹고 피를 마셨던 상고 시대의 풍속이 거의 그곳에 있다는 것이다. 어찌 석가모니 시절에 이런 종족이 있었겠는가? 설명할 수 없는 바일 뿐이다.

錫蘭在南印度東, 南洋中一大島也, 周迴千有餘里. 自檳榔嶼行五日而抵埠, 乘小舟以登岸. (중략) 同乘高車, 遊歷各處.
登高山詣一古寺, 僧寮四五輩, 皆偏袒衣黃衫. 山門規模, 略如中國, 佛像莊嚴, 或臥, 或坐, 或起立. 有一僧膜拜誦貝葉經, 梵音清朗, 約略可辨. 布施銀錢, 卻而不受. 詢以釋迦牟尼古跡, 則掉首不答. 余誦大悲咒與聽, 則合掌聾耳, 似有領會.
下山, 環歷園囿, 花木繁綺, 林樹鬱葱, 而遊者殊少. 驅車到郊外, 涼風徐來. 見有黃教, 紅教諸衆散行野田中, 意甚暇整. 有一土人能操英語, 前來導遊. 入一公園, 廣袤無際. 其中男婦老少, 或行或坐, 皆作清遊, 以娛晚景. 導者令園丁以水晶杯貯葡萄釀出而餉客, 一巡旣過, 別以銀盤乞錢. 園中一廳, 多羅致奇珍瑰寶, 令人目不給賞. 前見小寺多石幢, 柱八角而頂刻蓮花. 今觀園中石幢林立, 上鐫梵字, 殆彼都人士性之所好歟.
入山, 一路皆茂林修竹, 風景幽靜. 有小鳥鳴於林間, 其聲宛轉可聽. 詢之土人, 亦不知其名. 佛祠俱建於山脊, 須盤折而上. 有一古蘭若, 據山之阜, 頗覺荒寂, 佛像剝落, 窗檻損壞, 樹木蕭疏, 苔蘚徧地. 至其建置之年, 寺中並無碑誌, 不可得而考也. 聞有臥佛長三丈許, 幾於橫塞一屋, 旁侍二尊者, 法像亦巨. 寺在沙地, 殿宇狹隘, 規制卑陋, 不足稱也, 余故未及往觀.
按錫蘭爲我佛如來降生之地, 遺跡尚存. 自佛教流傳中土, 晋法顯, 北魏惠生, 唐元奘皆親歷其境, 今覽佛國西域諸記, 班班可考. 明永樂年間, 太監鄭和曾賚法器寶旛布施寺中. 或傳尚有釋迦涅槃眞身在寺, 香花供養. 華人之來此者, 當以鄭和爲能副其職, 俾國威遠施於域外, 嗣後華人亦幾絶跡矣. 過此, 則爲自古不通中國之地. 故在錫蘭欲覓一華人, 殊不可得. 錫蘭房屋多參洋制, 然不甚高廣, 外障蘆簾, 內施窗牖. 行衢市中, 絶不見室以內人. 堅吳欲導觀土妓, 余婉辭之. 各店以象牙, 玳瑁諸器來求售者紛如也, 顧多贗品, 索價亦殊昂. 略購一二, 以充贈遺. 錫蘭有城堡, 有礮臺, 設兵居守. 有一總督駐箚其地, 有議會以治理政事, 向爲强國, 民戶甚繁. 葡萄牙荷蘭迭據其地, 英人逐而有之. 向來各部設立一主, 爲民間所公擧, 後廢. 有野民居島之深處, 云是土番遺種, 爲人跡所不到, 以樹果穴獸爲糧, 幾有上古茹毛飲血之風焉. 豈釋迦牟尼時卽有斯族歟. 所不可解已.[22]

3. 텍스트의 축적 비교 연결에 대한 초보적 검토

『영애승람』부터 『만유수록』까지 총 10개의 문헌에[23] 나타난 석란에 관한 기록은 분량도 짧지 않고 문헌의 성격 또한 각기 다른 까닭에 비교를 통한 연결성의 직접적인 파악은 쉽지 않다. 따라서 다음의 핵심적인 제재 또는 내용을 중심으로 변화 양상과 특징적 면모를 확인해 보고자 한다. 그 경우, 부처의 발자국, 부처의 출신과 신분, 마지막 왕국의 수도 캔디(Kandy)의 불치사(佛齒寺)와 부처 사리, 스리파다(Sri Pada) 산에서 흘러 내려오는 보석, 해안가 모래 속 진주조개, 싱할라족의 일상과 문화, 토산품과 교역, 타밀족계 촐라 출신 국왕과 정화 원정대의 충돌, 유럽 해양국가에 의한 식민화 과정의 총 9개 항목을 꼽을 수 있다. 이에 대한 관련 문헌 내 기록을 요약하면 다음 표와 같다.

---

22 王韜 著, 王稼句 点校, 『漫游隨录圖記』, 山東畵報出版社, 2004, 44-46.
23 실제 검토한 텍스트는 6편이나, 『영환지략』에서 인용된 1편, 『해국도지』에서 인용된 3편을 별개로 간주하면 총 10편이 된다.

부처의 발자국	■『영애승람』과『명사』는 해안가에 2~3척의 발자국 및 그곳에 고인 성수와 산 정상에 남긴 8척의 발자국을 언급. 특히『영애승람』에서는 인류의 조상인 아담의 발자국이라고 설명하며 이를 반고와 등가로 인식. ■『천하군국이병서』는 산꼭대기의 발자국만 언급. ■ 이 네 문헌을 제외한 다른 문헌에서는 다루지 않음.
부처의 출신	■ 석가의 출신 관련『영애승람』과『명사』에서는 취람산,『천하군국이병서』는 가람여로 기술. 모두 인도 벵골만 남동부에 위치한 니코바르 제도를 지칭. ■『사서기정』은 석가가 석란 출신이라는 기존의 인식을 오류라고 정정.
캔디의 불치사와 부처 사리	■『곤여도설』을 제외한 모든 문헌이 이 내용을 언급. ■『영애승람』,『명사』,『천하군국이병서』는 부처가 열반해 사리를 보관하고 있는 점 설명. ■ 청대 말기의 여행기 3권은 패엽경과 불경 낭독의 상황을 상세히 묘사. 그러나 위치를 특정하지 않아 캔디의 불치사인지는 확정할 수 없음.
스리파다의 보석들	■『영애승람』,『명사』,『천하군국이병서』에서 아고, 아골 등 보석을 언급. ■『곤여도설』에서는 묘안석, 석니홍 등 다른 보석들을 언급. ■『만유수록』에서는 모조품 판매를 우려하기도
해안가 모래 속의 진주조개	■『영애승람』에서 채집과 보관 방식을 포함해 가장 상세히 소개, 이후 비중이 점차 축소. 청대 말기 문헌에서는 찾아볼 수 없음.
싱할라족의 일상과 문화	■ 전체 문헌에서 유사하게 묘사. ■ 다만『서역기 부주』와『만유수록』에서는 석가의 불화신(佛化身)과 불교에 의한 문명화 과정에 주목. 특히『만유수록』은 고산 지역에 남아 있는 원시문명을 야만의 것으로 인식.

토산품과 교역	■『영애승람』에서 가장 상세하며, 이후 갈수록 비중 축소. ■ 아골과 진주 이외에 야자, 계피 등이 가장 많이 언급.
국왕과 정화 원정대의 충돌	■『명사』에서부터 기록하기 시작,『서역기 부주』가 가장 상세. ■ 청대 말기 문헌에서도 일부 기록.
식민화 과정	■ 청대 말기의 출사기와 여행기 모두 기록, 지리지는 언급하지 않음.

먼저『영애승람』서문에서 마환은 원대에 찬술된 왕대연(汪大淵)의『도이지략』을 언급한 바 있다.[24] 그러나 석란을 직접 방문하고 남긴 두 문헌의 기록은, 마환이 일부러『도이지략』과의 중복을 피하려 했다는 생각이 들 정도로 많이 다르다. 그리고 이후 문헌에서 대체적인 1차 자료가 되는 것은『영애승람』의 기록이었다. 특히『명사』,『천하군국이병서』의 두 문헌은『영애승람』의 일부 내용을 표현까지 그대로 반복하면서, 각 문헌의 집필 목적과 용도에 따라 약간의 주안점을 다르게 했다. 그러나 다른 문헌들 사이에는 특별한 연결성이 크게 두드러지지 않는다. 다만 텍스트가 축적되어 가면서 석란의 여러 지명과 석가의 출신 등 일부 내용이 점차 정확해지는 점은 특징

---

[24] "내가 예전에『도이지(島夷誌)』를 보니 중국과는 다른 계절과 기후, 지리와 인물이 기록되어 있어서 감개하여 탄식했다. 같은 하늘 아래 있거늘 어찌 이렇게 다른 것인가!……나도 번국의 글을 통역하기 위해 사신 행렬의 말단에 선발되어 따라갔는데, 엄청난 파도가 망망하게 펼쳐져서 몇 천 리나 되는지 몰랐다. 여러 나라를 거치면서 그곳의 계절과 기후, 지리, 인물을 눈으로 보고 몸으로 겪은 후에『도이지』의 기록이 거짓이 아니고 또 그보다 훨씬 기괴한 것들도 있음을 알게 되었다. 이에 각 나라의 추하고 아름다운 인물들과 풍속과 토산품의 차이, 강역의 체제들을 캐고 주워 모아서 차례로 엮어 책을 만들고『영애승람』이라고 이름을 붙였으니, 독자들이 잠깐 살펴보기만 하면 여러 번국들에 관한 모든 중요한 사실들과 특히 성왕의 교화가 미친 바가 이전 왕조에 비할 정도가 아님을 알 수 있을 것이다.……" - https://sinology.org/archives/9131

적이다.

19세기 중엽의 두 지리지는 저자의 직접 방문 없이 이전 문헌 등을 인용하였기에 자연스럽게 그 내용을 계승한 셈이었다. 그러나 『영환지략』은 고염무의 『천하군국이병서』 이외의 출처를 밝히고 있지 않다. 『천하군국이병서』의 일부 기록은 『명사』를 인용한 것으로 보이고, 그 『명사』의 기록은 상당 부분 마환의 『영애승람』에 근거하였다. 『천하군국이병서』 인용 이외의 부분은 기존 문헌에서 확인되지 않는 내용으로, 본고에서 다루지 않은 문헌이나 다른 경로를 통해 파악한 내용으로 판단된다.

이와 달리 『해국도지』는 인용한 내용의 출처를 밝히고 위원 자신이 추가한 내용을 이것들과 명확히 구분했다. 특히 『양서』부터 기록함으로써 석란과 중국의 교류가 6C부터 시작되었음을 밝히고 그 변화를 평론한 부분이 특징적이다. 『해국도지』가 인용한 문헌 가운데 명대 이후의 것만 보았을 때 정사, 여행기, 지리서 등 글의 체제가 각기 다르며 이들 사이의 인용 관계는 보이지 않는다. 『명사』는 석란의 이모저모를 충실히 기술하면서도 정화의 원정에 대한 역사적 의미를 부여하였으며, 『서역기 부주』는 석가모니의 업적과 정화의 원정 내용 등의 서사 부분을 강화하였다. 지도에 대한 해설서인 『곤여도설』은 석란에 대해 짧고 간략하게 소개했으며, 이전 문헌을 참고한 흔적이 전혀 보이지 않는다. 『해국도지』는 『영환지략』의 일부 내용 또한 인용했는데, 두 문헌 모두 정보가 계속 축적되온 만큼 기존에 석란을 인도나 말레이로 오인한 부분을 바로잡고자 한 점은 특징적이라고 할 수 있다.

출사기와 여행기는 직접 방문해 목격한 풍경과 경험한 사건을 주로 기록한 까닭에 묘사와 견해의 기록이 주를 이룬다. 『사서기정』과 『영초사기』는 중국이 최초로 유럽 각국에 파견한 정사(正使) 곽숭도와 부사(副使) 유석홍의 기록인 까닭에 사찰에서의 경험 이외에 특정한 목적을 가지고 방문한 곳에 대한 기록이 상대적으로 많다. 가령 안찰사의 감옥이나 해안가 포대와 관련된 기록이 그러하고, 나아가 식민지 석란이 처한 현실 등에 대한 감회 또한 주목할 만하다.

개별 문인으로서 최초로 유럽을 방문하며 남긴 여행기인『만유수록』은, 저자 왕도가 석란을 방문한 1867년 직후에 출간된 것이 아니라 1884년 상해에서 상업 매체인『점석재화보(點石齋畵報)』에 연재하는 방식으로 세상에 알려졌다. 이 때문인지, 상술한 두 출사기가 일기의 체제인 것과 달리『만유수록』속 석란 챕터는 '흥미로운 이야기'로 재구성되어 있으며, 챕터 제목이 '석란불적(錫蘭佛跡)'인 것에서 알수있듯이 불교 사적과 관련된 내용이 많다. 가령 정원에서 포도주를 대접받은 경험 또한 상세히 묘사하였고, 주요 방문지인 고찰 또한 깊은 산, 산마루, 해안가에 위치한 세 곳을 언급하며 약간의 혼선을 보이기도 했다. 또한 여래불의 강림부터 법현 등의 방문, 정화의 원정, 그리고 이후 서구 열강들의 통치와 관련된 역사적 정보 또한 충실히 기록하였다. 이 때문에『만유수록』은 처음의 원고나 기억을 근거로 하되, 출사기 등을 참고해 일부 내용을 추가하며 독자에게 흥미와 정보가 될 만한 내용을 추가하며 수정해 나갔을 것으로 추정된다.

위의 표와 관련 내용을 미루어 보았을 때 18세기까지의 문헌은 대체로『영애승람』을 참조했다. 이들 문헌에는 부처의 발자국, 스리파다의 보석, 부처가 열반해 사리를 보관하는 왕국의 사찰, 해안가의 진주조개, 다양한 특산품에 대한 기록이 유사하게 서술되어 있으며, 내용 또한 상세한 편이다. 이와 달리 19세기 말의 출사기와 여행기는 사찰을 제외하고 이러한 항목에 대한 언급은 거의 없으며, 대신 식민 역사에 대한 관심을 새롭게 표명

했다. 즉 17~18세기 중국은 조공무역이 시행되던 시기로, 중국은 이국적인 지역의 보석과 특산품 등 공물에 대한 관심 속에 이에 많은 지면을 할애했으나, 19세기부터 확대된 서구 열강의 물결 속에서 식민 역사와 현실에 대한 관심이 새롭게 촉구되었음을 알 수 있다.

이 글은 청대 말기의 주요 지리지와 여행기 속 '석란'의 기록을 살펴보는 과정에서 일부 명대 문헌을 포함하게 되었다. 따라서 2장에서 소개한 텍스트는 문헌학적 검토를 통해 명확한 판본 확인 작업이 요구되며, 청대 말기 『주향세계총서』 등에 포함된 다른 출사기 및 여행기의 기록 또한 추가될 수 있다. 차후에 이러한 작업이 진행되고, 종적 횡적으로 시공간을 확대해 다양한 언어로 기록된 텍스트와의 비교까지 이루어진다면, 교류 문헌 사이의 연결성과 그 같고 다름은 보다 역동적으로 드러날 것이다.

[부록]

		국명	유적	인물과 사건	물산	기타
영애승람		사자국 (별라리)	해변의 부처 발자국, 불아정사 왕국, 아담스 픽크	아담, 즉 반고의 발자국	아고, 청미람석, 석랄니, 굴몰람, 진주	
해국도지	양서	사자국		귀신과 용, 중국(동진)과 교류		
	신당서	사자국	능가산			사자국: 사자를 잘 길들임
	명사	석란산 (불당산)	산 위의 부처 발자국, 불아정사	정화, 석란의 국왕	진주, 수정, 살합리, 유향, 목향, 단향, 알로에, 흑단, 후추, 자석등	
	서역기부주	승가라국, 무우국, 보저, 석란산, 사자국	불아정사	석가모니의 구원, 아열고내아(알라가코나라), 정화		승가라: 석가모니 불화신
	도이지략	승가라	불아정사, 해변의 부처 발자국	부처의 구원		
	곤여도설	의남도			진주, 묘안석, 석니홍, 금강석, 계피, 향목, 수정	
영환지략		석란, 석류, 서륜, 승가라, 능가산, 보저, 칙의란, 칙의라	산 위의 부처의 발자국과 산 아래 불아정사	정화, 아열고내아 (알라가코나라), 아파내나	아골, 진주, 계피	석란: 높은 산

참고문헌

1차 문헌

馬歡 著, 백운재 역, 『瀛涯勝覽』(https://sinology.org/)

徐繼畬 著, 宋大川 校注, 『近代文選叢書: 瀛寰志略』, 上海書店出版社, 2001.

魏源 著, 『海國圖志』(https://ctext.org/wiki.pl?if=en&res=7&remap=gb)

郭嵩燾 著, 鐘叔河 主編, 『走向世界叢書 4: 倫敦与巴黎日記』, 岳麓書社出版, 2008.

劉錫鴻 著, 鐘叔河 主編, 『走向世界叢書 7: 英軺私記』, 岳麓書社出版, 2008.

王韜 著, 鐘叔河 主編, 『走向世界叢書 6: 漫游隨彔』, 岳麓書社出版, 2008.

王韜 著, 王稼句 点校, 『漫游隨彔圖記』, 山東畵報出版社, 2004.

2차 문헌

Frodsham, J. D., 1974, *The First Chinese Embassy to the West": The Journals of Kuo Sung-Tao, Liu Shi-Hung and Chang Te-Yi*, Clarendon Press, Oxford.

제7장

일본 기록에 나타난 실론

최정섭

(안양대학교)

1. 들어가며

실론에 관한 일본의 인식은 일본이 네덜란드와의 접촉을 통해 얻은 세계 인식과 연결된다. 네덜란드에서 제작된 세계지도와 지리지로부터 얻은 인식이 일종의 번역과정을 통해 일본에 전달된 것이다. 물론 네덜란드와의 접촉 이전에도 포르투갈 무역선과 중국으로부터 전해진 예수회선교사의 세계지도를 통해 세계에 대한 지리적 정보는 가지고 있었다. 그러나 기독교에 대한 금교령과 함께 포르투갈과의 관계도 단절되고, 서양과의 접촉은 네덜란드를 통해서만 이루어진 일본 근세에, 세계에 대한 일본의 지식과 정보는 거의 전적으로 네덜란드 자료를 통해서 이루어졌다. 그래서 본고에서는 주로 17세기 이후 소위 난학(蘭學)의 수용과정에서 접한 스리랑카 관련 일본 기록들을 점검하기로 한다.

실론에 대한 지식에서 가장 중요한 것은 이른바 아담스베르크에 관한 것이다. 실론에 있는 산들 중 하나인 스리파다(Sri Pada)는 부처의 발자국이라는 의미를 가지는데, 이 산은 석가가 『열반경(涅槃經)』을 설한 영취산(靈鷲山)으로 인식되기도 하고, 성경 속 인류의 시조인 아담의 흔적을 담은 아담스 피크(Adam's Peak) 혹은 아담스베르크(Adams Berg)로 인식되기도 한다. 그래서 본고에서는 실론에 관한 일반적인 서술과 아담스베르크(영취산)에 관한 서술이라는 두 부분으로 나누어 살펴보기로 한다. 실론 일반에 관한 자료로서 주요한 것은 니시카와 죠켄의 『(증보)화이통상고』과 아라이 하쿠세키의 『채람이언』 및 『서양기문』이다. 또 아담스베르크에 관한 자료로서 중요한 것은 모리시마 츄로의 『홍모잡화』와 야마무라 사이스케의 『화이일람도설』이다.

2. 실론 일반에 관한 정보

2.1. 니시카와 죠켄의 『화이통상고』

니시카와 죠켄(西川如見, 1648-1724)[1]은 1695년(元祿8년)에 『화이통상고(華夷通商考)』를 교토에서 출판하고, 1708년(寶永5년)에 증보판인 『증보화이통상고(增補華夷通商考)』를 출판했다. 여기에 실린 실론 정보는 다음과 같다.[2]

---

[1] 나가사키(長崎) 출생의 문화인으로 잘 알려진 에도시대 중기의 天文曆算家이자 지리학자이다. 이름은 忠英, 字는 如見, 求林齋라고 號했다. 通稱을 次郎右衛門이라고 한다.
[2] 『增補華夷通商考』卷四, p.9.

사이론 [사이라라고도 한다] 일본으로부터 해상 3천여리이다. 남방 바다에 있는 섬나라이다. 수호(守護)³가 있고 관리를 둔다. 더운 나라로서, 사람과 풍물(人物)은 섬라(暹羅)와 비슷하다.

サイロン [セイラトモ云] 日本ヨリ海上三千餘里 南方海中ノ島國也守護在テ仕置ス熱國ニテ人物暹羅ニ似タリ

토산품

육계, 상아, 빈랑, 물소뿔, 물소가죽, 진주, 겹야자⁴(바닷말의 열매이다. 큰 복숭아로서 빈랑 열매의 껍질과 같은 껍질이 있다. 약재이다.), 수정⁵, 금강석, 묘정석⁶

土山

肉桂 象牙 檳榔 水牛角 同皮 珍珠 海椰子[藻の實也桃の大にして大腹皮の如なる皮あり藥種なり] 水昌 金剛石 猫睛石

2.2. 아라이 하쿠세키의 『서양기문(西洋紀聞)』과 『채람이언(采覽異言)』

아라이 하쿠세키(新井白石, 1657-1725)의 세계지리서인 『서양기문』과 『채람이언』은 일본에서는 체계화된 최초의 세계지리서들이다. 발행연도로

---

3 군사 경찰권을 가진 일본식 관직
4 학명은 lodoicea maldivica이다. '바다야자', '큰열매야자'라고도 한다.
5 원문에서 水昌이라고 한 것은 水晶의 誤字로 보인다.
6 고양이의 눈처럼 특수한 단백광을 발하는 보석

는 『채람이언』이 앞서지만, 그 기본으로 보아서는 1709년(寶永6) 시도티를 심문할 때 쓰여진 『서양기문』이 먼저라고 생각할 수 있다.

본고에서는 『서양기문』의 기록을 먼저 소개하고, 이어서 『채람이언』의 기록을 소개한다.

2.2.1. 『서양기문』

『서양기문』이 완성된 것은 1724년(享保9)이고, 1793년 쇼군(將軍) 도쿠가와 이에나리(德天家齊, r.1787-1837)에게 헌상되었으나 메이지유신 이전에는 간행되지 않았다. 아라이 하쿠세키가 일본에 잠입한 이탈리아인 선교사 시도티(Giovanni Battista Sidoti, 1688-1714)를 심문한 경위가 상권, 그에게서 들은 세계지리가 중권, 그리스도교에 관한 기사가 하권에 수록되어 있다. 이 중 중권은 후에 『채람이언』으로 발전해 나간다. 『서양기문』은 지구를 유럽, 아프리카, 아시아, 남아메리카, 북아메리카의 5대주로 나누고, 총 35개국에 대한 정보를 기록한다. 이중 실론은 아시아에 관한 기록 중 다섯 번째로 실려 있다.

실론(스리랑카)[7]

세이란 ['세이론(セイロン)' 혹은 '사이론(サイロン)'이라고도 한다. 한어로 음역하여 '錫狼島(스잇랑타우)'나 '錫蘭國' 혹은 '翠藍嶼(쓰이란요)', '齊狼(스치이

---

[7] 『서양기문』은 국내에 번역서가 출간되어 있기에 그 번역을 轉載한다. 아라이 하쿠세키(新井白石), 이윤지 역, 『서양기문(西洋紀聞)』, 세창출판사, 2021, pp. 129-131.

랑)'이라고도 부르는 곳이 이 지역이다.]

인데야[8] 남쪽의 바다 가운데 위치한다. 바다 부근의 산기슭에 불족(佛足)의 자취가 남아있다. 일설에는 부처가 열반한 땅이 이곳이라 한다.

이곳의 풍속은 모고르와 비슷하고, 그 땅에서 진주, 보석, 육계(肉桂), 빈랑(檳榔), 야자 등이 산출된다고 한다.

[セイラン, またセイロンとも, サイロンともいふ. 漢に譯して錫狼島とも, 錫蘭國とも, 翠藍嶼とも, 齊狼ともいふもの卽此也.]

インデヤ南海の中にあり. 海に近き山麓に, 佛足の跡猶存す. 或は佛涅槃の地これ也といふ.

其俗モゴルに同じくして, 其地珍珠 寶石 肉桂 檳榔 椰子等 産すといふ.

콜롬보와 곤륜노(崑崙奴)

생각해 보니, 이 나라의 남쪽에 코롬보(コルンボ)라고 부르는 지역이 있다. 이곳 사람들은 피부가 검다. 혹시 중국에서 말하는 곤륜노(崑崙奴)가 이들이 아닐까.

오오란도[9] 사람이 말하기를,

"일반적으로 적도(赤道) 부근 지역의 사람들은 모두 쿠롬보(クロンボ)인데 그 성질이 우둔합니다"라고 설명했다. 그 '쿠롬보'란 '코롬보'라는 발음이 변화한 것으로, 피부가 검은 사람을 가리킨다고 한다. [우리말로는 검은 색을 'クロシ(쿠로시)'라 한다. 그러나 최근 피부색이 검은 사람을 쿠롬보라 부르는 것은

---

8 인도
9 네덜란드

본디 번어에서 유래한 것이다.]

按ずるに, 此國の南地に, コルンボと稱する所あり. 其人色黑し. 漢にいふ所の崑崙奴, 或はこれ也.

ヲヲランド人の說に,

凡そ赤道に近き地の人, ことごとく皆クロンボにして, 其性慧ならずといふ. 其クロンボともふは, コルンボの音の轉ぜしにて, その人色黑きをいふ也. [此に, 黑色をクロシといふ. されど, 近俗, 人の色黑きを, クロンボといふは, もとこれ番語に出づ.]

2.2.2.『채람이언』[10]

『채람이언』은 일본 최초의 체계적인 세계지리서라고 할 수 있다. 1713년(正德13)의 서문이 있어서 이 무렵에 성립되었다고 추정가능하지만 확실하지는 않다. 감추어져 있다가 1881년(明治14)에야 간행되었다.『서양기문』과 마찬가지로 시도티에 대한 신문에서 얻은 세계지리 지식을 에도에 온 네덜란드 상관장(商館長)들에게 물어서 보정(補正)하고, 마테오 리치(1552-1610)의『곤여만국전도(坤與萬國全圖)』(1602)[11]를 축으로 하여 설명하는 형식을 취하였다. 유럽, 아시아, 아프리카, 남아메리카, 북아메리카의 5대

---

[10]『채람이언』의 원문은 판본마다 약간의 出入이 있어『新井白石全集』第四卷(國書刊行會編, 1977. 초판은 1907), pp.836-838을 기본으로 하고, 와세다대학 소장본『采覽異言』과『訂正增譯采覽異言』(山村才助, 青史社, 1977(蘭學資料叢書1 2)과 대조하여 구성하였다.
[11]『采覽異言』의 "凡例"에서는 "山海與地全圖"라고 표현하였다.

주로 나누고 81개국에 대한 정보를 수록했다. 이후 야마무라 마사나가(山村昌永 사이스케才助, 1770-1807)가 1802년경에 피터 고스(Pieter Goos, 1616-1675)의 『만국항해도설(萬國航海圖說, De Zee-Atlas Ofte Water-Wereld, 1672)』과 요한 휘브너(Johann Hübner, 1668-1731)의 『만국전신기사(萬國傳信紀事, Algemeene Geographie, of Beschryving des Geheelen Aardryks, 1769)』[12]를 참조하여 『정정증역채람이언(訂正增譯采覽異言)』을 제작했다. 그 기록은 다음과 같다.

세이란(사이론이라고도 한다)
제랑도(齊狼島)(齊는 錫이라고도 쓴다)
섬은 남해에 있다. 가지(柯枝)[13]와 마주보고 있다. 곧 석란산국이다. 풍속은 무굴과 비슷하다. 기후는 항상 덥다. 땅에서는 미곡(米穀)이 풍부하다. 진주 보석 육계 빈랑 야자 상아 물소의 가죽과 뿔 등이 난다. 남방(南方)의 일종이다. 그 곳 주민은 피부색이 검다. 옛날에 곤륜노라고 말하던 것이 이들이다.
[그 땅을 화란에서는 콜롬보라고 부른다. 이 사람들은 검은 피부를 가졌다. 그래서 서양인들은 대체로 흑인들을 콜롬보라고 부른다. 내 생각은 이렇다. 『신당서(新唐書)』 "부남전(扶南傳)"에 "국왕의 성은 고룡반(古龍盤)이다."라고 기록되어 있다. "반반전(盤盤傳)"에 "그 나라 사람중에 곤륜발(崑崙勃)이라는 성을 가진 이들이 있는데, 이들도 고룡(古龍)이라고 하였다. 고룡이라고 한 것은, 곤륜과 소리가 가깝기 때문이다. 콜롬보와 곤륜발도 소리가 가

---

12 독일인 요한 휘브너의 책 *Allgemeine Geographie Aller Vier Welt-Theile*(1762)의 네덜란드어 번역본이다.
13 실론 맞은 편, 인도대륙에 있던 나라이다.

갑다. 본래 당을 따라서 성을 삼았다."라고 기록되어 있다. 정화(鄭和)의 "제 번도리도(諸番道里圖)"에서는 이렇게 말했다. "석란국의 남쪽 지역은 이름이 고랑무(高郎務)이다. 화란에서는 그것을 콜롬보라고 부른다. 이 고랑무는 곤륜발의 음이 변한 것이다. 그래서 기록한다. 천화(天和) 초에 그곳 사람이 화란을 따라 온 것을 보았다. 신체는 마르고 작았다. 붉은 머리털에 꼬불꼬불했다. 피부색은 그다지 검지 않았다. 그러나 그 입술은 매우 붉었고 눈은 매우 희었다."]

セイラン[又呼サイロン]

齊狼島[齊一作錫]

島在南海中. 與柯枝相峙. 卽錫蘭山國也. 俗如莫臥類. 氣候常署. 地豊米穀. 産珍珠 寶石 肉桂 檳榔 椰子 象牙 水牛 皮角之屬. 南方一種. 其人黑色. 古之所謂崑崙奴是也. [其地和蘭號爲コロンボ云. 此人黑色. 故西人凡號黑人爲コロンボ. 桉. 唐扶南傳. 國王姓古龍盤. 盤傳國人有崑崙勃姓. 亦曰古龍. 曰古龍者. 崑崙聲近耳. コロンボ崑崙勃. 聲亦相近. 蓋本因地爲姓也. 鄭和諸番道里圖. 錫蘭國南地. 名有高郎務. 和蘭所呼コロンボ. 卽此高郎務. 卽崑崙勃之轉耳. 因記. 天和初見其人相隨和蘭來. 形瘦而小. 赤髮而拳. 色不深黑. 然亦覺其脣甚絳而眼甚白耳.]

고(考)

남해에 취람산(翠藍山)이 있다. 서너 개의 높은 산이 있는데, 사독만(梭篤蠻)이라고 한다. 모산(帽山)의 동남에서부터 [산은 수마트라 서북쪽 바다에 있다.] 북풍을 타고 사흘이면 도착한다. 세상사람들이 적란오(赤卵塢)라고

하는 곳이 이 땅이다. 또 서쪽 바다로 7,8일을 가면 앵가자산(鸚哥觜山)[14]이 보인다. 다시 2,3일을 가면 불당산(佛堂山)에 이른다. 이곳이 비로소 석란국이다. 배를 대는 곳을 부라리(副羅里)라고 한다.[別羅里라고도 한다.]

바닷가의 산기슭에 반석(盤石)이 숨어 있다. 발자국도 아직 남아 있다. 길이가 2척이다. 부처의 족적(足跡)이 여기에 이르렀다. 절에는 부처가 누워있는 긴 침상이 있는데, 침향목(沈香木)으로 만들어 팔보(八寶)로 장식했고, 화려하기 짝이 없다. 부처의 치아와 사리가 모두 절에 보존되어 있다. 이른바 열반한 곳이 여기이다.

[내 생각은 이렇다.『속문헌통고(束文獻通考)』에서 "불사(佛寺) 내에 석가불의 전신이 누워 있다. 아직 보존되어 있고 썩지 않았다. 그 누운 곳은 갖가지 보석을 박아 넣어 장식하였다. 침향목으로 만들었다. 매우 화려하다. 어찌 그러한가!"라고 하였다.]

또 서북쪽을 향해 육로로 50리를 가면 비로소 왕거(王居)에 이른다. 이 곳은 땅이 넓고 인구가 조밀하다. 자바에 버금간다. 나라는 부유하고 백성들도 풍요롭게 산다. 아홀(鴉忽)[15]이 나는데, 청색, 홍색, 황색 세 가지 색이 있다. 청미람석(靑米藍石)과 석랄니(昔剌泥) 굴몰람석(窟沒藍石)의 두 종류가 모래 속에서 난다. 산의 표면을 물이 뚫고 나와 아래로 흘러내려와서 생긴 것이다. 바닷가에는 해가 비치면 빛이 떠오르는데, 진주의 기운이다. 연못들 사이에 2,3년간 진주조개를 연못에 두고 담당관리가 지킨다. 진주는 물로 씻어서 골라낼 수 있다. 쌀, 삼, 녹두가 있고, 보리는 없다. 야자가 많다. 과일로는 파초, 파라밀, 감저가 있다. 소, 양, 닭, 오리도 있다.

---

14 『明史』에는 鸚哥嘴山이라고 되어 있다.
15 보석의 일종.

왕은 쇄리(瑣里) 사람이다. 남자는 윗몸은 나체이고, 명주로 된 수건으로 허리를 감는다. 귀밑머리와 수염, 온 몸의 작은 털도 모두 밀어버리고, 머리털만 남긴다. 하얀 천으로 머리를 감싼다. 여인들은 쪽진머리를 한다. 머리 뒤는 하얀 천으로 감싸지 않는다. 신생아는 머리를 민다. 여아는 머리 뒤를 밀지 않는다. 아이부터 어른까지 모두 소유(酥油)와 우유가 없으면 밥을 먹지 않는다. 밥을 먹고 싶으면 어두운 곳에서 몰래 먹고, 남들이 보지 못하게 한다. 빈랑과 쑥잎이 그 입에서 끊이지 않는다. 먹는 것으로는 미곡, 콩, 삼이 다 있다. 보리와 밀가루만 없다. 야자는 지극히 많다. 술과 유(油)와 사탕과 밥을 모두 야자를 가지고 만들어서 먹는다. 왕은 금으로 돈을 만들어 통행시키고 사용한다. 매 동전의 무게는 1분(分) 6리(釐)이다. 중국의 사향(麝香), 모시(苧絲), 색견(色絹), 청자(青瓷), 그릇, 동전, 장뇌를 매우 좋아해서, 보석과 진주를 가지고 이것들과 교환한다.

영락(零落) 기축년(己丑年)에 중관(中官)[16] 정화(鄭和)를 보내어 칙명을 받들고 금은제(金銀製) 공양그릇(供器)과 비단에 금으로 장식한 보당(寶幢)[17]을 절에 보시하고 석비(石碑)를 만들었다. 국왕과 우두머리들에게 상을 내렸다. 처음에 그 국왕 아렬약내아(亞列若奈兒)[18]가 은덕을 저버리고 복종하지 않으면서 정화의 수군(水軍)을 해치려 하였다. 정화는 군대로써 격파하고 그 왕을 포로로 잡았다. 신묘년(辛卯年)에 궐(闕) 아래에서 용서를 청하였기에 왕을 귀국시켰다. 임신년(壬申年)에 야파내나(耶巴乃那)[19]를 왕으로 봉하였다. 이로부터 서이(西夷)가 두려워하며 굴복하였다. [야파내나는 옛

---

16 宦官
17 사찰에서 사용하는 깃발
18 『明史』에는 亞烈苦奈兒라고 하였다.
19 『明史』에는 邪把乃那라고 하였다.

왕족의 일원이다. 랄갈폐파리랄아(剌葛廢巴里剌亞)라고도 한다. 나라사람들이 그를 현명하다고 여기기에 그를 봉하였다.]

정통(正統)10년에 그 신하 야파랄모적리아(耶巴剌謨的里啞) 등을 보내 진귀한 보석을 조공하였다. 선덕(宣德)8년에 사절을 보내 조공하였다. 하사품에는 왕과 왕비 및 각 신하에 차이를 두었다. 천순(天順)3년에 국왕 갈력생하랄석리파교리야(葛力生夏剌昔利把交利惹)가 다시 사절을 보내 조공하였다. 지금 금릉(金陵) 정해업사(靜海業寺)에 불보(佛寶)를 소장하고 있는데, 서방에서 온 것이다. 해마다 꺼내어 불당에 바치고 축문을 읊는다. 역시 정화가 가져온 것이다.

考

南海中有翠藍山. 山有三四高大者. 曰梭篤蠻. 自帽山東南[山在沙馬大蠟西北海中] 乘東北風. 三日方至. 俗云. 赤卵塢. 此地是已. 又西海行七八日. 見鸚哥觜山. 又三二日至佛堂山. 始爲錫蘭國. 泊舟曰. 副羅里. [一作別羅里].

濱海山麓磐石隱然. 足跡尙存. 長可二尺. 佛足至此也. 寺有臥佛榻. 沉香爲之. 飾以八寶. 華麗鮮侔. 佛牙舍利子. 俱存于寺. 所謂涅槃其地是也.

[按. 續『文獻通考』云. 佛寺內有釋迦佛. 混身側臥. 尙存不朽. 其寢坐用各色寶石裝嵌. 沈香木爲之. 甚華麗. 豈其然乎.] 又西北陸行五十里. 始至王居. 地廣人稠. 亞于爪哇. 國富民饒. 厥山鴉忽. 有靑紅黃三色. 靑米藍石. 昔剌泥 窟沒藍石二種. 出于沙中. 山被水衝流下. 則有之. 海洲日映. 光浮乃蚌珠氣也. 爲池間二三年. 眞蚌于(或作子)池. 有司守之. 珠可淘取. 有稻芝麻菉豆. 無麥. 多椰子. 果有芭蕉子. 婆羅蜜. 甘蔗. 牛羊雞鴨.

又有王■里人也. 男子上身赤膊. 圍絲布手巾. 加以壓腰. 鬢鬚並滿身毫毛. 皆

剃去. 止留其髮. 用白布纏首. 女人■縮. 腦後不圍白布. 其新生小兒. 則剃頭. 女則腦後不剃. 就養至長人. 無酥油牛乳. 不食其飯. 若欲人喫飯. 則於暗處潛食. 不令人見. 檳榔蔞葉不絶. 其口所食. 米穀豆麻. 皆有惟無麥麵椰子至多. 酒油糖飯. 皆將此物做造而食用之. 王以金做錢. 通行使用每箇重一分六釐. 中國麝香紵絲. 色絹靑磁盤碗銅錢樟腦. 甚喜則將寶石珍珠換易.

永樂己丑. 遣中官鄭和. 奉勅齎金銀供器及綵粧織金寶幢. 布施于寺. 及建石碑. 賞賜國王頭目等. 始其國王亞列若奈兒. 負固不服. 謀害舟師. 和以兵擊破之. 俘其王. 辛卯獻闕下尋宥之. 遣王歸國. 壬辰封耶巴乃那爲王. 自是西夷畏服. [耶巴乃那. 故王族人也. 一名剌葛廢巴里剌亞. 國人以賢. 故封之.] 正統十年遣其臣耶巴剌謨的里啞等. 來朝貢珍寶石. 宣德八年遣使朝貢賜王. 王妃及使臣. 各有差. 天順三年國王葛力生夏剌昔利把交利惹. 復遣使朝貢. 今金陵靜海業寺. 藏有佛寶來自西方. 每歲時出獻佛堂上. 祝云亦鄭和所取.

이상이 실론에 관한 에도시기 일본의 주요 정보이다. 다음에는 이른바 아담스베르크에 관한 정보를 보도록 한다.

3. 아담스베르크에 관한 정보

3.1. 모리시마 츄료의 『홍모잡화』

아담스베르크에 관한 정보 역시 난학과 관련되어 있다. 대표적인 저술에는 모리시마 츄료(森島中良, 1756-1810)의 『홍모잡화(紅毛雜話)』

권2에 실린 "영취산 부 석가여래전(靈鷲山 附 釋迦如來の傳)"을 들 수 있다. 모리시마 츄로는 난학자인 가쓰라가와 고쿠켄(桂川國訓 호산보 三, 1730-1783)의 아들이자 가쓰라가와 구니아키라(桂川國瑞 호슈보周, 1751-1809)의 동생이다. 『홍모잡화』는 1787년(天明7)에 간행되었는데, 형인 호슈가 에도에 온 네덜란드 상관장들에게 질문한 일들과, 가쓰라가와가(家)에 모은, 학자들의 화제가 된 해외 지식들을 츄로가 써두었다가 출판한 것이다. 이 "영취산"에는 삽화도 실려 있는데, 동시대의 화가이자 사상가인 시바 고칸(司馬江漢, 1747-1818)의 그림이라고 한다. 이 "영취산"은 네덜란드 사람 프랑소와 발렌틴(François Valentyn, 1666-1727)이 쓴『신구동인도지(新舊東印度誌, Oud en Nieuw Oost-Indiën)』(1726년)의 제5권 379-383쪽에 걸쳐 실린 정보를 바탕으로 작성된 것으로서, 거의 번역에 가깝다. 그런데 이 네덜란드 서적에 실린 영취산 정보는 독창적인 것이 아니고, 포르투갈 사람 주앙 드 바로스(João de Barros, 1497-1570)가 쓴『아시아에서의 10년들(Décadas da Ásia)』중 다섯 번째 10년(Decada Quinto)(1780년판, 10-22쪽)에 실린 글을 바탕으로 작성된 것이다. 네덜란드판의 서술은 영어로도 번역되어 있다.[20] 아래에 제시되는『홍모잡화』"응취산" 가운데 고유명사는 네덜란드어본과 영어본을 기준으로 옮겼다.

인도국의 석란이라는 섬이 있다.[인도는 이미 말한대로 천축이다.] 섬 중앙에 아담스라는 높은 산이 있다. 그 높이는 20리(里)이다. 불가에서 말하는 영취산이 이것이다. 기슭에서부터 꼭대기까지 12층의 산도(山道)를 올라간다. 도로

---

20 *Journal of the Dutch Burgher Union of Ceylon*, vol.63, 1983, pp.39-47.

는 몹시 험하기에, 쇠사슬을 설치하여 붙잡아, 산을 오르는 이의 수고를 덜어준다. 정상에는 수원(水源)이 있다. 그 물은 갈라져 나와 산 가운데를 돌아 산 아래에서 합류하여 하나의 강이 된다. 시테강엘레(Sitegangele)라고 부른다.

3월 초순부터 입산을 허용한다. 산에 오르는 행자는 이 강물에 몸을 담그고, 여러 나쁜 일을 참회하고 때를 씻으면서 산상에 오르는데, 산입구부터 아득히 멀리 올라간다. 돌비탈길 오른쪽에 자연석을 기둥으로 하고, 그 위에 긴 돌을 걸쳐놓고 동종(銅鐘)을 하나 걸었는데, 옛날에 불조(佛祖)가 지은 것이라고 전한다. 기원정사(祇園精舍)의 종이라는 것이 이것이다. 큰 종걸이를 걸고 가죽 끈을 달았다.

산에 오르는 자가 신심(信心)을 집중해 이 종을 치는데, 죄장(罪障)을 소멸시키지 못하는 자에게는 절대 소리를 내지 않는다. 이런 때에는 산상에 오를 수 없어 하산하고, 다른 날 다시 등산한다. 그런데 간신히 꼭대기에 이르면 작은 평지가 있다. 그 곳을 함마넬레 시리파데(Hammanelle Siripade)[21]라고 한다. 왼쪽에는 하나의 작은 움집을 만들었는데, 이것은 산을 오르는 행자가 쉬는 곳이다.

오른쪽에는 전에 장엄하고 화려한 당(堂)이 있었다고 하는데, 지금은 없다. 그 중앙에 연못이 있는데, 벨레말라칸두레(Wellemallacandoere)라고 한다. 팔공덕지(八功德池)가 이것이다. 이것을 속칭 다루포쿠네(Darroepokoene)라고 한다. 번역하면 아이들의 연못(Tank der Kinderen)이라고 하는 것이다. 임신하지 못하는 부인이 이 물을 마시면 회태(懷胎)한다는 데에 기댄 것이다. 그럼에도 범속한 자가 외람되이 이 물을 푸는 것을 허락하지 않고, 수행하는 사람에게 부탁하여 이 물을 얻는다고 한

---

21 足跡의 山이라는 뜻이다.

다. 이 연못의 주변에 큰 돌이 있다. 돌 표면에 부처의 족적(足跡)이 있는데, 시리파데(Siripade)라고 한다.[이는 석가의 족적으로서, 우리나라 야쿠시지(藥師寺)의 불족석과 같은 것이다.] 보통 사람의 발보다 훨씬 크고, 발의 모양이 또렷한 것이 마치 밀랍에 도장을 찍은 듯하다. 산을 오르는 행자가 여기에 군집하여 공경예배(恭敬禮拜)한다. 이 산에 오르는 자는 천축국 사람뿐 아니라, 페르시아국, 지나(唐土), 그 밖에 원근의 다른 나라로부터 참예(參詣)한다.

그런데 부처가 세상에 있을 때의 일을 불도를 수행하는 자에게서 찾아보자. 옛날 동인도(東印度)에 한 왕이 있어, 왕후가 회임(懷妊)했을 때 성경(星鏡)[22]을 만들었다.[성경은 번역어이다. 천문을 측량하는 그림이다.] 제작을 마치는 날 태자가 강탄(降誕)했다. 왕이 기뻐하여, 이 아이는 신성할 것이라고 말하였다. 과연 자라서 머리는 총명하여, 보는 것마다 알아보지 못하는 것이 없었다. 어려서부터 세속을 싫어하는 마음 있어, 아버지에게 부탁해 정원에 집을 하나 짓고, 인간세상의 만사를 보지도 듣지도 않은 채 틀어박혀서 살기 여러 해, 18세 되던 해에 나라 안을 순유(巡遊)하겠다고 청하여, 왕이 허락하고, 여러 종자(從者)에게 단단히 지켜 유람하게 하였다.

태자가 처음에 길가에서 발 없는 이를 보고 종자에게 묻기를 "저 사람은 어찌하여 이렇게 되었는가"하고, 또 눈먼 자를 보고 "저 사람은 어째서 이렇게 되었는가" 하자, 종자는 그들이 그렇게 타고났다고 답한다. 또 한 사람의 노인이 지팡이에 기대어 비틀비틀 오는 것을 보고 묻기를, "저 사람은 어째서 이렇게 되었는가" 하자, 종자가 인간이 늙으면 근골(筋骨)이 말라비틀어져,

---

22 별점에 이용하는 天宮圖, 12宮圖를 말한다. 네덜란드어본에는 Geboorte-lot라고 하였다.

모두 이런 모습이 된다는 것을 말해준다. 여기에서 태자는 비로소 놀란다. 가다가 멈추어서, 죽은 사람을 장사지내는 것을 보고, 인간세계에 가득한 전변(轉變)을 관상(觀想)하던 바로 그때에, 갑자기 승려가 오는 것을 보고 한 생각이 나니, 즉각 진세(塵世)를 염리(厭離)하고 정리(淨理)에 귀의(歸依)하여 득도(得度)한 후, 동인도를 떠나 중천축(中天竺)에 들어갔다.

그후 득도한 제자(徒弟)로서의 삶을 마치고 석란도(錫蘭島)에 건너가 영취산에 있으면서 법을 설하기 여러 해, 가르침을 받는 이가 적지 않았다. [나는 작년에 교토(京都)[23] 기타사가(北嵯峨) 세이료지(淸凉寺)가 소장한 보물인, 가노 모토노부(守野元信)가 그린 석가여래(釋迦如來) 삼국전래(三國傳來)의 그림으로 된 전기(繪傳記)를 보았는데, 석가가 출가하던 처음부터 이에 이르기까지의 전(傳)과 대체로 같았다.] 그후 태자는 타국에 법을 전하고자 하여, 도제들을 여기 남기면서 다른 생각을 일으키지 않도록 하기 위해 자기 명호(名號)를 창(唱)할 것을 가르쳤다. 이것이 명호를 송(誦)하기의 시작이다. 그리고 돌 위(石面)에 족형을 남기고 하늘로 오른다.

아버지 왕이 이를 듣고서 슬픔을 감당하지 못하여, 조금이나마 마음을 달래기 위해 태자의 상을 만드니, 이것이 불상의 시작이다. 그 제자들은 태자의 법칙(法則), 법어(法語), 잡담(雜談)에 이르기까지 자세히 집성하여, 약간의 글로 만들고, 가르침을 받는 자로 하여금 그 사적을 잊지 않도록 하기 위하여, 소리를 높여 찬불(唄)하니, 이 글이 불경(佛經)이다. [내 생각에, 불경 독송(讀誦) 중에 범패(梵唄)라는 것이 있어, 자세히 마디를 붙이는데, 이것이 그 유풍(遺風)을 전한 것일 것이다.] 그 태자의 이름을 소고몬 바르카온

---

23 원문에 洛陽으로 되어 있는데, 일본의 京都를 가리킨다.

(Sogoman Barcaon)이라고 한다. 서양의 휴톤[24]이라고 하는 사람이 말하기를, 출가 득도한 후의 이름을 드라마 라자(Drama Raja)라고 한다.

그런데 불족석(佛足石)에 관한 것은, 네덜란드인(紅毛)인 아포스텔 토마스(Apostel Thomas)[25]의 말로는, 이것은 전부 가짜로서, 석란의 석공(石工)이 만든 것이다. 이 아담스 산중의 일에 붙여, 갖가지 잡설 있으나, 이 모두에 대해서, 불법을 존신(尊信)하는 행자(行者)들은 견강부회의 망담(妄談)이라고 한다. 이 단락(條)[26]은 나가사키(崎陽)의 니시 아무개(西何某)라는 사람이, 네덜란드에서 인쇄했다는 지리서에 실린 설을 멋대로 부풀려 말한 것을, 자리에서 들은 그대로 붓에 맡겨 기록하였다. (영취산 그림은 생략한다.)[27]

『신구동인도지』에 실린 아담스베르크 삽화

---

24 구체적으로 누구를 가리키는지 찾기 어렵다. 포르투갈어판, 네덜란드어판, 영어판 어디에도 이 인물을 가리키는 정보는 없다.
25 이 부분은 서술에 오류가 있다. 네덜란드어본이나 영어본은 여기서 언급되는 족적이 예수의 제자들 중 한 사람인 도마(Thomas)의 것임을 이야기하고 있다.
26 『紅毛雜話』 중 "靈鷲山"條, 즉 이 이야기 전체를 가리킨다.
27 원문은 사진 도판으로 대체한다.

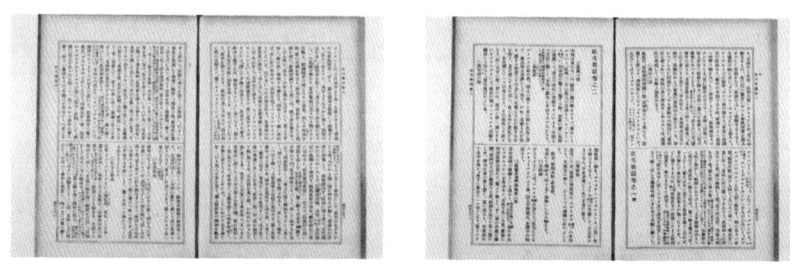

『홍모잡화』, "응취산 부 석가여래전"(文明源流叢書本 1940)

3.2. 시바 고칸의 "영취산도"[28]

위에서 서술한 『홍모잡화』에는 동시대 화가이자 사상가인 시바 고칸 (司馬江漢)의 삽화 즉 "영취산도(靈鷲山圖)"[29]가 수록되어 있다고 하였다. 이는 네덜란드어본에 있는 그림을 거의 그대로 모사한 것이다. 시바 고칸은 이 삽화를 그린 데에 그치지 않고, 동판화로도 비슷한 그림을 제작한다. 그리고 다시 이 동판화 그림은 동시대 화가인 우라카미 교도(浦上玉堂, 1745-1820)의 걸작 "쌍봉삽운도(雙峯揷雲圖)"에 영향을 미친다.

우라카미가 그린 것은 중국 절강성(浙江省) 항주(杭州)의 유명한 호수인 서호(西湖) 주변에 있는 두 봉우리, 즉 해발 314m의 북고봉(北高峯)과 해발 257m의 남고봉(南高峯)인데, 실제로 이 두 봉우리는 5km 떨어져 있다. 그러나 우라카미의 그림은 서호와 그 주변의 실제 풍경을 보고

---

28 이 단락의 서술은 田中傳, "浦上玉堂筆, '雙峯揷雲圖', の圖樣典據に關する一試論 - セイロンのアダムス山から西湖の雙峯へ -", 『出光美術館研究紀要』25, 2019, p.5; pp.79-94를 크게 참조하였다.
29 "靈鷲山圖"는 실제로는 네 쪽에 걸쳐 "靈鷲山之圖", "靈鷲山全圖", "靈鷲山絶頂之圖"라는 세 그림으로 이루어져 있다.

그린 것이 아니고, 시바의 그림을 참고하여 그린 것으로서 거의 동일하다. 일본의 화가가 중국을 상상하는 데에 네덜란드인이 묘사한 실론의 실경(實景)이 이용되고 있는 것을 볼 수 있다.[30]

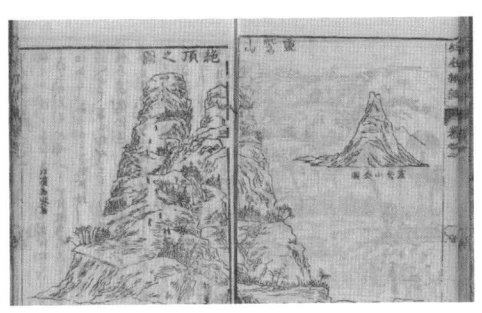 

"영취산도"와 "쌍봉삽운도"

3.3. 야마무라 사이스케의 『화이일람도설』

아담스베르크에 관한 정보를 담고 있는 것으로 야마무라 사이스케(山村才助)의 『화이일람도설(華夷一覽圖說)』도 들 수 있다. 『화이일람도설』은 1806년(文化3)에 지어진 것으로, 중국을 중심으로 하여 북위 70도부터 남위 10도까지, 서쪽은 유럽과 아프리카 동부, 동쪽은 캄챠카반도·일본열도·남양제도(南洋諸島)까지를 포함하는 지도 『화이일람도(華夷一覽圖)』와 그 설명문으로 이루어져 있다. 이 지도는 야마무라 사이스케가 독자적으로 편

---

30 이와 같은 비약이 가능한 것에 대해서, 다나카 덴(田中傳)은 중국 항주를 대표하는 사찰인 靈隱寺의 앞에 있는 飛來峰이 실론의 靈鷲山이 날아온 것이라는 설화를 들어 설명하고 있다. 田中傳, "浦上玉堂筆 '雙峯挿雲圖'"の圖樣典據に關する一試論 - セイロンのアダムス山から西湖の雙峯へ -,『出光美術館研究紀要』25, 2019, p.5; pp.79-94.

집한 것이라고 한다. 아담스베르크에 관한 기록은 다음과 같다.

> 이 섬에 크고 높은 산이 하나 있는데, 이름을 '아담스'산이라고 한다. 곧 태고적의 '아담'이다. 서양의 설에 천지개벽후 인간의 시조인 남녀 두 사람이 태어난다. 그 남자를 '아담'이라고 한다. 그 유적으로서, 『명사』에 석란산국의 산상에 반고의 유지가 있다고 한 것은 이것이다. 이 반고는 곧 '아담'이라고 해야 할 것이다.

> 此島中ニ一大高山アリ名テ'アタムス'ト云卽チ太古ノ世'アタム'. 西洋ノ說ニ天地開闢シテ後ニ人ノ始祖男女二人生スソノ男ヲ'アタム'ト云ヲ. ノ遺跡ニシテ明史ニ錫蘭山國ノ山上ニ盤古ノ遺址アリト云モノコレニ 此盤古ハ卽チ'アタム'ヲ云フナルベシ.

4. 나오며

이상에서 주로 에도시대 중기 자료에 나타난 실론 및 아담스베르크에 관한 정보들을 살펴 보았다. 이밖에 『화한삼재도회(和漢三才圖繪)』[31]와 『서양잡기(西洋雜記)』에도 아주 단편적인 정보가 있다.

『화한삼재도회』는 오사카의 의사인 데라시마 료안(寺島良安)(1654-?)이 명(明)나라의 왕기(王圻)가 지은 유서(類書) 『삼재도회(三才圖繪)』를

---

[31] 『倭漢三才圖會』라고도 한다. 인용문의 출전은 寺島良安 編, 『倭漢三才圖會』(上卷), 日本隨筆大成刊行會, 1928, p.145이다.

모방하여 지은 백과전서로서 그림이 들어 있다. 1712년(正德2)에 이루어졌다.

석란산 세이라스

『대명일통지(大明一統志)』에서 말하였다. 석란산은 전대(前代)에는 살펴볼 수 있는 기록이 없다. 대명(大明) 정통(正統) 10년에, 그 국왕 불랄갈마파사랄사가 사신을 보내 방물(方物)을 바쳤다. 내 생각에, 석란산은 남천축 무굴 가까이에 있는 나라이다. 네덜란드 상선(商船)에 석란산의 목면(木綿)과 버들가지(柳條) 등이 있다.

錫蘭山 せいらす

大明一統志云. 錫蘭山前代無考. 大明正統十年. 其國王不剌葛麻巴思剌査遣使來貢方物. 桉. 錫蘭山者. 南天竺莫臥爾之近國乎. 阿蘭陀商舶有錫蘭山木綿柳條等.

『서양잡기』는 앞에서 인용한『화이일람도설』을 지은 야마무라 사이스케의 저작인데, 권4에 "실론의 기이한 풀 이야기(則意蘭(セイラン)島の異草の說)"가 있다.[32]

에도시대 일본은 포르투갈인들로부터 이른바 남만계(南蠻係) 세계지도(구대륙도(舊大陸圖)라고 부른다.)를 입수했을 때부터 실론의 존재는

---

32 내용이 소략하고, 원문의 식별이 어려워 자세한 소개는 생략한다.

알고 있었다.³³ 그러나, 본격적인 실론 관련 정보는 난학자들이 네덜란드로부터 얻은 정보에 절대적으로 의존하고 있다. 다른 지역에 대한 관심과 비교할 때, 실론이 특별히 근세 일본인들의 관심을 끈 흔적은 찾기 어렵다. 그가운데서도 특징으로 지적할 수 있는 것은 실론과 아담스베르크에 대한 관심이 거의 분리되지 않는다는 것이다. 이는 실론에 대한 네덜란드인들의 관점을 이어받게 된 결과이다. 쇄국시대에 다른 정보유통의 경로가 없는 상황에서 이는 당연한 일이기도 하지만, 불가피하게 네덜란드의 식민주의적 시각도 무비판적으로 수용한 면이 있는 것을 지적할 수 있다.

포르투갈(1599), 네덜란드(1656), 영국(1796)으로 이어지는 서양 식민주의 세력이 포르투갈을 잇달아 지배하는 가운데, 같은 지점(地點)을 두고 영취산(靈鷲山)의 불족(佛足)이라는 이야기와 아담의 발자국이라는 이야기가 병존한다. 포르투갈인들이 Pico de Adão이라고 부른 것이 네덜란드인들에 의해 Adams Berg가 되고 영국인들에 의해 Adam's Peak가 되는 과정을 근세 일본인들이 객관적으로 파악하기는 힘들었을 것이다. 그러나 오늘날의 입장에서 전근대의 세계지리학이 가진 편견과 문제점들을 간과하는 것은 불가능한 일일 것이다.³⁴

---

33 川村博忠, 『近世日本の世界像』, ぺりかん社, 2005, p.53에서 舊大陸圖 속 실론(せいろん)의 존재를 확인할 수 있다.
34 Premakumara de Silva, "Colonialism and religion: colonial knowledge productions on Sri Pada as 'Adam's Peak'", *Sri Lanka Journal of Social Sciences*, 2014, v.37(1&2), pp.19-32 참조.

<부록> 스리랑카 정보 일람

	연대	국명	위치	인물과 사건	산물
화이통상고	1695 (1708)	사이론 사이라	남쪽 바다의 섬나라. 일본에서 3천여 리(里).	사람과 풍물은 섬라(태국)와 비슷.	
서양기문	18세기 초	세이론 사이론 석랑도(錫狼島) 석란국(錫蘭國) 취람서(翠藍嶼) 제랑(齊狼)		풍속은 모고르(무굴)와 비슷. 석가가 열반한 곳. 부처의 발자국. 콜롬보 혹은 곤륜노라고 불리는 원주민.	진주, 보석, 육계, 빈랑, 야자
채람이언	18세기 초	세이란 사이론 제랑도(齊狼島) 석란산국(錫蘭山國)	남해. 가지(柯枝)의 맞은편. 모산(帽山)의 동남에서 북풍을 타고 사흘만에 도착. 적란오(赤卵塢)라고도 부름.	고룡반, 고룡발, 고룡, 곤륜 등의 성씨와 콜롬보의 음성적 유사성. 남성 상반신 나체. 아렬약내아라는 왕이 정화와 싸움. 야파내나를 왕으로 봉함.	미곡, 진주, 보석, 육계, 빈랑, 야자, 상아, 물소의 죽과 뿔, 삼, 녹두 파초, 파라밀, 감저 소, 닭, 양, 오리 청홍황 삼색의 아홀 청미람석, 석랄니, 굴물람석
홍모잡화	1787	석란		아담스베르크 및 부처의 발자국과 관련한 설화, 그리고 위작이라는 의견.	

최정섭 7. 일본 기록에 나타난 실론 • 205

화이일람도설	1806	석란산국		아담스산 반고가 곧 아담	
화한삼재도회	1712	석란산 세이라스	남천축 무굴 근처	국왕 불랄갈마파사랄사	목면 버들가지

참고문헌

1차 문헌

寺島良安 編, 『倭漢三才図會』(上卷), 日本隨筆大成刊行會, 1928.

山村才助, 『華夷一覽圖說』, 1806(인용본은 연도불명)(早稻田大學 古典總合 データベース 소장).

山村才助, 『西洋雜記』, 文苑閣, 1848(早稻田大學 古典總合データベース 소장).

森島中良, 『紅毛雜話』, 國書刊行會編 文明源流叢書 第1卷, 1940.

森島中良, 『紅毛雜話』, 1787(早稻田大學 古典總合データベース 소장).

西天如見, 飯島忠夫·西川忠幸校訂, 『增補華夷通商考』, 岩波文庫, 1708.

新井白石, 宮崎道生 校註, 『西洋紀聞』, 東洋文庫, 1976.

新井白石, 山村才助 訂正增譯, 『訂正增譯采覽異言』, 靑史社, 1979.

新井白石, 『新井白石全集』(第四卷), 國書刊行會編, 1977.

아라이 하쿠세키(新井白石), 이윤지 역, 『서양기문(西洋紀聞)』, 세창출판사, 2021.

João de Barros, *Da Asia de Diogo de Couto, Decada Quinta*, Parte Segunda, Lisboa, 1780 (Biblioteca Nacional Digital, Biblioteca Nacional de Portugal 소장).

François Valentyn, *Oud en Nieuw Oost-Indiën*, Dordrecht, 1726(Internet Archive 소장).

2차 문헌

海田俊一, 『図說總覽江戶時代に刊行された世界地図』, 三惠社, 2019.

日蘭學會 編, 『洋學史事典』, 雄松堂出版, 1984.

川村博忠, 『近世日本の世界像』, ぺりかん社, 2005.

Premakumara de Silva, "Colonialism and religion: colonial knowledge productions on Sri Pada as 'Adam's Peak'", *Sri Lanka Journal of Social Sciences*, 2014, v.37(1&2).

The Dutch Burgher Union, ed., *Journal of the Dutch Burgher Union of Ceylon*, vol.63, 1983.

제8장

조선 기록에 나타난 실론

최정연

(안양대학교)

1. 들어가며

이 글의 목표는 조선 시대 기록에 등장하는 스리랑카의 정보를 소개하고, 조선의 지식인들이 그것을 각자의 관심에 따라 활용한 방식을 시론적으로 논의하는 것이다. 스리랑카에 대한 조선 측 기록은 고려말부터 조선 말까지 간헐적으로 등장하는데, 스리랑카를 여행하거나 그 지역의 인물과 교류하여 견문을 남긴 기록은 려말선초 이후에는 거의 나타나지 않는다. 대신 조선인들은 스리랑카의 여행 지리 및 풍물 정보를 중국 측 기록을 통해 간접적으로 수용했는데, 이는 고려 불교의 쇠퇴와 관련되는 것으로 짐작된다.

6세기 중반에 현장(玄奘, 602~664)이 인도에서 산스크리트어 경전을 구하여 중국에 돌아와 대대적인 신역(新譯) 작업을 진행했고, 이는 7세기 중반 이후 동아시아 승려들의 구법(求法) 의지를 자극했다. 4세기 말부터 중국 불교를 수용한 한반도 삼국의 승려 역시 산스크리트어 원본을 확인하고

싶은 열망이 커지면서, 경전을 구하기 위해 해양 실크로드를 따라 인도와 그 주변 국가를 방문했다.[1]

삼국의 승려가 스리랑카를 방문하거나 그 지역 출신 승려와 접촉한 기록은 중국과 일본 승려의 저작에서 확인된다. 예를 들어 의정(義淨, 635~713)의 『대당서역구법고승전』에는 신라인 8인, 고구려인 1인의 여행기가 소개되고 있는데, 그중에는 고구려 출신의 승려 현유(玄遊)가 스승인 당나라의 승철(僧哲) 선사를 모시고 사자국(獅子國) 즉 스리랑카에서 출가했다는 기록이 있다.[2] 또한 엔닌(円仁, 794~864)의 『입당구법순례행기』에도 신라승이 사자국 출신을 포함하여 서역에서 온 승려와 회동한 기록이 엿보인다.[3]

고려 시대에도 구법승들은 중국의 강남 지역과 해상 실크로드를 왕래했고,[4] 고려 말기의 문인 이색의 글에서 확인되는 것처럼 서역의 승려가 중국을 거쳐 고려에 들어오기도 했다.[5] 한국과 중국, 서역의 승려들이 교류하는 과정에서 스리랑카의 여행 지리 및 풍물 정보도 한반도에 유입되었고, 이는 견문에 근거한 생생한 정보였다. 하지만 조선의 건국과 함께 숭유억불(崇儒抑佛) 정책이 시행되었고,[6] 승려들이 서역과 조선을 오가던 빈도 역시

---

[1] 석길암, "7~10세기 실크로드 동단에 있어서 불교 문화의 역류", 『불교문화』 63호, 2012, p.413; 의정 저, 고려대학교 한국사연구소 역, 『대당서역구법고승전』, 아연출판부, 2015, pp.18-20.

[2] 의정 저, 고려대학교 한국사연구소 역, 위의 책(2015), pp.195-196, "僧哲弟子玄遊者, 高麗國人也. 隨師於獅子國出家, 因住彼矣."

[3] 『入唐求法巡禮行記』卷三, "會昌三年, 正月", "廿八日. 早朝入軍裏. 青龍寺南天竺三藏寶月等五人 興善寺北天竺三藏難陁一人 慈恩寺師子國僧一人 資聖寺日本國僧三人 諸寺新羅僧亦更有龜茲國僧不得其名也. 都計廿一人同集左神策軍 容衙院. 喫茶後見軍容. 々々親慰安存. 當日各歸本寺."

[4] 석길암, 앞의 논문(2012) 참조.

[5] 이색의 기록은 다음 장 '2. 조선 지식인의 기록들'을 참조.

[6] 조선초 숭유억불 정책으로 불교 세력이 약화 된 경과는 다음 연구의 "Ⅲ. 고려말·조선전기의 승려억압책: 度牒制"와 "Ⅳ. 조선전기 불교탄압과 대응" 참조.

점차 줄어들었다.

조선인들은 스리랑카를 여행하거나 서역인과 교류하여 정보를 수집하는 대신, 중국인과 서양인이 기록한 정보를 수집했다. 그리고 이것을 자신의 집필 목적에 따라 자유롭게 동원한 것으로 보인다. 다음 장에서는 유교 지식인의 기록을 소개하고, 그들이 스리랑카의 여행 지리 및 풍물 정보를 활용한 방식을 보여 줄 것이다.

2. 조선 지식인의 기록들

2.1. 려말선초

고려와 원의 개방적 무역 정책과 종교 정책 덕에 려말선초에도 서역승과의 교류가 활발했다. 두 나라 모두 불교를 숭상하는 국가로서 산스크리트어 불경을 구하기 위해 자국의 승려를 인도나 그 주변국에 파견했다. 그리고 서역의 승려들도 역장(譯藏)과 전경(傳經), 강론 등을 목적으로 해상 실크로드를 통해 원나라를 거쳐 고려를 방문했다. 그들은 서역의 여행 지리와 풍물에 관련된 다양한 정보를 당대에 전달할 수 있었는데, 그 흔적은 려말선초 문인인 목은(牧隱) 이색(李穡, 1328~1396)의 글에서도 확인된다.

> (도착한) 사자국(獅子國)에는 여래의 바리때와 부처의 발자국이 있었다. 그 바리때 하나로 밥을 먹이면 일만 명의 승려를 배부르게 할 수 있고, 그 발자국

황인규, 『고려말 조선전기 불교계와 고승 연구』, 혜안, 2005.

은 때때로 빛을 발산한다고 하기에, 내(提納薄陀 *역자주)가 우러러보며 예를 표했다. (『목은고』, "서인도 출신 제납박타 존자 부도명")

獅子國有如來鉢, 佛足迹. 一鉢飯能飫萬僧, 佛迹時放光明, 吾皆瞻禮. (『牧隱藁』, "西天提納薄陁尊者浮圖銘".)

제납박타(提納薄陀, 1300~1363)는 드야나 바드라(Dhyana-Bhadra)의 음역으로, 서인도의 승려이다. 중국과 고려에서 지공(指空), 선현(禪賢)이라는 이름으로 활동했다. 서인도 마가다국(摩竭提國) 왕자 출신으로, 8세에 출가하여 19세에 스리랑카에서 깨달음을 얻은 뒤 원나라로 왔다. 고려에서는 1326년 3월부터 1328년 9월까지 머물렀는데, 이때의 기록은 고려 시대의 기록이나 조선 전기의 지리지에서 찾을 수 있다. 제납박타는 1363년에 원나라에서 입적했지만 고려에는 이 소식이 1367년에 알려졌고, 1371년에 그 유골이 고려에 전해져 이듬해에 사리탑이 세워진다. 1378년 이색이 우왕(禑王, 1365~1389)의 명으로 지은 부도(浮屠) 비명이 바로 이 글이다.[7]

여기에서 이색은 드야나 바드라가 서인도를 출발하여 사자국 즉 스리랑카를 비롯한 수십 개의 나라를 경유한 뒤 구술한 여행 지리 정보를 기록하고 있다. 본문에서는 드야나 바드라의 구술을 기록한 형태를 취하고 있지만,[8] 이것은 당시에 고려에서 회람되던 기록을 기초하여 작성되었을 가능성도 배재할 수 없다.[9]

---

[7] 자현, 『한국 선불교의 원류 지공과 나옹 연구』, 불광출판사, 2017, p.4 p.32; p.57 참조
[8] 『牧隱藁』, "西天提納薄陁尊者浮圖銘", "師自言… 嗚呼, 師之游歷如是哉."
[9] 자현은 이색이 당시 고려에 회람되던 지공의 "행장"을 참고할 가능성을 제시하지만, 이를 뒷받침하는 문헌적 근거는 확인되지 않는다. 자현, 위의 책(2017), p.32 참조.

2.2. 조선 중기

사자국 혹은 석란산(錫蘭山)이라고 불리는 스리랑카는 지봉(芝峯) 이수광(李睟光, 1563~1628)의 『지봉유설(芝峯類說)』에도 등장한다. 유설은 유서(類書)류에 속하는데, 유서는 분류 항목을 세우고 그 유목에 따라 어구나 문장을 경사자집(經史子集)의 문헌에서 뽑아 정리하는 형태의 저술이다. 따라서 이 정보의 출처 역시 이수광이나 다른 여행자의 견문이 아닌, 2차 기록물로부터 발췌한 것으로 추론할 수 있다. 실제로 『지봉유설』에 실린 정보는 마환(馬歡, 1380~1460)의 『영애승람(瀛涯勝覽)』(1451)과 거의 일치한다.[10]

> 석란산(錫蘭山)은 큰 바다 가운데 있다. 왕은 불교를 숭상하며, 코끼리와 소를 중시한다. 우유를 마시지만 그 고기는 먹지 않는다. 소를 죽인 자는 그 죄로 죽임을 당한다. 나라는 부유하고 땅은 넓으며, 인구는 조밀하기가 조와(爪哇)에 다음 간다. 백성들은 상반신을 노출하고 하반신에는 수건을 둘렀다. 진주 연못이 있기에 각국의 상인들이 앞다투어 와서 거래한다. 그 나라에 적인도(赤印島)라는 섬이 있는데, 원주민들은 모두 (그) 굴에서 산다. 남녀 모두 들짐승처럼 벗고 있다. 곡식을 먹지 않고 물고기·조개·바나나·파라밀을 먹는다. 조사해보니 파라밀은 남해에서 생산되는 과일로, 형태가 동과(東瓜)와 같다고 한다. (『지봉유설』, "제국부 외국")

---

10 『영애승람』의 관련 원문은 본문 제6장 "명청대 지리지 및 여행기 속 석란(錫蘭)" 참조.

錫蘭山在大海中. 王尙釋重象牛. 飲牛乳不食其肉. 殺牛者罪死. 國富饒, 地廣人稠, 亞於爪哇. 民上裸下纏帨. 有珠池, 諸番賈爭來市. 有赤印島, 人皆穴居. 男女皆裸若野獸. 不粒食, 食魚蝦芭蕉子波羅蜜. 按波羅蜜産南海中, 形如東瓜云. (『芝峯類說』, "諸國部 外國")

2.3. 조선 후기

조선 후기의 기록에는 조선 중기처럼 2차 기록물에서 발췌하여 정보를 수집하거나 그 정보를 자신의 필요에 따라 가공하는 형태가 나타난다. 다음은 성호(星湖) 이익(李瀷, 1681~1763)이 『성호사설』에서 스리랑카를 언급한 대목이다. 사설(僿說)이란 '자질구레한 이야기'라는 뜻으로, 『성호사설』은 수많은 지식의 파편을 주제별로 모아 놓은 일종의 단형 논문 모음집이다. 『성호사설』에 집적된 지식의 출처는 주로 송·원·명·청의 유서(類書), 총서(叢書), 한문 서학서, 국내서 등의 다양한 서적들과, 견문이나 일상 경험과 관찰에서 획득한 정보들이었다.

천하에서 부유하기로는 '서쪽 지역[西域]'만한 곳이 없다. 그러나 지략과 용맹, 병력은 도리어 동북 지역만 못했다. 때문에 한대에는 부개자·진탕의 무리들이 패잔병만으로도 누란(樓蘭)과 귀자(龜玆)의 왕을 찔러 죽였다. 요나라가 멸망할 때는 야율대석이 귀자로 달아나 수천 리 지방을 통합하고 천자에 즉위하여 묘호를 덕종이라 하고 오랫동안 대를 이어 나갔다. 명대에도 중관(中官) 정화가 만 리 밖에 이르러 석란산(錫蘭山)국의 왕을 사로잡아 돌아왔다.
생각건대, (이런 일이 벌어진 이유는) 서역의 풍속이 재화를 믿고 제멋대로 사치를 부리고 서로 다투며 직무에 태만한 것이 습속이 되었고, 외국 군사의 침입이 드물었기 때문이다. 이로 미루어 본다면, 태평하게 다스려진 나머지 사치를 부리고 교만을 떨어도 적국으로 외부의 근심이 없는 나라는 항상 망했다. 하물며 서쪽 지역은 기이한 보물이 많이 나는 곳으로, 사치와 교만에 빠지기 쉬움에 있어서랴. 지금 중국에 유행하는 매우 기이한 물건들은 모두 서역의 나라에서 들어온 것이니, (중국도) 반드시 사치품이 성행하고 정치와 교화는 도리어 쇠락하게 될 것이다. (『성호사설』, "서역의 군사력")

天下之殷富, 莫如西域. 然智勇兵力, 反不如東北. 故漢之傅介子,陳湯之徒, 以孤軍刺樓蘭龜玆王. 遼之亡, 耶律大石奔龜玆, 統合數千里, 立爲天子, 廟號德宗, 傳世久遠. 明之中官鄭和, 達于萬里之外, 擒錫蘭山國王而歸. 想其俗, 據有財貨, 怙侈相競, 恬嬉成俗, 而外兵罕入故也. 以此推之, 平治之餘, 用是奢驕, 而無敵國外患者, 國恒亡也. 況西域奇珍異寶之藪, 易致奢泰. 今中國之絶怪駭物, 皆自西國來, 必將玩好勝, 而政敎反衰也. (『星湖僿說』, "西域兵力")

이익의 진단에 따르면 누란과 귀자, 석란산국과 같은 서역 나라들이 멸망한 이유는 그들의 사치와 태만 때문이다. 이들 서역 국가는 풍부한 재화를 믿고 사치를 부리며 국방을 소홀히 했고, 이는 적군에게 왕이 포로로 사로잡히거나 점령당하는 결과를 초래했다.

사실 이익이 자주 참고한 『명사(明史)』의 기록에 따르면, 정화가 그를 포로로 잡아간 이유는 석란산국의 왕이 주변국을 위협하고 정화의 배를 약탈하려 했기 때문이다.[11] 그럼에도 이익이 국가 멸망의 주요 원인을 사치와 교

---

11 『明史』, "列傳 第二百十四, 外國七", "錫蘭山, 卽古狼牙修, 梁時曾通中國. 自蘇門答

만, 직무 태만에 돌린 것은, 중국적 상황의 문제를 비판하기 위함이라고 할 수 있다. 그는 서역에서 수입한 사치품이 성행하는 당대 중국의 세태를 전해 듣고, 중국의 사치풍조가 초래할 위험을 설명하기 위해『명사』와 같은 역사 기록을 가져온 것으로 보인다.

이익이 '사치품의 유행이 중국의 멸망을 초래할 수 있다'는 비판 근거로 스리랑카 관련 정보를 끌어왔다면, 추재(秋齋) 조수삼(趙秀三, 1762~1849)은 그것을 이국적인 시적 소재로 활용했다고 할 수 있다.

석란산

석란산은 큰 바다 가운데 있다. 여기는 석가가 열반한 곳이라고 한다. 그러므로 진신이 남아 있고 돌에 발자국도 뚜렷하게 (남아 있다.) 세속에서는 부처를 숭상하여 소를 먹지 않으니, 소를 죽이는 자는 죽임을 당한다. 왕궁과 민가에서는 매일 소똥을 바른다. 혼인에 친지와 이웃이 전부 모여, 가슴을 치고 울부짖으며 축하를 보낸다. 수염은 모두 깎아버리고 머리카락만 남겨둔다. (그 나라에) 출란오(赤卵塢)[12]라는 곳이 있는데, 사람들은 모두 벌거벗은 채 굴에 살며 물고기, 조개, 바나나를 먹는다. 전해지는 말에 따르면, 작은 옷감이라도 몸에 걸치면 바로 부스럼이 생겼는데, 부처의 저주에 의해 옷을 잃었기 때문이다. 산 정상에 반고의 발자국이 있다. 산과 하천, 취람산에서 흘러내린 모래흙에서는 청목남석과 아골석, 청홍보석이 생산된다. (『추재집』, "죽지사")

刺順風十二晝夜可達. 永樂中, 鄭和使西洋, 至其地. 其王欲害和, 和覺, 去之他國. 其王又不睦鄰境, 屢邀劫往來使臣, 諸番皆苦之. 及和歸, 複經其地, 乃誘和至國中. 發兵五萬劫和舟, 且塞歸路. 和乃率部卒二千, 由間道乘虛, 攻拔其城, 生擒其王妻子頭目, 獻俘於朝廷. 諸臣請戮, 帝釋之. 擇其族之賢者立之, 其舊王亦釋歸."

12 이수광의『芝峯類說』에는 '赤人島'로 기록되어 있는 반면,『瀛涯勝覽』에는 '赤卵塢'로 기록되어 있다.

錫蘭山

錫蘭山在海中. 云是釋迦涅槃處. 故眞身尙在, 石跡宛然. 俗尙佛, 不食牛, 殺牛者死. 每日塗牛糞王宮民居. 婚姻親隣咸集, 拍胸叫哭以賀. 盡剔鬚須, 只留頂髮. 有赤卵塢, 人皆裸體穴居, 食魚蝦芭蕉子. 傳云, 若寸布着身生瘡, 爲佛呪失衣故也. 有盤古跡在山頭. 山川翠藍山浮沙, 物產靑木藍石鴉鶻石靑紅寶石. (『秋齋集』, "竹枝詞")

이 글은『추재집』의 시제(詩題) '석란산' 아래에 달린 부주(附註)로, 석란산을 간략하게 소개한다. 내용은『영애승람』나『명사』와 같은 중국 측 기록과 거의 동일한데, 해변에 찍힌 '부처의 발자국'뿐만 아니라 스리파다 정산에 찍힌 '반고의 발자국'을 조선에 소개하고 있다는 점에서 주목된다.[13] 그는 석산란의 풍물 정보를 소개하고, 그에 기초하여 시를 한 수 짓는다.

머리카락은 나풀나풀 귀밑털은 파르하니, / 가슴치고 곡을 하며 신혼을 축하하네.[14]
누렁소를 황금소라 하지 않던가. / 아침마다 대변을 쓸어 모아 집과 담에 바르네.
푸른 쌀 기름지고 바나나 열매 농익었네. / 작은 천 몸에 걸쳐 부스럼이 생기네.
석가모니 발자국과 반고의 발자국. / 취람산 자락에 한 무더기 아골석.

---

13 『영애승람』과『명사』의 관련 원문은 본문 제6장, 이화진, "명청대 지리지 및 여행기 속 석란(스리랑카)", pp. 131-133; pp. 138-140 참조.
14 『瀛涯勝覽』에는 혼인이 아닌 '장례'로 기록되어 있다. 조수삼이 혼동한 것인지, 다른 판본이나 문헌을 참고한 것인지에 대해서는 후속 연구가 필요하다. "其喪家聚親鄰之婦, 都將兩手齊拍胸乳而叫號哭泣爲禮."

(『추재집』, "죽지사")

頂髮兩鬌髠, 推胸叫哭賀新婚.

黃牛可是金牛否, 掃糞朝朝抹屋垣.

青米如脂蕉實黃, 寸布着身生爛瘡.

釋迦跡同盤古跡, 翠藍山下石鴉岡.

(『秋齋集』, "竹枝詞")

조수삼이 스리랑카의 풍물 정보를 시적 소재로 활용했다면, 추사(秋史) 김정희(金正喜, 1786~1856)는 『열반경』의 기록을 고증하는 비판 근거로 그것을 동원했다.

능가산(楞伽山) 또한 남천축인데, (여기가) 바로 여래가 『능가경』을 설법하던 곳으로 옛 사자국을 말한다. 옛날에 듣기만 하여 전혀 속을 몰랐던 곳이 이제는 눈으로 보아 환히 알게 된 것이 마치 손안에 든 암라(菴羅) 같아서 진실로 속일 수 없게 되었다. 사자국에는 불당산(佛堂山)이 있고, 산 아래 불사에는 석가의 진신(眞身)이 평상에 비스듬히 누워있는데, 지금까지도 보존되고 있고, 오조(五祖)와 육조(六祖)의 육신도 파괴되지 않고 있다. (여기가) 석가가 열반했던 곳이라고 전해진다.

명나라 영락 연간에 정화가 서쪽 바다로 내려갔다. 사자국에서 '부처의 치아[佛牙]'를 가지고 중국에 들여왔는데, 이때 석가의 진신을 똑똑히 보고 돌아왔다. 『명사』에도 석가의 진신이 평상 위에 비스듬히 누워있는 일안(一案)을 「석란산(전)」에 명확하게 기재했다. 전에 (기록된) 석란산이 바로 사자국이다. 지금은 석란산이라 부르고 있으니, 이는 국호와 지명이 고금이 서로 달라진 것이다.

지금 선가에서 말하는 석가의 열반은 『열반경』으로 구실을 삼고 있다. (그런데) 경전에 이르기를, "부처의 몸을 첩면(氎綿)으로 겹겹이 감아 금관 속에 모셨다"고 했고, 또 이르기를, "가섭이 부처의 몸을 보기를 청하자 아난이 보기 어렵다고 대답했는데, 부처의 시신이 겹겹의 관 밖으로 두 발을 나란히 내밀었다. 가섭이 그 앞에 머리를 조아리고 예를 행했다"고 했다. 경에는 두 가지 판본이 있어 자세하고 간략한 차이가 있다. 그러나 관곽에서 두 발등을 내보인 일안(一案)을 결코 깨뜨릴 수 없는 것으로, 마침내 삼처전심(三處傳心)의 하나가 된 것이다.

그런데 지금 석란에 있는 석가의 진신을 보자면, 경전의 말은 옳은 것인가, 그른 것인가. 진신이 아직 있다면 누가 곽 속에 그 진신을 넣어두었단 말인가. 그리고 '비스듬이 누워 있다'고 말했다면 열반한 뒤로 여전히 (석가를) 감히 바꾸거나 움직이지 못한 것인데, 누가 첩면으로 겹겹이 쌌단 말인가. 또 성화(聖火)가 저절로 불태워 사리가 8섬 4말이 나왔다고 여겼는데, 진신이 아직 있다면, 사리는 어디에서 나온 것인가. 그러나 부처의 사리가 중국에 유입되어 (우리) 동방까지 들어왔으니, 이는 또 어찌 된 일인가.

(『완당전집』, "천축을 상고하다")

楞伽山, 亦南天竺, 卽如來說楞伽經處, 古師子國也. 昔日之所斗食, 爲今日之所目覩, 如掌中菴羅, 果不可誣也. 師子國有佛堂山, 山下佛寺, 有釋迦眞身側臥在牀上, 至今尙存. 如五祖六祖之肉身不壞. 相傳釋迦涅槃處. 明永樂間, 鄭和下西洋. 從師子國, 取佛牙入中國, 時曰釋迦眞身而來. 明史亦昭載釋迦眞身側臥在牀上一案於錫蘭山, 傳中錫蘭山, 卽師子國. 今稱爲錫蘭山, 此國號地名之古今不同也. 今禪家所說釋迦涅槃, 以涅槃經爲口實. 經云 '佛身重纏氎綿, 藏在金棺.' 又云 '迦葉諸見佛身, 阿難答以難見, 佛屍從重棺裏, 雙出兩足. 迦葉稽首作禮.' 經有兩本, 有詳略之別. 然槨示雙趺一案, 牢不可破, 遂爲三處傳心之一. 今以錫蘭所在眞身觀之, 經說是耶非耶. 眞身尙存, 誰爲槨之. 其云側臥, 則於示寂之後, 尙不敢變動也, 誰爲重纏氎綿也. 又以爲聖火自焚, 舍利出八斛四斗, 眞身尙存, 舍利從何處出也. 然佛舍利流入中國, 至有東來, 此又何事也. (『阮堂全集』, "天竺考")

김정희는 글씨뿐만 아니라 고고학과 역사학 방면에 뛰어난 지식인으로 알려져 있다. 그는 『열반경』의 삼처전심(三處傳心)의 일안(一案)을 비판적으로 점검한다. 삼처전심은 '부처가 세 곳에서 제자 가섭에게 마음을 전했다'는 일화로, '부처가 말이나 문자 대신 마음으로 가르침을 전한다[敎外別傳]'는 선종의 종지(宗旨)에 정당성을 부여하는 주요 근거이다. 이 일화들은 경전의 기록이자 선종의 독자성과 우월성을 뒷받침하는 구체적 사례라는 점에서 오랫동안 진리로 믿어졌다.

김정희는 『열반경』 두 종을 검토하여 가섭이 부처의 장례에 도착했을 때 부처가 관 밖으로 두 발등을 내보인 삼처전심의 일화가 공통 기록임을 확인한다. 그리고 부처가 열반한 후 그 진신이 썩지 않은 채 평상에 누워있다는 『명사』의 기록을 근거로, 부처의 진신을 천으로 둘둘 말아 입관했다는 『열반경』의 기록에 의문을 제기한다. 그가 볼 때 부처의 진신이 평상에 비스듬히 누워있는 이상, 그 시신을 입관했다는 주장이나 천으로 둘둘 싸맨 두 발등이 관 밖으로 나왔다는 주장은 성립하기 어렵기 때문이다.

김정희는 『열반경』의 기록이 이처럼 잘못된 이유를 오역(誤譯)에서 찾았다. 다른 경전처럼 『열반경』도 산스크리트어에서 한문으로 번역되는 과정에서 오류가 생겨 정보가 왜곡되었다는 것이다.[15] 마찬가지로 그는 부처의 시신이 저절로 발화하여 사리가 8섬 4말이나 왔다는 『열반경』의 기록 역시 허구라고 주장한다. 이것도 부처의 진신이 열반 후에 비스듬하게 누운 상태로 석란산에 보존되었다는 『명사』의 기록과 모순되기 때문이다. 뿐만 아니라 부처의 시신이 보존되었다면 사리가 남을 수 없으며, 애당초 한두 점이라도 한반도로 유입되는 일은 불가능하다. 그는 운납에게 보내는 시에서, 역사 기록을 경전 기록보다 우위에 두고 전자를 믿을 것을 강조한다.

다섯 천축 손바닥 사이에 있으니, / 여덟 강 세 봉우리를 휘돌아 흐르네.
발등 보여 조인(祖印)을 전수한 일 믿지 마소. / 금신(金身)은 석란산에 탈 없이 (누워 있네.)
(『완당전집』, "운납에게 보여 주며 『명사』를 인용해서 증명하다")

竺在掌中間, 八水三峯往復還.
莫把示趺傳祖印, 金身無恙錫蘭山.
(『阮堂全集』, "示雲衲仍證明史")

김정희가 스리랑카의 정보를 역사 고증의 근거로 활용했다면, 나은(懶

---

15 『阮堂全集』, "天竺考", "譯經, 每傳聞異詞. 以梵譯唐, 一轉再轉, 轉益訛誤, 是必然之理. 達摩所以一切掃除也. 涅槃經亦安得無翻訛也. 以趺示雙趺一案, 千藤萬葛, 衆盲論象, 令人噴筍滿案. 臥佛之塑, 自六朝有之, 至有疲於津梁之喩. 大槩是涅槃時相, 而似不得無緣虛作, 其爲錫蘭眞身之取模無疑. 六朝時西竺之人, 多入中國, 傳此眞身之像, 好有是起塑矣."

隱) 이의봉(李義鳳, 1733~1801)과 오주(五洲) 이규경(李圭景, 1788~?), 혜강(惠岡) 최한기(崔漢綺, 1803~1879)는 서양의 지리 정보를 수집하는 과정에서 스리랑카에 대한 기록도 정리하게 된 것으로 보인다.

이의봉은 1760년에 자제 군관으로 아버지 이희중(李徽中, 1715~1786)을 따라 북경을 방문했고, 연행에서 얻은 견문을 『북원록』에 기록했다. 그는 서천주당을 찾아가 예수회 선교사이자 흠천감정(欽天監正)인 유송령(劉松齡, August von Hallerstein, 1703~1774)과 서양 지리와 풍속에 대한 정보를 필담으로 주고받는다.[16] 이때 그가 기록한 정보의 출처는 남회인(南懷仁, Ferdinand Verviest, 1623~1688)의 『곤여도(坤輿圖)』로 보이는데, 이 중에는 스리랑카의 지리 정보에 대한 간단한 내용이 소개되고 있다.

> (포송령은 *역자주) 남회인의 『곤여도』를 보여 주었는데, (여기에는) 대략 다음과 같이 적혀 있었다… 경선(經線)을 사용해 서로 떨어진 지역이 몇 시인지를 정했다. 대개 해가 하루에 한 번 돌면 매시간 30도를 이동하니, 서로 30도 떨어진 두 곳은 1시간 차이가 난다고 말할 수 있다. 가령 산서성 태원부(太原府)는 경도 355도에 위치하고 칙의란(則意蘭)도는 325도에 위치하여 서로 30도 떨어져 있다면, 서로 1시간 차이가 난다. 그러므로 태원부가 오시(午時)이면 칙의란도는 사시(巳時)가 된다. 나머지 지역도 이와 비슷하다. (『북원록』, "초육일(병자)")

仍示南懷仁坤輿圖署曰…用經線以定兩處相離幾何辰也. 盖日輪一日作一

---

16 『북원록』에 대한 서지를 소개하고, 그 구성내용을 간략히 소개한 내용은 다음 연구를 참조. 김영죽, "『北轅錄』의 1760년 北京기록", 『대동문화연구』 90집, pp. 73~74, 2015.

週則每辰行三十度, 兩處相離三十度, 竝謂差一辰. 假如山西太原府, 列在于三百五十五經度, 而則意蘭島, 列于三百二十五經度, 彼此相去三十經, 則相差一辰. 故凡太原爲午則宜蘭爲巳. 其餘倣此焉. (『北轅錄』, "初六日(丙子)")

포송령이 이의봉에게 보여준 남회인의『곤여도』는『곤여도설(坤輿圖說)』(1672)를 가리킨다.[17] 이 기록은 경위도와 시간대로 칙의란 즉 스리랑카의 위치를 설명하는 서양 지리 정보의 수용을 잘 보여준다. 이규경 역시『영애승람』등과 같은 중국 측 기록과 더불어,『곤여외기(坤輿外紀)』와 같은 서양 측 기록을 통해 석란산국(칙의란산)의 여행 지리 정보를 확인한다.

예컨대 외이(外夷)인 석란산국에서는 우유를 마시지만 소고기는 먹지 않는다. 소가 죽으면 그것을 묻는다. 소를 도축한 사람은 죄로 죽임을 당하는데, 간혹 소만큼의 황금을 바쳐 (죗값을 치른다). (『오주연문장전산고』, "사물의 맛으로 변증한 설")

如外夷錫蘭山國, 飮牛乳, 不食牛肉. 牛死埋之, 宰者罪至死, 或輸金如牛. (『五洲衍文長箋散稿 服食類』, "物之旨美辨證說")

무릇 여러 구슬은 여러 사물에서 품어진다. 포유류와 어류, (껍질이 있는 *역자주) 벌레와 갑각류치고 그것을 품지 않는 경우가 없다. 오직 새와 (껍질이 없는 *역자주) 벌레에서 (그것을) 볼 수 없다… '진주조개의 구슬[蚌珠]'은 그 뱃속

---

17 『곤여도』에서 인용한 원문이 文淵閣 四庫全書에 수록된『곤여도설』의 내용과 완전히 일치하는 것으로 보아,『곤여도』는『곤여도설』을 가리킨다고 볼 수 있다. (文淵閣)四庫全書 第594册,『史部352 地理類』, 臺灣商務印書館, 1986 참고.

에 있다.【남회인의 『곤여외기(坤輿外紀)』에 따르면, 바다의 산물로 명주(明珠)가 귀한데, 칙의란(의 것)을 상급으로 친다. 원주민들이 바다에서 진주조개를 채취하여 그것을 햇볕에 말린다. 그 입이 저절로 벌어진 다음에 구슬을 꺼내는데, 매우 희고 영롱하다. (그 중에는) 달걀만큼 커서 몇 리를 비출 수 있는 것도 있다. 남해에서는 모두 진주조개를 갈라 구슬을 꺼낸다. 때문에 구슬의 색이 어둡고 광채가 없다…】(『오주연문장전산고』, "여러 진주를 변증한 설")

凡諸珠竝懷於諸物. 毛鱗蜫介, 莫不有之. 惟犽蟲無見… 蚌珠在腹.【南懷仁坤輿外紀, 海產以明珠爲貴, 則意蘭爲上. 土人取海蚌, 置日中曬之. 其口自開, 然後取珠, 則鮮白光瑩. 有大如雞子, 光照數里者. 南海皆剖蚌出珠. 故珠色黯無光彩…】(『五洲衍文長箋散稿 地理類』, "諸珠辨證說")

이규경의 『오주연문장전산고』는 조선 후기 대표적인 유서류로 일종의 백과사전이다. 이것 역시 『지봉유설』처럼 항목별로 범주를 나누어 정보를 기술한다. 여기서 그가 인용한 『곤여외기』의 기록은 알레니(艾儒畧, Giulio Aleni, 1582~1649)가 저술한 『직방외기(職方外紀)』(1628)의 정보를 그대로 발췌한 것으로 확인된다.[18] 이처럼 이의봉과 이규경이 서학서를 직접 인용했다면, 최한기는 서양의 기록을 수집한 중국 측 기록을 자신의 저술 일부로 가져온다.

석란.【석륜(錫倫)이라고 하고, 서륜(西侖)이라고도 하며, 승가라(僧加刺)라고도 하고, 능가산(楞伽山)이라고도 하며, 보저(寶渚)라고도 하고, 칙의란(則

---

18 『職方外紀』, "四海總說 海產" 참조.

意蘭)이라고도 하고, 칙의라(則意拉)라고도 한다】남인도 동남쪽에 있으며 바다 가운데 있는 큰 섬이다. 둘레는 천여 리이며, 중간에 높은 산과 고원이 있다. 바다가 가깝고 지대가 낮아 비와 번개가 많다. 산천이 빼어나고 화목이 화려하며, 풍경이 기분 좋다. 숲 안에 코끼리가 많아 원주민은 그것을 소와 말처럼 활용한다.

불교가 이 땅에서 탄생했다고 여겨 주민들은 모두 불교를 숭상한다. 인구는 많지만 곡식이 부족하여 인도 여러 지역에 식량을 의지한다. 산에서는 보석이, 해변에서는 진주가 산출된다. 생산품 중에는 계피가 가장 질이 좋은데, 월서(粵西)보다도 뛰어나다.

명 중엽에 포도아(葡萄牙)가 석란의 해구(海口)에 부두를 세웠는데, 하란(荷蘭)에 (그것을) 빼앗겼다. 가경 원년에 영길리(英吉利)가 하란을 쫓아내고 해변 지역을 모두 차지했는데, 당시 석란의 우두머리가 잔학하여 민심을 잃었다. 그 도성은 해변에 있는데, 가륜파(可倫破)라고 이름하였다. 영국인이 (내지에) 수차례 들어와 공격하니 내부가 붕괴하여 멸망했고, 마침내 전 섬이 영국의 소유가 되었다. 영국은 총괄 우두머리를 두고 (군대를) 주둔시켜 선박이 모여드는 지역을 지켰는데, 정가마리(停可馬里)라고 이름 지었다. (『지구전요』, "오인도")

錫蘭.【一作錫倫, 又作西侖, 又作僧加剌, 又作楞伽山, 又作寶渚, 又作則意蘭, 又作則意拉】在南印度之東南, 海中大島也. 周迴千餘里, 中有崇山高阜, 近海窪下, 地多雨, 多迅雷, 山川靈秀, 花木繁綺, 風景足怡. 林內多象, 土人用之如牛馬. 以爲佛生於此土, 居民皆崇佛敎. 生齒繁多, 穀不足, 仰食印度諸部. 產出寶石, 海濱出明珠. 所產桂皮最良, 勝于粵西. 前明中葉, 葡萄牙据石蘭海口立埠頭, 尋爲荷蘭所奪. 嘉慶元年, 英吉利驅逐荷蘭, 盡有海濱之地, 時石蘭酋殘虐, 失民心. 其都城在海濱, 名可倫破. 英人屢進攻, 內潰而亡, 全島遂爲英有. 英以大酋鎭守海船屯集之地, 名停可馬里. (『地球典要』, "五印度")

최한기가 1857년에 저술한 『지구전요(地球典要)』는 청대 지식인 서계여(徐繼畬, 1795~1873)의 『영환지략(1850)과 위원(魏源, 1794 1856)의 『해국도지(海國圖志)』(1843), 조선 지식인 신유한(申維翰, 1681~1752)의 『해유록(海遊錄)』등을 참고하여 편집한 각국 지리서이다. 이 중에 『영환지략』은 서계여가 서양인과 교류하며 수집한 여행 지리 정보에 기초하여 저술한 저서로, 최한기는 스리랑카의 정보를 여기서 거의 그대로 가져왔다고 할 수 있다.[19]

3. 나가며

삼국시대와 통일신라 시대를 거쳐 고려시대에 이르기까지, 한국 승려의 구법과 서역 승려의 한반도 입성은 동서 문명 교류의 일면을 잘 보여준다. 이들은 실시간 교류하며 정보를 교환했고, 이 과정에서 서역의 여행 지리 및 풍물 정보도 중국을 거쳐 한반도로 유입되었다. 그러나 유교 지식인이 건국한 조선에서 숭유억불 정책을 시행하면서, 지식 계층이 구법을 위해 서역으로 떠나는 빈도가 줄어든 것으로 보인다. 이는 조선에 유입되는 견문

---

19 『영환지략』의 관련 원문은 본문 제6장, 이화진, "명청대 지리지 및 여행기 속 석란(스리랑카)", p.135 참조.

형태의 정보량이 줄어드는 결과로 이어졌다고 할 수 있다.

조선의 유교 지식인들은 전대와 달리 머나먼 서역까지 인력을 파견할 필요도, 이유도 없었다. 대신 중국이나 서양에서 전래 된 정보를 창으로 삼아 외부 세계를 이해했다. 그들이 정보를 취득한 원천은 견문 기록이 아닌, 견문으로 습득된 정보의 2차 기록물에 한정되었던 것이다.

본문에서 확인한 바와 같이 려말선초의 문인 이색은 드야나 바드라와 동시대 인물로, 비교적 생생한 그의 구술 기록을 옮겨 기록한 인상을 준다. 반면 조선 중후기의 지식인들은 『영애승람』이나 『명사』, 『영환지략』, 『해국도지』 등과 같은 중국 측 기록에 의지하여 정보를 수집했고, 『곤여도』와 『직방외기』, 『곤여외기』와 같은 예수회의 한문서학서를 통해서도 스리랑카 관련 정보를 수용했다고 할 수 있다.

이처럼 조선의 지식인들은 스리랑카를 여행하거나 그 지역 출신으로부터 정보를 취득할 기회가 거의 없던 대신, 이전 기록물에서 그것을 수집했으며 자신의 필요에 따라 다양한 목적으로 활용했다. 예컨대 이수광이나 이규경은 백과사전식 분류 체계를 구성하고, 중국 측 기록에서 수집한 지식을 범주별로 배치했다. 이익은 그것을 중국적 문제 상황을 비판하는 논의의 근거로 동원했다. 조수삼은 문학작품의 이국적인 시적 소재로 활용했으며, 김정희는 진리로 신앙 된 『열반경』 일화의 진위를 고증하는 근거로 끌어왔다. 그리고 이의봉은 서양인의 기록을 통해 정보를 수집했으며, 최한기는 중국인이 서양인에게 수집한 기록을 가져와 세계 각국의 여행 지리 및 풍물을 정리했다.

조선 측 기록을 점검하여 확인한 것처럼, 조선인들은 정보의 출처에 크게 구애받지 않고 자신의 관심과 목적에 따라 구분 없이 받아들였다. 또한 그들은 정보 자체의 사실 여부를 현장 방문이나 교류를 통해 확인하기보다는, 자유롭게 취사선택하여 이용했다. 이처럼 조선인이 스리랑카 관련 정보를 활용한 방식은 동서 문명의 교류가 시대 상황의 변화로 축소되더라도, 문헌이라는 전달 도구를 통해 단절 없이 이어졌음을 보여주는 귀중한 사례라고 할 수 있다.

〈부록 1〉 조선에 전래된 스리랑카 관련 정보

여행 지리 및 풍물	
여래의 바리때	불교를 숭상한다
(해변의) 돌에 (찍힌 부처의) 발자국	코끼리와 소를 중시한다
(큰) 산 정상(스리파다 *역자주)에 찍힌 반고의 발자국	소젖(우유)를 마신다
남인도 동남쪽	소고기는 먹지 않는다
바다 가운데 석란산	소가 죽으면 땅에 묻는다
석가가 열반한 곳	소 도축은 사형에 처한다
(석가의) 진신	소 (머리) 만큼의 황금을 바쳐 사형을 면한다
치아사리	(매일 아침)민가와 왕궁에서 매일 소똥을 바른다
산 아래 불사	혼인에 이웃 친지가 모여 가슴치고 통곡하며 축하한다
오조와 육조의 육신	머리카락만 남기고 수염은 모두 깎는다
산천, 취람산 유사	부유하고 땅이 넓다
청목남석 아골석 청홍보석	인구는 조와(수마트라) 다음으로 조밀하다
인구는 많지만 곡식이 부족하여 인도에 의지한다	백성은 상반신을 노출하고 하반신은 수건으로 가린다
최상급의 계피를 생산한다	스리랑카산 진주채집 방법 및 특징

진주 연못이 있어 각국 상인들이 거래하러 온다	물고기, 조개, 바나나, 파라밀
적인도	작은 천 조각이라도 걸치면 몸에 부스럼이 생긴다.
(적인도의) 굴에 (짐승처럼) 벌거벗은 원주민이 산다	부처의 저주
곡식을 먹지 않는다	명대 중관 정화가 석란산 왕을 잡아 돌아왔다

〈부록 2〉 스리랑카의 국명 및 유물유적

서명	국명	유물 유적	인물과 사건	물산
목은고	사자국	-여래의 바리때 -부처의 발자국		
지봉유설	석란산			진주, 물고기, 조개, 바나나, 파라밀
성호사설	석란산		정화가 석란산국왕을 사로잡아 귀국	
북원록	칙의란			
오주연문	석란산, 칙의란			진주
추재집	석란산	-부처의 발자국 -반고의 발자국 -부처의 진신		쌀, 물고기, 조개, 바나나, 청목남석, 아골석, 청홍보석
완당전집	사자국, 석란산, 능가산	-불당산의 불사(佛寺) -석가의 진신(와상) -오조와 육조의 육신 -부처의 치아	정화가 사자국에서 부처의 치아 사리를 가지고 중국에 들어옴	

| 지구전요 | 석란, 승가라, 능가산, 칙의란, 칙의라, 석륜, 서륜, 보저 | -가륜파
-정가마리 | 명 중엽에 포르투갈이 해구에 세운 부두를 네덜란드가 점령. 가경 원년에 잉글랜드가 네덜란드를 내쫓고 해변 지역을 점령, 이후 섬 전체를 소유. | 보석, 진주, 계피 |

참고문헌

1차 문헌

金正喜,『阮堂全集』(韓國文集叢刊301), 민족문화추진회, 2003.

馬歡 著, 백운재 역,『瀛涯勝覽』(https://sinology.org/)

알레니 저, 천기철 역,『직방외기: 17세기 예수회 신부들이 그려낸 세계』, 일조각, 2005.

圓仁,『入唐求法巡禮行記』, 경인문화사, 1989.

李圭景,『五洲衍文長箋散稿 服食類』, 明文堂, 1982.

李穡,『牧隱藁』(韓國文集叢刊5), 민족문화추진회, 1996.

李睟光,『芝峯類說』(韓國古典批評論資料集), 영진문화사, 2001.

李瀷,『(國譯) 星湖僿說』(韓國文集叢刊), 민족문화추진회, 2003.

李義鳳,『(國譯) 北轅錄』, 세종대왕기념사업회, 2016.

趙秀三,『秋齋集』(韓國文集叢刊271), 민족문화추진회, 2001.

崔漢綺,『地球典要』(增補 明南樓叢書), 동아시아학술원 대동문화연구원, 2002.

『明史』, 臺北 藝文印書館, 미상.

『文淵閣 四庫全書』, 臺灣 商務印書館, 1986.

2차 문헌

석길암, "7~10세기 실크로드 동단에 있어서 불교 문화의 역류",『불교문화』

63호, 2012.

의정 저, 고려대학교 한국사연구소 역,『대당서역구법고승전』, 아연출판부, 2015.

자현,『한국 선불교의 원류 지공과 나옹 연구』, 불광출판사, 2017.

황인규,『고려말 조선전기 불교계와 고승 연구』, 혜안, 2005.

Supplement

From Persia to Italy and the World: The "Long March" of Serendipity

Maurizio Riotto

(Anyang University)

1. Prologue

Serendip/Serendippo was an ancient name of Śrī Laṅkā (Ceylon and, perhaps, the Taprobane Ταπροβανῆ of Greco-Roman sources). The original Persian term Sarandip سرندیپ (Arabic: Sarandīb سرندیب) is itself an alteration of the Sanskrit Siṃhala सिंहल (or Siṃhaladvīpa सिंहलद्वीप). It is also the etymology of "sinhali", in English "sinhalese", one of the two main ethnic groups of Śrī Laṅkā (the other group is represented by the Tamils). A very important commercial place in antiquity, its history is also linked to religions, from Buddhism to Christianity, and to travel literature. From Serendip derives the modern term "serendipity", used above all in the Anglo-Saxon culture, which indicates a situation in which one who looks for something ends up finding a better one thanks to observation and reasoning. This article shows how, thanks to a Renaissance literary work printed in Italy with the title of *Peregrinaggio di tre giovani figliuoli del re di Serendippo* (Pilgrimage of three young sons of the king of Serendip), the word "serendipity" has become today almost a philosophical concept on a global level even if originally based on an incorrect interpretation.

2. The historical background

The political and social disturbances in the Near East of the fifteenth century had led to a diaspora of men of culture towards Italy which, thanks to them, were now able to rediscover the study of the ancient Greek language that had been completely neglected during the Middle Ages. The protagonists of this particular aspect of the Italian Renaissance were characters such as John Argyropoulos (Ἰωάννης Ἀργυρόπουλος: ca. 1416-1487) Andronikos Kallistos (Ἀνδρόνικος Καλλίστος: ?-?), Demetrios Chalkokondyles (Δημήτριος Χαλκοκονδύλης: 1423-1511), the Cardinal-Bishop Bessarion of Trebizond (Βησσαρίων ὁ Τραπεζούντιος: 1403-1472), Constantine Lascaris (Κωνσταντῖνος Λάσκαρις: 1434-1501). Even before the decline and the end of the Byzantine

Empire, however, there had been migrations, between the Middle East and the Western Mediterranean, of characters belonging to various ethnic groups. Among these, the Armenians certainly played an important part.

Armenia, suspended between East and West, had always been a key territory in the political balance between the Roman Empire and the Parthian/Persian Empire: after all, the Armenian people have much in common with Persia in terms of language and culture. However, when it came to welcoming Christianity, Armenia was the first country to make it the national religion, in 301, thanks to the missionary action of Gregory the Illuminator (? -332). The strong link with the Christian religion then inevitably led to new and various contacts between Italy and Armenia, starting with that Saint Mercurialis (? -Ca. 406), the first bishop of Forlì (Italy), who was most likely of Armenian ethnicity. Subsequently numerous Armenian Christians took refuge in Italy during the period of Iconoclasm (8th-9th centuries) in the Byzantine Empire and already around the year 1000 Armenian communities had been formed, initially of a religious type, but which then would have also had interests in trade.[1]

In the fifteenth century, therefore, the Armenians in Italy

---

[1] On the Armenians in Italy (and particularly in Tuscany) see Orengo 2018.

are well present and the new horizons of Renaissance art and literature now also embrace realities that are not exclusively religious, but that rather begin to feel more and more curiosity towards the East. For an Armenian Christian scholar (also imbued with Arab-Persian culture) who had come to Italy, there were now more opportunities to express himself and transmit new cultural models, starting precisely from literature.[2]

3. Christopher the Armenian

The historicity of a character called "Cristoforo Armeno" has sometimes been questioned. In fact, very little is known about him, apart from his work, and a very accepted thesis in the past, especially in French literary circles, even claimed that he never existed and that "Cristoforo Armeno" was actually the pseudonym of Michele Tramezzino, the Venetian publisher,

---

[2] In reality, Middle Eastern literature had already penetrated Europe between the 12th and 13th centuries from Sicily and Spain dominated by the Arabs, but whose officials were not infrequently Persian. The literary turn of the *Dolce stil novo* and troubadour poetry presents a love that is no longer a "disease" (as in the Early Middle Ages), but a mystical feeling for which the woman is now the perfect creature that leads to Heaven. This conception had already developed in an Islamic environment and the milestone in this sense is considered to be the treatise *Ṭawq al-Ḥamāmah* طوق الحمامة(The collar of the dove) written by the Andalusian Arab Ibn Hazm (994-1064).

active between 1539 and 1577, who printed the *Peregrinaggio* for the first time in 1557.[3] Tramezzino himself, moreover, was an expert in oriental languages (especially Turkish) and therefore could well have had access to works of Middle Eastern fables which later served as models and inspiration for the book he printed.

Another hypothesis, formulated by Benfey in the second half of the nineteenth century, also denied the existence of Cristoforo Armeno and attributed the authorship of the *Peregrinaggio* to an Italian novelist, perhaps the Lombard Giovanni Francesco Straparola (1480-1557?).[4] However, this hypothesis appeared weak from its very formulation, given the notable difference in the literary style and language found in the *Peregrinaggio* and in the works of Straparola such as, for example, Le piacevoli notti.[5] In addition to this, the structure of the *Peregrinaggio* showed a familiarity with Middle Eastern narrative archetypes that could hardly have been found in a Western author.

More recently, however, the researches of Italian philologists such as Angelo Michele Piemontese and Renzo Bragantini

---

[3] Cristoforo Armeno 1557. See also Bragantini 2000. On the history of Tramezzino's Publishing House see Tinto 1968.
[4] Benfey 1865 pp. 257 ff.
[5] On this work see, among others, Petrini 1983, especially pp. 153-165.

proved decisive in confirming the existence of the presumed author of the *Peregrinaggio*. On the one hand, in fact, a pass was found in the Vatican archives issued in 1552 by Pope Julius III to an Armenian Christian (masihi مسيحى) from Tabriz who immigrated to Italy and was able to speak Italian.[6] On the other hand, not long after, a document was found in Venice that indicated the presence in the city of an Armenian, an expert in oriental languages, who worked as an interpreter for the city government and was a friend of a certain Giuseppe Tramezzino, nephew (or grandson) of the publisher of the *Peregrinaggio*.[7]

Having thus ascertained the presence of an Armenian (who can only be Christopher), it can therefore be assumed that he made his book with the help of his friend, who was a relative of the publisher. At this point, we know that Cristoforo Armeno, a native of Tabriz, was in Italy at least as early as 1552 and in Venice in 1554. He published the book in 1557, and from that moment all traces of him are lost.

---

6 Piemontese 1995-1996.
7 Bragantini 2008.

4. The *Peregrinaggio*: the plot and the diffusion

The book we are interested in was printed for the first time in Venice in 1557 with the following title and subtitle: *Peregrinaggio di tre giovani figliuoli del re di Serendippo, per opra di M. Christoforo Armeno della persiana nell'italiana lingua trapportato* (Pilgrimage of three young sons of the king of Serendip, by M. Christoforo Armeno, translated from Persian into Italian).[8] It is then specified that the work had a particular privilege granted by the Venetian Senate on 25 June 1557 and a general ten-year privilege granted to the publisher by Pope Julius III on 23 October 1550. The translation, carried out by Cristoforo Armeno with the help of an Italian friend (most likely Giuseppe Tramezzino), was dedicated to the nobleman Marc'Antonio Giustinian, son of Girolamo, procurator of San Marco, who had in various ways helped the author when the latter had first arrived in Venice.[9]

---

8 Cerulli 1975.
9 At the time of delivering the manuscript for printing, Cristoforo Armeno had added a preface in which he explained that, having stopped in Venice on the way to France, he had been so fascinated by the beauty of the city that he decided to stop and stay there for a few years. It was in Venice, perhaps with the help of Giustinian, that he had thus found accommodation in a *fondaco* (free hostel for pilgrims), and it was there that, perhaps for pure pleasure, he had started translating into Italian with the help of a friend an ancient fairy tale of his country. See Franchin 2018 and Melfi 2005.

The narrative structure of the *Peregrinaggio* is that typical of the Arab/Persian novel (but not only, since it is also found in the Chinese fiction of the time and, in a certain sense, also in the *Decameron* and in the *Canterbury Tales*), which in turn draws and it is often inspired by the literary legacy of the Hellenistic novel. In this way, a central theme ends up branching out into a series of minor episodes (not always related to the main one) before returning to the origin. In the case of the *Peregrinaggio*, the central theme is that of the three sons of Giaffer, king of Serendip/Serendippo, sent by their father to acquire in the field those knowledge and life experiences that could not be transmitted by any court teacher. The three princes thus face a long journey (metaphor of human existence) during which they end up in the service of the Great King of Persia Beramo, to be almost certainly identified with Bahrām V (or Warahran [Middle-Persian: 𐭥𐭫𐭧𐭫𐭠𐭭]). Also known as Bahrām Gūr گور بهرام [Bahrām the onager]), who reigned from 420 to 438. At the court of Beramo the three princes face a series of adventures that constitute the plot of the various minor tales. The work can therefore be summarized as follows:

There was formerly in the eastern parts, in the country of Serendippo, a great and powerful king, named Giaffer, who had three sons, highly cultivated because they had been educated by the greatest sages of the time but lacking, however, an equally important experience of life lived. Therefore, the King decided, in order to prove, in addition to their wisdom, also their practical aptitudes, to expel them from the kingdom.

During their journey the three make several discoveries, thanks to chance and their sagacity, of things they were not looking for. Recently arrived in the country of Bahram, a "powerful emperor", the princes come across a camel driver, desperate because he had lost his animal. Although the three had not seen the camel, they told the poor fellow that they had met it on the way, some time before. To ensure the camel driver, they provide him with three elements: the lost camel is blind in one eye, has a tooth missing in its mouth and it is lame. The good man, retraces the road but fails to find the animal.

The following day, retracing his steps, the camel's owner meets the three young men again and accuses them of having deceived him. To prove that they have not lied, the three principles add three more elements. They say: the camel had been loaded on one side with honey and on the other with butter, it carried a woman, and she was pregnant. Faced with these details, the camel driver assumes that the three have met his animal but, given the fruitless search, accuses them of stealing his camel.

The Serendip nobles, imprisoned in the dungeons of the emperor Bahram, claim to have invented everything to make fun of the camel driver but appearances nail them and are thus condemned to death because they are believed thieves. Fortunately, another camel driver, having found the camel and having recognized it, leads it back to its rightful owner. Proven in this way their innocence, the three are released not without an adequate explanation of how they managed to describe the animal, without ever having seen it.

The three reveal that every detail of the camel has been imagined, thanks to the ability of observation and sagacity. That he was blind in one eye was shown by the fact that, despite being the best grass on one side of the road, that on the other side had been grazed, the one that could be seen by the animal's only good eye. That he was devoid of a tooth was shown by the badly cut grass that could be seen along the street. That he was lame, then, undoubtedly revealed the footprints left by the animal on the sand. On the explanation of the load, the three said they had deduced that the camel brought honey on one side and butter on the other because ants (lovers of fat) crowded along the road on one side and flies (honey lovers) on the other. That the camel had a woman on his back was because in a rest stop the passenger had stopped at the side of the road to urinate, and this urine had been smelled by one of the princes out of curiosity, and he was "assaulted by a carnal lust" that can only come from urine of woman. Thus, he had deduced that the passenger must be female. Finally, the woman must have been pregnant, because just in front of her footprints there were those of her hands, used by the woman to get up with difficulty on account of the load of her body.

The explanations of the three princes astonish Bahram to such an extent that he decides to make the three unknown young men his advisers. The three princes in disguise thus offer their services to the emperor, even saving his life by solving difficult situations or foreseeing the future.[10]

In the end, thus, the three principles will have a resounding success. The first, returning to his homeland, will become king of Serendip, the second will become king of India and the third, after having married the daughter of Beramo, will eventually become the King of Persia.

---

10 Bragantini 1987.

The publisher Tramezzino of Venice was specialized in the printing of works of a popular nature and it is therefore not surprising that he decided to publish the *Peregrinaggio*, a work with certainly captivating and exciting contents and therefore, theoretically, destined to enjoy a great diffusion. Facts proved that he was right: the *Peregrinaggio*, in fact, not only enjoyed success in Italy, but was translated abroad numerous times. Thus, there was the German translation by J. Wetzel (Basel 1583) and the French translation (very free and enriched with new episodes) by Mailly (Paris 1719, republished in Amsterdam in 1788).[11] The latter was the source of the translation into English (London 1722) and again into German (Dresden 1723),[12] and from German the work was translated into Danish in 1729. There was also a Dutch edition, translated from French, printed in Leiden in 1766. Translations aside, in any case the work would still have left its traces in various authors starting with Voltaire who in 1748 would have used it as a model for his philosophical tale *Zadig ou la Destinée*[13]. For his part, the Venetian playwright Carlo Gozzi (1720-

---

11 De Mailly (ed.), 2011.

12 On the translations in German see, among others, Benfey 1865 and Benfey et al. (ed.) 1932. Also, on the German bibliography on the subject, see Huth 1889-1890.

13 Merton and Barber, 2004, pp. 16 ff. See also Voltaire 2016.

1806) would have drawn inspiration from the Peregrinaggio to compose his work *Il re Cervo*.[14]

5. The literary roots of the *Peregrinaggio*

In the 16th century, Armenia was under the control of the Sawafid Persians, allies of the Venetians. Christopher therefore arrives in a safe and strong place of his Christian faith. His last destination is France, by his own admission, but we do not know if he actually went there in the end. Certainly, Christopher carries with him a very rich cultural baggage, which includes not only the Arab/Persian folk narrative, but also the Indian one.

The literary tradition on which Christopher relies for his work can be found in various sources, first of all those that celebrate the figure of the Great King Bahrām V, fifteenth Sassanid ruler of the Persian Empire. Born around the year 400, he was a just sovereign and a lover of arts and culture, and nevertheless very able and brave in war to the point of successfully fighting both the Eastern Roman Empire and the Hephtalites. Bahrām V is a central figure in several of the most famous works in Persian

---
14 Gozzi 2014.

literature. He is already mentioned in *Shāh-nāmeh* ("The Book of Kings"), the masterpiece of Firdusī (940-1020) completed around 1010,[15] but he also is the protagonist of Nezāmi Ganjavi (ca. 1141-1209)'s erotic/moralistic epic *Haft Peykar* هفت پیکر ("The Seven Portraits" or, less literally, "The Seven Beauties" also known as the *Bahrām-nāmeh* or "The Book of Bahrām"), written in 1197.[16] The "Seven Beauties" are princesses who in Nezāmi's poem become Bahram's wives and receives each their own pavilions specially built for them.[17] He visits them in turn, and they entertain him with exciting stories. This poem, not without a Sufi philosophical foundation, is a message to abandon earthly pleasures to carry out the duties of a sovereign with justice. Bahrām eventually understands the futility of life and after punishing the minister who, taking advantage of the king's inertia, had brought the kingdom to the verge of ruin, converts the pavilions of the seven princesses into Zoroastrian temples. He himself, then, after a last hunt, disappears into a cave,[18] looking for his donkey but finding his own grave.[19]

---

15 For the Italian edition see Pizzi (ed.) 1886-1888.
16 For the Italian edition see Bausani 1967.
17 Therefore, there are seven pavilions, and "seven" is a symbolic number referring to the traditional Iranian concept of the world, which is divided into seven countries (*kešvar*) with Iran (the best country) in the middle, as is the heart in the body. In this regard see Orsatti 2017, p. 483.
18 As a matter of fact, despite numerous hypotheses, it has not yet been possible to ascertain what was the real cause of Bahrām's death.
19 The expression refers to the double meaning of the term *gūr*, which means both "donkey" and "tomb".

The *Haft Peykar* will become very popular in Europe and, like the Peregrinaggio, will have many influences on European culture. Once again, the destinies of Venice and the East will cross: this is how Turandot, the protagonist of one of the stories of the *Haft Peykar*, will become the protagonist of a drama by the aforementioned Carlo Gozzi, who in turn will inspire Fredrick Schiller, the famous German poet, who will transpose Turandot into a work published in 1801.[20]

We are therefore faced with a literary context in which the novel is nourished by previous material and meanwhile adds new elements or elements taken from other sources, to form a variegated and cosmopolitan collage. After all, this is the process that also led to the formation of the *One Thousand and One Nights*.[21] No wonder, therefore, that the *Haft Peykar* has

---

20 Azar and Najafi 2015 p. 270. The character of Turandot appears in the tale narrated to Bahrām by the princess of Russia. See also Schiller 2016.

21 *One Thousand and One Nights* is an authentic literary "cauldron" in which we find a mix of oral traditions mainly coming from the Islamic world (*dar al-Islām*): as a matter of fact, in the various tales it is possible recognize Arabic, Iranic, Indian, and Middle Asian elements. Of course, *One Thousand and One Nights* is a collection, in the sense that it has no "authors" but only "editors," and we can easily imagine that there were more than multiple editors because today many different editions of the book exist in Asian and Middle Eastern languages. The main locations of the stories are Baghdad, Damascus, Bassora, Mossul, and Cairo, with Persia and India also frequently described. To trace the genesis of the work is a difficult task: very probably, the pieces of oral literature of various countries were gathered over the course of centuries before being put into written form. However, the editions translated into Western languages should also have had precedents in written collections of stories that are today lost. For instance, we are informed of a (perhaps) Persian work entitled *Hazār afsaneh* (One Thousand Tales), probably written around the tenth century, which could possibly have been a

in turn become a source and model for another famous collection of tales, namely the *Hasht Bihisht* هشت بهشت (The Eight Paradises)[22] by Amir Khusrow (1253-1325. Hindi: अमीर ख़ुसरो. Persian: امیر خسرو). Amir Khusrow was of a Persian father and Indian mother and perhaps also for this reason he was an eclectic person, expert both in the languages of the two countries and in fields such as music. It was he who, in composing the *Hasht Bihist*, added the tale *The Three Princes of Serendip* to the original core of the *Haft Peykar*.[23] This work was very successful not only in India but also in Persia and the Ottoman Empire (there were also illustrated editions), and there are therefore good reasons to believe that it was also well known by Christopher the Armenian. The *Peregrinaggio*, however, also draws on other sources, probably not even known by Christopher. The theme of the three brothers is not new in Middle Eastern tales[24] (just

---

major source for *One Thousand and One Nights*.

22 For the Italian edition see Piemontese (ed.) 1996b. The eight "Paradises" in the poem are related with the Islamic conception of Heaven which has its eight gates and eight spaces, each one decorated with a special precious stone or mother material.

23 To be precise, the story is told by the Indian princess, located in the black pavilion.

24 And not only that, if we think, for example, of the *Story of the poor lion* Ἱστορία Πτωχολέοντος, a Byzantine poem by an unknown author, dating back perhaps to the fourteenth century. On this work see Braccini (ed.) 2020. Indeed, we can easily find an Arab-Persian travel narrative, which often uses old Hellenistic archetypes, that return to the Byzantine Empire through Islamic mediation. It is the case, for example, of the Byzantine novel *Livistros and Rhodamne* (ca. 13th -14th centuries) presenting some narrative *tòpoi* such the "flying horse" that will be recycled and, in turn, exported to Europe, where they will appear in works such as Ariosto's *Orlando Furioso*. In this

think of the story of the *One Thousand and One Nights* titled "The Story of Two Sisters Who Were Jealous of Their Younger Sister", where Princess Parizade eventually manages to save her two older brothers)[25], but also in other episodes of the work the literary "contamination" is evident. This is the case, for example, of the episode in which the three brothers find themselves fighting a terrible mystery that plagued the kingdom of an Indian queen, where a hand, showing the five fingers, at every dawn emerged from the sea and thus remained emerged for a full day. If there was no reaction from the population, the hand sank, taking with it the first person who came within range. The eldest of the three princes, however, manages to understand the message of the hand, for which five men linked by common intent would be able to rule the whole world, and then when the hand appears he shows only two fingers, meaning that the goal of ruling the world can also be achieved by just two men.[26] At this point the hand definitively withdraws and the country is freed from the scourge. A very similar episode, as Franchin notes[27], is found in the Indian poem Ocean of the Streams of Stories (Kath*a*sarits*a*gara कथासररत्सागर) by Somadeva सोमदेव (11th century).[28] And that is not all: the simplified story of the camel, attributed to Rabbi Yochanan (180-279), is

---

   regard see Cupane, 2009.
25 This tale almost certainly inspired the story of Princess Pari in Korea as well. In this regard see Riotto 2016.
26 Cristoforo Armeno 1557 pp. 17-19.
27 Franchin 2018.
28 For the English edition of the poem see Tawney 1880 and 1884.

also found in the *Talmud*[29], and then we can well understand how in reality behind the *Peregrinaggio* there is an immense tradition, which ranges at least from India to the eastern shores of the Mediterranean.

6. The invention of Serendipity

The term serendipity is to all intents and purposes what in Linguistics is called mot d'auteur, that is, a neologism, resulting from the creative inspiration (either conscious or involuntary) of a more or less known person, which then becomes commonly used.[30] In reality, the term serendipity is nowadays used mainly in the Anglo-Saxon culture and generally indicates the opportunity to make happy discoveries by pure chance or, also, to find something not sought and unexpected while one was looking for another one completely different. In reality, however, as we have clearly seen in the work of Cristoforo Armeno, chance and accidentality must also be helped by reasoning, sagacity and the ability to observe and deduce.

The first attestation of the term serendipity is found in a letter sent by the British writer Horace Walpole (1717-1797) to his friend (and distant relative) Horace Mann (1706-1786) on January 28, 1754, of which I provide here the passage that we interest:

---

29 *Sanhedrin*, fol. 104, col. 2.
30 On the definition of *mot d'auteur* or *parola d'autore* see Migliorini 1975, p. 8.

I once read a silly fairy tale, called The Three Princes of Serendip: as their Highnesses traveled, they were always making discoveries, by accidents and sagacity, of things which they were not in quest of: for instance, one of them discovered that a mule blind of the right eye had traveled the same road lately, because the grass was eaten only on the left side, where it was worse than on the right — now do you understand serendipity? One of the most remarkable instances of this accidental sagacity (for you must observe that no discovery of a thing you are looking for, comes under this description) was of my Lord Shaftsbury, who happening to dine at Lord Chancellor Clarendon's, found out the marriage of the Duke of York and Mrs. Hyde, by the respect with which her mother treated her at table.[31]

Horace Walpole, the last son of Prime Minister Robert Walpole, was a mediocre scholar and far from ready to detect and appreciate the value and symbolism of oriental literature (the adjective "silly" applied to the tale is typical of the intellectually miserable judge who pretends to evaluate others by despising everything he is unable to understand). What is worse, he gives the term serendipity (perhaps invented by himself or perhaps not) a meaning that it does not really have, because the discoveries of the three Princes of Serendip are part of that wealth of experience in the field that they seek, want and must find in order to acquire the necessary experience for their

---

31 Anonymous 1960, pp. 407-408. Also see Remer (ed.) 1965.

rank and their future duties. The cases and situations that they encounter and resolve, therefore, are part of that training project aimed at stimulating their wisdom, to follow which their father had even expelled them from the country. The randomness of events and the need to explain and overcome them is therefore calculated and is part of the game of life. If then Walpole himself says: no discovery of a thing you are looking for, comes under this description, we come to the conclusion that serendipity cannot be what he believes, precisely because accident itself is deliberately sought by the three princes in order to test and develop their skills in terms of sagacity.

The term therefore remains very vague and can be roughly interpreted in two ways:

1) As a simple concept of "happy accident" (for example, someone who while digging a well for water finds a treasure or, as Julius Comroe said, "one who looks in a haystack for a needle and discovers a farmer's daughter".[32]).

2) As a concept that indicates the enhancement and exploitation of a casual event (which, however, is something sought by the three princes of Serendip) by means of reasoning.

As for my linguistic experience, which is obviously that of the Italian language, the term is mainly applied to the first concept, namely that of the "happy accident", which however does not convey at all the message

---

32 Taylor 2011, p. 9.

that Cristoforo Armeno's work wants to communicate to the reader.[33] On the other hand, it has also been seen that even the second concept does not hold up, because the three princes of Serendip are actually looking for the accident, and finding what you are looking for cannot in any way be considered (according to Walpole himself) serendipity. It is not surprising, at this point, that the term forced many contemporary scholars to modify it or to adapt it to what had been Walpole's (erroneous) intuitions. This is the case, for example, of the sociologist Merton who considers serendipity as a cognitive tool and method of scientific research. The researcher's task will therefore be the careful search for unforeseen effects that can lead to the formulation of a new theoretical paradigm or considerably broaden a previous one.[34] In this way the concept of serendipity applies to any human activity that involves research, which for Merton is above all scientific research.[35] And if Religion is the search for Truth, Science is above all the search for error. In other words, it is precisely the search for the accident of the three princes of Serendip: the expulsion of the three princes by the Father is equivalent to the expulsion from Paradise of Adam (and therefore of mankind) who can return to Paradise only through the quest for that knowledge and virtue tested by accidents.

7. Conclusion: And then, what is Serendipity?

---

[33] On the "path" that goes from the tale to the concept see Catellin 2014.
[34] Merton 1948.
[35] Martire 2009.

What meaning could have the neologism of an Anglo-Saxon who had created it in the 18th century after reading a Middle Eastern work in which emerged a centuries-old spirituality steeped in symbols, values and allegories drawn from Gnosticism, Neoplatonism, Hermetism , Manichaeism, Christianity, Sufism, Mithraism (how not to reconnect the seven "zodiacal" pavilions of the Great King Bahrām to the Seven Initiatory Grades of Mithraism?)? It is natural that Walpole's interpretation is too simplistic, reductive and, above all, materialistic, because he had neither the intellectual tools nor the cultural tradition to read the episodes of the Peregrinaggio in a symbolic key. When in The Infancy (Apochryphal) Gospel of Thomas 4.1 it is said: "a child ran and dashed against his (Jesus') shoulder. And Jesus was provoked and said unto him: Thou shalt not finish go all thy way! And immediately he fell down and died", a Middle-Eastern Christian would have immediately understood that the passage meant that whoever encounters God and rejects him can only die spiritually. This allegory, however, would not have been grasped by a Western reader, who instead would have blamed Jesus for his act. The apocryphal Gospels have often become such because their hidden meaning would not have been grasped by those populations that should have been converted: it is not a mere chance that *apocrypha* ἀπόκρυφα means "hidden things" in Greek.

In the case of serendipity, even if today the term is applied to a great variety of situations, originally it is above all the ability to interpret the cases of life, which in turn are God's messages. It is the exaltation of the Gnostic part that it unites the "revealed" religions, the Holy Spirit/Sophia Σοφία of Christians, the Jewish Ruah רוח, the ʿIrfān عرفان of Islām. Creation is the manifestation of God (*al-Tajallī* التجلي Persian: *Tajallī* تجلى) and to know and understand the world means to know and understand God. The being of an individual depends on one's knowledge. In Gnosis, knowledge and being coincide; it is here that science and faith find their harmony. Being a knowledge that illuminates the entire being of they who know, it differs from philosophy (as it is understood today in its commonly accepted meaning), which, being theoretical, is limited to the mental level.

The process of knowledge therefore involves logic and faith, which are not in contradiction because the deductive processes that lead to the recognition of God are the fruit of the mind and the mind (as also in Confucianism) is a gift from Heaven. In this regard, Islām has always condemned card games, but it has tolerated chess where intelligence prevails over accidentality. Science, intellect and Gnosis are the three shining lights that orient the human being. The three princes are therefore not, as Najarian says, "heroes who have freed themselves from a God who is responsible for every event and feeling in the life of man"[36] (this was simply unthinkable in the Middle Eastern mentality of the time): on the contrary, the three princes are three individuals on the way of wisdom, a mystical path that guides them to the interpretation of the phenomena of the Cosmos which is the

---

36 Najarian, p. 1.

very manifestation of the Supreme Divine Principle. Thanks to the intellect, which emanates from the Logos, they study, interpret and understand nature and natural phenomena seen not as mere facts, but as symbols of higher degrees of Reality. Not by chance, the term *Peregrinaggio* (Modern Italian: *Pellegrinaggio*) has a mainly religious meaning in Italian.

Serendipity, therefore, is far from being an odd word created by chance from a "silly fairy tale". Although new this term, in fact, still has much to say and to teach, if only one will have had the wisdom to recognize the didactic and spiritual value that derives from its glorious intellectual past.

Bibliography

Anonymous 1960: *The Yale Editions of Horace Walpole's Correspondence*, Volume 20. New Haven.

Azar, E. Ismaeil and Najafi, Mahnaz 2015: "An Investigation of Nezami's Works Translated in the West (France, England, and Germany)". *European Online Journal of Natural and Social Sciences* 4.2, pp. 260-272.

Bausani, Alessandro (ed.) 1967: *Le sette principesse*. Bari.

Benfey, Theodor 1865: "Ein alter christlich-persischer Roman". *Orient und Occident 3*, pp. 257-287.

Benfey, Theodor et al. 1932: *Die Reise der drei Söhne des Königs von Serendippo, aus dem Italienischen ins Deutsche übersetzt*. Helsinki.

Braccini, Tommaso (ed.) 2020: *Il povero leone. Ptocholeon*. Torino.

Bragantini, Renzo 1987: *Il riso sotto il velame*. Firenze.

Bragantini, Renzo (ed.) 2000: *Peregrinaggio di tre giovani figliuoli del re di Serendippo*. Roma.

Bragantini, Renzo 2008: "The Serendipity of the Three Princes of Serendib: Arabic Tales in a Collection of Italian Renaissance Short Stories". In *Le Répertoire narratif arabe médiéval, transmission et ouverture, Actes du Colloque international, université de Liège (15 septembre 2005), édités par F. Bauden, A. Chraïbi et A. Ghersetti, Genève, Droz*, 2008, p. 301-308.

Catellin, Sylvie 2014: *Sérendipité. Du conte au concept*. Paris.

Cerulli, Enrico 1975: *Una raccolta persiana di novelle tradotte a Venezia nel 1557*. Firenze.

Cristoforo Armeno 1557: *Peregrinaggio di tre giovani figliuoli del re di Serendippo, per opera di M. Christoforo Armeno della persiana nell'italiana lingua trapportato*. Venezia. References are to the web-site https://viconocera.files.wordpress.com/2018/01/peregrinaggio-di-tre-giovani-figliuoli-del-re-di-serendippo.pdf

Cupane, Carolina 2009: "Itinerari magici: il viaggio del cavallo volante". In M. Cassarino (ed.): *Medioevo romanzo e orientale*. Soveria Mannelli, pp. 61-79.

Davoli, Silvia 2018: "The Creation of the Word Serendipity". References are to the web-site https://www.strawberryhillhouse.org.uk/the-creation-of-serendipity/

De Mailly, Louis (ed.) 2011: *Les Aventures des trois princes de Serendip, suivi de Voyage en sérendipité*, par D. Goy-Blanquet, M-A. Paveau, A. Volpilhac. Vincennes.

Franchin Federico 2018: "Serendipità: la lunga storia di una parola simpatica". References are to the web-site https://www.lasepolturadellaletteratura.it/cosa-vuol-dire-serendipita/

Gozzi, Carlo 2014: *Il re Cervo*. Venezia.

Huth, Georg 1889-1890: "Die Reisen der drei Söhne des Königs von Serendippo. Ein Beitrag zur vergleichende Märchenkunde". *Zeitschrift für vergleichende Literaturgeschichte und Renaissance-Literatur* 2 (1889), pp. 404-414 and 3 (1890), pp. 303-330.

Martire, Fabrizio 2009: "La sociologia di Merton: indeterminatezza dell'azione e delle strutture". *Quaderni di Sociologia*, 50, pp. 95-120.

Melfi, Eduardo 1985: "Cristoforo Armeno". In *Dizionario biografico degli italiani*, vol. 31. Roma. References are to the web-site https://www.treccani.it/enciclopedia/cristoforo-armeno_(Dizionario-Biografico)/

Merton, Robert K. 1948: "The Bearing of Empirical Research on Sociological Theory" *American Sociological Review*, 13, pp. 505-515.

Merton, Robert K. and Barber, Elinor 2004: *The Travels and Adventures of Serendipity: A Study in Sociological Semantics and the Sociology of Science*. Princeton.

Migliorini, Bruno 1975: *Parole d'autore. Onomaturgia*. Firenze.

Najarian, Barbara: "La serendipità in Cristoforo Armeno". References are to the web-site http://old.comunitaarmena.it/comunita/akhtamar/cristoforo%20armeno.html

Neglie, Pietro 2017: "Gli Armeni in Italia: emigranti per bisogno, profughi per necessità. La diaspora dopo i grandi massacri e il genocidio". In Serena Baldin, Moreno Zago (edited by) 2017: *Europe of Migrations: Policies, Legal Issues and Experiences*. Trieste, pp. 343-358

Orengo, Alessandro 2018: "Gli Armeni in Italia, ed in particolare in Toscana, nel Medioevo e oltre". *Mélanges de l'École française de Rome* (Moyen Âge) 130.1, pp. 85-94.

Orsatti, Paola 2017: "The Order of Climes in Nezāmi's *Haft peykar*". In *In Zur lichten Heimat. Studien zu Manichäismus, Iranistik und Zentralasienkunde im Gedenken an Werner Sundermann. Herausgegeben von einem Team "Turfanforschung"*. Wiesbaden, pp. 483-490.

Petrini, Mario 1983: *La fiaba di magia nella letteratura italiana*. Udine.

Piemontese, Angelo Michele 1996a: "Les Huit Paradis d'Amir Khosrow et la littérature européenne", *Luqmān,* xiie année, 1 (série 23), automne-hiver 1995-1996, pp. 7-24.

Piemontese, Angelo Michele (ed.) 1996b: *Le otto novelle del paradiso*. Soveria Mannelli.

Pizzi, Italo (ed.) 1886-1888: *Il libro dei re. Poema epico recato dal persiano in versi italiani da Italo Pizzi*. 8 vols. Torino.

Remer, Theodore G. 1965: *Serendipity and the Three Princes: From the Peregrinaggio of 1557.* Norman.

Riotto, Maurizio 2016: "A Possible Literary Prototype of the Tale of Paridegi". *Horizons, Seoul Journal of Humanities* 7.1, pp. 3-27.

Schiller, Frederick 2016: *Turandot, Prinzessin von China*. Hardpress.

Talmud (Sanhedrin, fol. 104, col. 2). References are to web-site https://www.sacred-texts.com/jud/hl/hl05.htm

Tawney, Charles H. (ed.) 1880 an 1884: *Kathāsaritsāgara* (Ocean of the Streams of Story). 2 vols. Calcutta 1880 (vol. I) and 1884 (vol. II).

Taylor, Eldon 2011: *What Does That Mean?: Exploring Mind, Meaning, and*

Mysteries. Carlsbad.

Tinto, Alberto 1968: *Annali tipografici dei Tramezzino*, Venezia-Roma.

Voltaire (François-Marie Arouet) 2016: *Zadig ou la Destinée*. Paris.

"Bahrām Gūr and the Indian Princess (who narrates the tale of the Three Princes of Serendip) in the Black Pavilion". 1584. Ink, opaque watercolor and gold on paper. Harvard Art Museum.

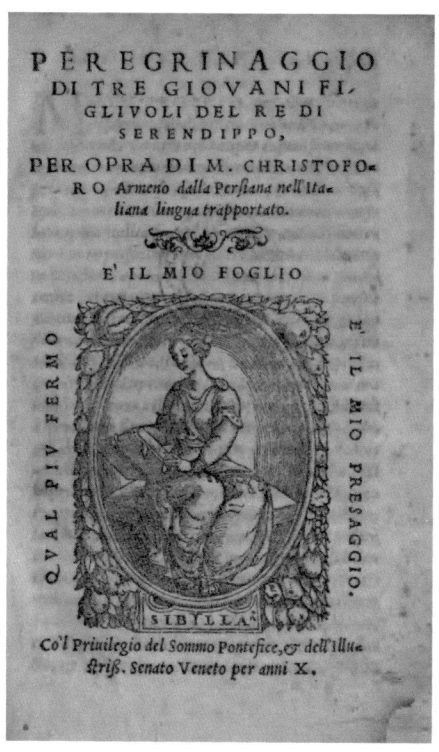

The Three Princes of Serendip's original edition of 1557

안양대HK+ 동서교류문헌연구총서 01

문명의 발자국 - 타프로바네 · 세렌디브 · 사자국(獅子國) · 실론

초판 1쇄 발행 2022. 01. 27.

지은이 Maurizio Riotto
       곽문석 · 김석주 · 신원철 · 이화진 · 장시은 · 최정섭 · 최정연 · 최형근

펴낸이 방주석
펴낸곳 도서출판 소망
주 소 10252 경기도 고양시 일산동구 고봉로 776-92
전 화 031-976-8970
팩 스 031-976-8971
이메일 somangsa77@daum.net
등 록 (제48호) 2015년 9월 16일

ISBN 979-11-977658-1-0 94230
ISBN 979-11-977658-0-3 94230 (세트)

책값은 뒤표지에 있습니다.

* 이 저서는 2019년 대한민국 교육부와 한국연구재단의 HK+사업의 지원을 받아 수행된 연구임(NRF-2019S1A6A3A03058791).